语言服务书系·语言生活研究

东南亚华人社区
华语生活状况研究

刘 华 等著

暨南大学出版社
JINAN UNIVERSITY PRESS

中国·广州

图书在版编目（CIP）数据

东南亚华人社区华语生活状况研究／刘华等著. —广州：暨南大学出版社，2021. 11

（语言服务书系. 语言生活研究）

ISBN 978 - 7 - 5668 - 3156 - 9

Ⅰ. ①东…　Ⅱ. ①刘…　Ⅲ. ①汉语—社会语言学—研究报告—东南亚　Ⅳ. ①H1 - 05

中国版本图书馆 CIP 数据核字（2021）第 103831 号

东南亚华人社区华语生活状况研究

DONGNANYA HUAREN SHEQU HUAYU SHENGHUO ZHUANGKUANG YANJIU

著　者：刘华　等

出 版 人：张晋升
策划编辑：杜小陆
责任编辑：刘宇韬
责任校对：周海燕　黄亦秋　林玉翠
责任印制：周一丹　郑玉婷

出版发行：暨南大学出版社（510630）
电　　话：总编室（8620）85221601
　　　　　营销部（8620）85225284　85228291　85226712
传　　真：（8620）85221583（办公室）　85223774（营销部）
网　　址：http：//www. jnupress. com
排　　版：广州良弓广告有限公司
印　　刷：佛山市浩文彩色印刷有限公司
开　　本：787mm×960mm　1/16
印　　张：23. 75
字　　数：460 千
版　　次：2021 年 11 月第 1 版
印　　次：2021 年 11 月第 1 次
定　　价：95. 00 元

目　录

第一章　总　论

第一节　研究缘由

东南亚位于亚洲东南部，包括中南半岛和马来群岛两大部分。东南亚地区共有 11 个国家：越南、老挝、柬埔寨、泰国、缅甸、马来西亚、新加坡、印度尼西亚、文莱、菲律宾和东帝汶。由于地理位置相近，中国与东南亚国家之间很早就有人员和物质的往来。在 19 世纪中后期至 20 世纪中期，大量的华人前往东南亚地区，使东南亚成为海外华人最主要的聚居地区。至 2007 年，东南亚华人华侨总数约 3 348.6 万。其中 20 世纪 80 年代以后进入东南亚的中国移民及其眷属至少在 250 万以上。东南亚华侨华人约占东南亚总人口的 6%，约占全球华侨华人的 73.5%（庄国土，2009）。东南亚国家在近代沦为西方殖民地，几乎所有殖民者都确立了以宗主国语言为唯一官方语言的政策，如荷兰治下的印尼、西班牙治下的菲律宾、英国治下的新加坡等。对当地语言，包括少数民族语言，殖民国家基本放任不管，这为华语保留了生存空间。第二次世界大战以后，在民族独立和去殖民化浪潮下，东南亚国家纷纷独立。独立后的东南亚国家逐渐重视本国主要民族的语言，实行单一语言政策。华语的生存空间受到挤压。随着中国改革开放和国力增强，中国与东南亚国家交往日益密切，而东南亚国家也逐渐将语言政策的重点由突出政治性转变为强调文化交流性，多元化的语言政策逐渐形成。华语在东南亚地区的地位逐步提升。

"一带一路"倡议借用海上丝绸之路这一历史资源，与沿线各国发展经济合作伙伴关系，共同打造政治互信、经济融合、文化包容的利益共同体、责任共同体和命运共同体。东南亚是我国政治、经贸、文化交往的重要区域，在实施"一带一路"规划建设中具有独特作用。东南亚地区是华人的聚集区，也是华商力量最强的区域。对东南亚华人来说，"一带一路"是难得的发展机遇。李宇明（2015）提出"一带一路"需要语言铺路，陆俭明（2016）也呼吁国家应尽快组织有关专家学者着手制定总体的"一带一路"语言规划。"一带一路"建设涉及沿线国的国语或国家通用语的衷情、通心之语，应当列入"一带一路"语言规划的项目单中。华语在连接祖籍国与东南亚各国的华人方面有着不可替代的作用，因此面向东南亚的华语资源建设和监测工作亦亟需重视。

语言生活是运用、学习和研究语言文字、语言知识、语言技术的各种活动。运用、学习和研究是语言生活的三维度，语言生活中的"语言"包括语言文字、语言知识、语言技术三方面。这三维度和三方面纵横构成了语言生活的九个范畴（李宇明，2016）。语言生活研究是围绕以上九个范畴进行的深入研究。大规模的语言生活调查伴随社会语言学的发展而兴起。尽管大规模语言生活调查的方法源于北美，但是真正"落地"展开全方位研究的还是在语言状况复杂多变的其他洲别。语言生活研究议题的多样性和针对性似乎与该地区语言问题的战略地位呈现一定的相关性（郭熙，2015）。

语言生活监测，指的是利用现代科技手段，实时地、不间断地对能够代表某一社团或某一领域语言使用状况的语料样本进行调查、统计、分析、描写，目的是及时反映语言生活状况，描述语言变化实态，向人们提供语言使用的实际情况，以便对语言这种资源进行更好的开发和利用，达到保护语言生态、创建和谐语言生活的期望，实现语言资源可持续发展的目标（侯敏，2010）。语言资源建设和监测则是建立在语言生活监测其上的主要方法。语言资源建设和监测始于20世纪，主要关注语言的多样性，重视非强势族群语言及方言土语的调查、整理，以及各种语言或方言使用变化的动态监测，以实现抢救、保护、开发语言资源的目的。联合国教科文组织20世纪90年代编制的《世界语言报告》，可以看作对语言资源进行监测、开发的开始。随后成立的相关研究机构有语言数据联盟（LDC）、欧洲语言资源学会（ELRA）、跨欧洲语言资源基础建设学会（TELRI）、国际性非政府组织"语界"（Terralingua）、全球语言监测网（GLM）等。国内的语言资源问题直到21世纪初才受到关注，张普等（2003）指出："国家要像对待人力资源、地矿资源、国土资源、森林资源、水资源一样对待语言资源，语言资源是国家最重要的信息资源……"随后，教育部语信司成立了国家语言资源监测与研究中心，形成了领域齐全的国家语言资源建设和监测的体系，标志着中国语言资源建设和监测工作开始启动。该中心对中国的语言生活状况进行了系统、连续的研究，从2006年开始，每年都会发布前一年的《中国语言生活状况报告》绿皮书。

华语是以普通话为核心的华人共同语，郭熙认为华语研究是汉语研究的拓展，是标准语研究，应该积极开展海外华人社会语言使用现状的调查（郭熙，2006、2015）。目前，海外华语方面的研究主要集中在"华语的界定、性质研究"（张从兴，2003；郭熙，2004、2006；陆俭明，2005）、"华语语言特点研究"（陆俭明，1996；周清海，2002；徐杰，2004）、"华语区域词语、特色词语及变异研究"（周清海，2002；曾晓舸，2004；汤志祥，2005；刘文辉，2006）、"华语和现代汉语对比研究"（周烈婷，1999；邢福义，2005；贾益民，2005）、"华语规划与华语规范研究"（谢世涯，2000；林万菁，2001；郭熙，2002、2006）、"华语推广与华语文教学研究"（郭熙，2007）等几大块。国家语言资源监测与研究中心海外华语研究中心已初步建成海外华语书面语语料库。《中国语言生活状况报告》绿皮书每年发布海外华语传播、华文教育及港澳台地区语文生活状况，华人语言生活也引起境内外学者的共同关注，如董琨、周荐（2008）《海峡两岸语言与语言生活研究》、田小琳（2012）《香港语言生活研究论集》等。然而，在东南亚华语区，郭熙（2005）对马来西亚的观察和华文教育史的梳理发现，华语作为该地区华人母语正走向弱势；洪丽芬（2010）调查发现，新一代华人家庭方言向英语转移；郭熙（2010）对新加坡的调查则表明，中学生使用华语的词汇系统大幅度萎缩；黄明（2010，2013）调查也证实了新加坡第三代华人使用语言由华语转向英语；鲜丽霞（2008，2014）、刘瑜（2013）对缅甸、泰国华人社会的调查结果也表明华语的使用情况不容乐观。外圈华语区的语言生活调查亦逐渐增多。例如周刚（2005）对日本的考察发现，新华人社会汉语使用明显退步，语言忠诚日渐削弱，子女的汉语水平令人担忧，日语同化现象十分严重；张东波、李柳（2010）调查美国华人社团发现，一代和二代华人移民对本族语族活力的评价存在显著差异，一代移民的中文使用频率及能力保持高于二代；魏岩军等（2013）调查也发现，美国华裔母语保持水平总体偏低，二、三代之间语言转用现象非常明显。但总体上，由于缺乏第一手的海外华语分布的详细调查资料，现状的描写多偏重理论分析，所用语料大多来自作者自身的体验和总结，多从经验出发，比较单薄，尚未见到概括整个东南亚华语的语言生活状况研究。另外，在方法上大多是卡片式、个案式、专家经验式的研究，尚未进行基于大规模真实语料库的统计研究。

如今，信息技术不断进步，令信息传播速度和广度都得到了空前发展，热词热语现象也就应运而生，这一现象从一开始就带有明显的社会性和时代性，是反映人们语言生活和社会重大事件的标志之一。汉语热词热语是"一带一路"沿线国家华语语言生活的重要组成部分，其民众知晓度和华文媒体关注度是对当地社会语言生活状况一种动态的、具有强烈时效性的直接反映，对于"一带一路"相关政策的制定和实施具有现实指导意义。国内关于热词的研究在短短15年间发展迅猛，研究范围涉及众多学科的多个方面。目前国内外关于热词热语的研究主要集中在热词的成因、传播特征，热词的语言学特征，热词的社会学研究，热词英汉互译研究，热词与语言教育及语言规范五个方面。

东南亚华语基本面貌如何，如何监测和引导华语的发展，如何利用华语研究成果更有效地制定适用于"一带一路"倡议的国家语言政策和进行语言规划，这些都和华语语言生活状况调查密不可分。

第二节　研究内容

东南亚是海外华人的主要聚居地，至 2007 年，东南亚华人占全球华侨华人数量的 73.5%。但东南亚地区地域辽阔，国家与国家之间人口组成、政治、文化、经济等因素各不相同，华人在不同的东南亚国家的情况也有着极大的差异，因此对东南亚华人华语语言生活的调查应该充分考虑到历史、地域、政治和文化等因素，从华人社区语言使用、华文媒体语言生活、华语风貌和汉语热点等多角度进行调查和剖析。东南亚华语语言生活状况包括：

（1）东南亚华人社区语言使用现状调查。通过问卷调查，从东南亚华人个人情况、语言使用、语言能力、语言倾向、媒体使用、语言教育等方面进行数据收集和分析。

（2）海外华文媒体语言生活状况调查。基于华文媒体语料库，进行华文网络、报刊、教材等书面语形式的语言生活状况调查，如用词用语的调查研究。

（3）海外华语口语语言生活状况及华语风貌调查。包括海外华语录音记音，对海外华语语言调查场景录音录像；对华语日常交际场景、带有当地文化特色的重大华语节假日语言生活场景录音录像；对海外含有汉字的路牌、招牌、楹联、广告、标语、墓志等日常生活中的华语媒介进行录像照相，以期全方位、多角度、生动真实地反映鲜活的海外华语语言生活实况。

（4）汉语热词热语海外华语传播研究。通过问卷调查法和频数标准化、差异检验等语料库统计方法对汉语热词热语海外留学生认知状况和汉语热词热语海外华文媒体传播两个方面进行研究，以求客观反映并从社会语言学的角度分析相关华语热点在"一带一路"沿线国家特别是东南亚主要国家的在地化情况。

全书主体部分分为四篇：

（1）总论。介绍研究缘由、方法、意义，概述全文主要内容和成果。

（2）全貌。详细介绍东南亚各主要国家的国别化的华语生活状况。

（3）案例。以印度尼西亚为例，以其五大城市为代表，全方位、详细描述印度尼西亚的华语生活状况。

（4）热点。研究分析"一带一路"沿线国家的留学生对汉语热词热语的知晓度，和东南亚汉语热词热语在华文媒体的使用情况。

需要特别注意的是：

（1）华语多媒体语言资源库包括：海外华文媒体语料库（部分语料为前期积累，部分为2010—2014年语料和印度尼西亚四份报纸的语料）、华语有声（音视频）数据库、华语风貌资源库。由于多媒体语言资源库非常庞大，无法全部展示，本报告将在案例篇中，以实录或者图例的方式部分展示。读者也可在"全球华语网"（huayu. jnu. edu. cn）查找语料。

（2）各国的调查城市都已经完成其独立的城市华语生活状况报告，如《马来西亚槟城华语语言生活调查及研究》《老挝万象华语生活状况调查与研究》。限于篇幅，本书只汇总了每个国家各城市的问卷调查数据，在全貌篇中按国别描述每个国家的总体华语生活状况。同时，重点以印度尼西亚为例，从华语使用情况问卷调查数据、个人华语生活、家庭华语生活、社区华语生活、华文载体风貌、媒体用词用语几个方面，全方位详细描述了印度尼西亚华语生活状况。

（3）本书案例篇中有部分章节，如第二、三、五章的内容由印度尼西亚当地华侨华人撰写，作者及编校人员仅作部分必要修改，尽量保留其原汁原味，这些文字内容本身就是华语生活的重要组成部分。

（4）本书热点篇中的热词热语海外留学生认知情况的调查是面向"一带一路"沿线29个国家（以东南亚主要国家为主）留学生的，以期获得最客观的二语习得意义上的认知反应。在海外华文媒体传播情况的调查统计中，我们将视线转回东南亚主要国家，并作了深入分析。

第三节 研究方法

一、调查点选择

在地理位置上东南亚分为中南半岛和马来群岛。中南半岛与中国陆地相连，人员往来相对密切；马来群岛分布在太平洋西南部与印度洋之间，人员的迁徙和交往相对困难，容易形成单一岛屿/地区的独有语言生态。同时，为了实现长期的语言生活状态监测，我们在选择调查国家和地区时充分考虑了暨南大学华文学院留学生和海外教学点的资源，尽量选择能建立长期稳定调查点的城市作为研究对象。

最终我们选择了马来西亚、新加坡、菲律宾、印度尼西亚和老挝5国15个地区的华人社区作为调查对象。马来西亚、新加坡、菲律宾和印度尼西亚位于马来群岛，除新加坡是城市国家外，其余三国都是岛屿众多的国家。

我们尽量选取每个国家具有代表性的华人聚居城市作为调查点，例如在马来西亚选择位于马来半岛的首都吉隆坡和位于东马的沙巴州；在菲律宾选择位于吕宋岛的首都马尼拉和位于棉兰老岛北部的鄢市；在印度尼西亚选择位于爪哇岛的首都雅加达、东爪哇省省会泗水、苏门答腊岛的第一大城市棉兰、苏门答腊岛的廖内省以及望嘉丽岛、加里曼丹岛的西加里曼丹省省会坤甸、邦加—勿里洞省的邦加岛、廖内群岛省的巴淡岛；而老挝位处中南半岛，北部与我国相邻，因此选择老挝的首都万象和南部的沙湾拿吉作为调查地点。

新加坡是东南亚唯一一个华人占多数的国家，而且新移民数量相对较多；华人是马来西亚的第二大族群，当地华文教育保存良好；菲律宾华人融入当地社会程度较高，当地有华人血统的人口比例也较大；老挝华人数量较少，但融入当地社会程度较高；印度尼西亚国土面积大，岛屿众多，不同地区之间华人交流相对较少，华语原始风貌保存比较完整，华文教育经历30年禁锢后，迎来了发展的新时期。本书选取多个城市作为调查点，全面展示印尼华语生活状况。

在确定了调查地的基础上，调查员采集当地华人在华人社区中的语言使用、语言能力、语言倾向、媒体使用、语言教育等方面的数据，调查东南亚华人的华语使用情况。

二、华侨华人社区语言使用情况调查

（一）问卷设计

华侨华人社区语言使用情况调查问卷以个人情况、语言使用、语言能力、语言倾向、媒体使用、语言教育等方面为维度设计。该问卷由课题组多次讨论设计，广泛征求了海内外相关专家的意见，共设30道题目。

（1）个人情况。包括调查对象的年龄、性别、职业、学历信息，以及调查对象为第几代华人和祖籍方言为何。在此基础上，了解调查对象现在所使用的方言，分析东南亚不同地区华人所用方言的演变情况。

（2）华语习得。包括调查对象学习华语的时间、方式以及在小学阶段同学的来源。

（3）华语交流和使用。包括调查对象华语交流的流利程度，和平辈、晚辈、长辈交流时各说什么话，主要在什么场合使用华语，与当地华人和中国人交流时主要用什么语言等。

（4）语言倾向。包括调查对象认为说华语有什么好处、华语有哪些优点、希望子女说什么语言等。

（5）华文媒体使用。包括调查对象听广播、看电影电视、看报刊书籍、上网浏览时，是否经常浏览华文的媒体和内容；这些华文媒体和内容主要来自中国还是别的国家等。

（6）华文教育。包括调查对象觉得华语最难学的内容和最需要提高的华语方面的能力。

（二）调查取样

根据每个调查城市华侨华人社区语言使用的情况，再按照调查对象的年龄、性别、文化程度、职业、方言背景等分层取样，然后进行问卷调查，以保证调查对象来源的多样性。详细调查地点和受访人数见表1－1。

表1－1　详细调查地点和受访人数

国别	地区（受访人数）
马来西亚	吉隆坡（188人）；沙巴州（267人）
新加坡	新加坡（310人）
菲律宾	马尼拉（225人）；鄢市（258人）
印度尼西亚	巴淡（303人）；棉兰（286人）；泗水（300人）；望嘉丽（300人）；雅加达（325人）；廖省（50人）；坤甸（270人）
老挝	万象（300人）；沙湾拿吉（240人）
合计	15个地区（3 622人）

选取调查对象时，建议能按年龄（老、中、青各三分之一）、性别（男、女各二分之一）、文化程度（小学、中学、大学各三分之一）、职业（学生、老师、公务员、商业从业人员、家庭主妇、其他按比例抽样）、方言背景（如某地有两种或以上主要方言，各方言人群按比例抽样）、分布地域（如各主要华人居住区）等分层取样。

各调查的时间如下：对菲律宾华人的调查时间是2013年；对新加坡华人的调查时间是2014年；对老挝华人的调查时间是2015年；对马来西亚华人的调查时间是2016年；对印度尼西亚华人的调查因调查点设置比较多，所以调查时间跨度也比较长，调查时间是2013至2016年。

三、个人语言生活场景调查

（一）调查对象

1. 发音人（即调查对象）条件

（1）必须会说华语，建议各发音人之间的华语水平有一定的区分度，参差不齐，例如，有的发音人华语非常流利，有的一般，有的比较差，但是最低水平者应达到能用华语进行基本交流的目的，这里的华语不包括方言。

（2）老年发音人具有小学文化程度，青年发音人无限制。

（3）老年、中年和青年发音人之间的年龄间隔应不小于20岁。

2. 发音人数量

每个调查点调查6名华语发音人，年龄段分别为老年、中年和青年，各2人。老年发音人如很难找到，可以放宽条件，不一定必须达到小学文化程度。

3. 发音人概况

了解发音人的基本信息，包括是第几代移民、学历、职业、居住地等。

（二）调查内容

1. 个人讲述

任选一个话题，或自拟话题，6名发音人分别用华语讲述，每人不少于3分钟。

可选话题包括：个人经历、当地情况、风俗习惯、传统节日、故事传说、工作情况、兴趣爱好、家庭情况、时事热点、其他话题，等等。

2. 多人对话

任选一个或多个话题（参照上文可选话题），或自拟话题，多人对话（调查人也可以作为其中一人，每次四人或四人以上，不少于两次，每个发音人起码参加一次）。如多人对话有困难，可代之以三人对话（调查人也可以作为其中一人，不少于三次，每个发音人起码参加一次）。总对话时间不少于60分钟。

对上述口语场景进行录音录像。

四、家庭语言生活场景调查

（一）调查地点

当地华人家庭。

（二）调查对象

选取两个具有代表性的华人家庭（家庭成员不少于3人，最好是老中青年都有，尽量不要和前述个人口语调查中的发音人重复），其主要家庭成员的日常会话以华语为主。

表 1-2　华人家庭 1 主要发音人概况例子

编号	姓名	性别	年龄	第几代移民	方言	学历	职业	居住地
发音人1	刘＊＊	男	41	3	广东话	本科	教师	市区

表 1-3　华人家庭 1 其他发音人概况例子（可加行）

编号	姓名	性别	年龄	与发音人 1 关系	方言	学历	职业
发音人 2	刘＊＊	男	21	父子	广东话	本科	教师

（三）调查内容

选择一天中具有代表性的生活场景进行录音录像，如吃饭、聊天、家人聚会、购物、看电视等日常生活中的说话场景（都讲华语），不少于 5 个场景，每个场景不少于 10 分钟。

五、社区语言生活场景调查

（一）调查地点

华人社会公共场合，例如华文课堂、华人社团等。

（二）调查对象

当地重大华人节假日和大型华人聚会。活动以华语为主要交流语言，如调查确有困难，汉语方言的活动也可以。

（三）调查内容

选择华人社区典型的具有地方特色的重大节假日、大型聚会的语言生活场景，如春节、元旦、端午节、中秋节、鬼节、教堂活动、聚会、娱乐活动、结婚、丧事等，进行录音录像。要求录制两个活动，一个带有中华文化特色的重大节假日，另一个是节假日之外的大型聚会活动。

（四）调查流程

预先了解活动相关的信息，如发起者、主持者、主要参与者，主要交流语言，活动主题，活动流程等。可以预先选好摄录的几个主要对话人（该活动的活跃分子或主要发言人）。

录像时，先进行全景式、扫描式摄录，将活动的整个场景录像；再集中镜头摄录主要发言人，或者几个主要对话人的对话场景片段；也包括对活动流程的摄录，如节假日的主要仪式。

每个活动总的摄录时间不少于 1 小时，可片段节选式摄录，不必从头到尾地连续摄录。

录像完后，将录像中的语音材料转写为文字材料。每个活动节选片段需要标记其发音人和起止时间（如 00：23：45—00：24：32），例如：

主持人（00：23：45—00：24：02）：下面，我宣布讨论开始。

发音人 1（00：24：05—00：24：12）：好的，我先说吧。

发音人 1（00：24：14—00：24：22）：我觉得我们教堂还需要投入资金进

行修整。

发音人 2（00：24：24—00：24：29）：还需要投入多少资金？

……

以表格和文字形式，记录下节假日或聚会的背景，如时间、地点、主要参与人、主题、过程；如有可能，记录下该活动的仪式流程、特色（与中国对应节假日相比）等信息。

表 1-4 社区语言生活场景调查概况例子（可加行）

编号	名称	时间	地点	主题	主持人	语言	人数	摄录片段数
活动 1	春节	20140214	福清公会	春节团拜	刘＊＊	华语	23	9

表 1-5 活动 1 摄录的节选式片段例子（可加行）

片段序号	起止时间	音视频文件名	文本文件名	内容概要
11	00：00：19—00：26：02	11. mp4	11. txt	致欢迎词

六、华文载体风貌调查

对当地含有华文（汉字，包括繁简体，或含汉字的双语）的路牌、招牌、楹联、广告、标语、门牌、牌匾、墓碑、店名等日常语言生活风貌书面载体进行照相。同时记录其对应的文字（转写为文字）和当地华语的发音（可请当地华人按华语朗读，录音），并记录该书面载体所处环境的语言背景（如，该地主要说客家话，载体主人如店主，说粤语）。

表 1-6 华文载体风貌例子（可加行）

编号	图片文件	类型	对应文字	华语发音文件	方言发音文件	语言背景
001	0011. jpg	路牌	中华街	0012. mp3	0013. mp3	福建话

七、汉语热词热语海外留学生认知调查

（一）热词热语的选取

经作者统计，2005—2014 年《中国语言生活状况报告》中收录的热词热语数量为 1 180 个（不同年份和类别中有个别重复词语）。考虑到调查的篇幅及可

行性，本书参考《中国语言生活状况报告》中词语被收录的分类及年份，尽量兼顾到不同种类、时间的词语，抽取一定数量进行调查：

（1）尽量选择使用频率较高且使用状况和意义较为稳定的词语。

（2）秉承对外汉语教学中的词汇教学原则，选择大众熟知、影响力大、生活中常见的词语进行调查。

（3）考虑到此次调查涉及海外人员，为了减少由于政治、国别等因素对调查可能造成的不利因素，所以避免选择政治色彩太强烈或国别地域色彩太明显的词语。例如有关科技类的词语、人名等，其涉及不同语言的翻译，国别地域色彩明显。

（4）综合考虑词义所涉及的社会领域、构词特点、来源等因素来进行选词，以增强代表性和覆盖面，且各领域高频词各占一定比重。

以此为基准，对语料进行筛选，最终选择 36 个目标词语进行调查：

高铁、给力、正能量、土豪、雾霾、一带一路、留守儿童、海选、山寨、被××（被就业等）、蜗居、团购、纠结、高富帅、屌丝、双十一、广场舞、点赞、微信红包、"和谐号"、中国大妈、超级女声、潜规则、恶搞、草根文化、微博、"穿越"、hold 住、中国好声音、莫言、女汉子、高大上、任性、萌萌哒、鸟巢、"幸福感"。

其中，依据在《中国语言生活状况报告》中所出现的时间，我们将这 36 个目标词语分类统计如表 1-7 所示：

表 1-7 36 个目标词语年份统计

年份	词语
2005	超级女声
2006	潜规则 恶搞 草根文化 留守儿童 海选
2007	"和谐号"
2008	山寨 鸟巢
2009	被××（被就业等）蜗居 微博
2010	团购 纠结 高铁 给力
2011	"穿越"hold 住 "幸福感"
2012	中国好声音 莫言 正能量 高富帅 屌丝
2013	女汉子 高大上 中国大妈 土豪 雾霾 双十一 广场舞
2014	任性 萌萌哒 一带一路 点赞 微信红包

依据目标词语在《中国语言生活状况报告》中所属的分类，统计如表 1 - 8 所示：

表 1 - 8　36 个目标词语类别统计

类别	词语
综合类	高铁 给力 正能量 土豪 雾霾 一带一路
社会生活类	留守儿童 海选 山寨 被×× （被就业等）蜗居 团购 纠结 高富帅 屌丝 双十一 广场舞 点赞 微信红包
国内时政类	"和谐号"
经济类	中国大妈
文化教育娱乐体育类	超级女声 潜规则 恶搞 草根文化 微博 "穿越" hold 住 中国好声音 莫言 女汉子 高大上 任性 萌萌哒
民生专题	"幸福感"
北京奥运专题	鸟巢

从 1 180 个词语中仅选择 36 个词语作为代表，必然难以面面俱到，但为兼顾调查的可操作性，故我们作此取舍。

（二）问卷设计

汉语热词热语海外留学生认知调查问卷包括背景和调查词语表两个部分，一共 19 道题、36 个调查词语表：

（1）背景项，第 1～19 题，主要目的在于调查留学生的背景资料，包括国籍、学习汉语的时长、家庭语言使用情况等，第 11～19 题就留学生的平时阅读习惯、对汉语热词的熟悉程度和学习态度进行了初步调查。

（2）调查词语表，词语共计 36 个，学生依据自己对该词语的认识，选择符合自己的单一选项。考虑到被调查者对词语的理解，以及参考前人有关知晓度调查的问卷设计，我们共划分了 5 个不同的知晓度等级：A. 非常清楚该词语的意思，经常使用；B. 知道该词语的意思，有时使用；C. 不确定该词语的意思，偶尔使用；D. 见过或听过，但不太懂意思；E. 没有见过或听过。对 A、B、C、D、E 各等级的赋值分别为 2、1.5、1、0.5、0。为方便计算，单个词语的总得分即视为该词语的知晓度。将单份问卷中 36 个词语的总得分相加，即可得出单个学生对所有热词的知晓度，其理论最大值为 72。将每个词语的总得分加以统计，可以得出该词语的得分总值，所得到的数据可以视为该词语的知晓度的衡量标准。例如，此次共调查了 161 名学生，那么每个词语的总得分最大值应为 322。除知晓度的概念以外，本书还参考了范慧琴（2013）的研究成果，引入"知晓率"的概念：用平均知晓度除以理论最高值，作为参考。

（三）调查取样

汉语热词热语海外留学生认知调查的对象为暨南大学华文学院 2017 年 12 月底—2018 年 1 月的在校留学生，我们以班级和年级为单位，向留学生发放调查问卷。参与问卷调查的学生包括华文学院汉语系非学历教育的初级班和中级班、汉语系本科生四个年级、华教系 14 至 16 级本科生和汉语国际教育 15 级硕士外招生，汉语水平从零基础到高级均有分布。这些学生来自 29 个不同的国家（空白部分不计），以东南亚的学生为主。

八、基于语料库方法的词语研究

（一）印度尼西亚华文媒体用词用语研究

我们从印度尼西亚规模较大和影响力较强的三家报纸取材并建立语料库，总文本数为 61 660，词语总频次共计 12 783 256 次，词种数 5 897 396 个。

本书利用刘华教授开发的"汉语助研"语料库建设及统计一体化软件，进行用词用语统计分析，研究包括频次与词种数的关系、覆盖率、高频词语用字统计和成语的使用等。

为了更好地研究华语的特点，本书同时还进行了印度尼西亚华文语料与中国国家语言资源监测语料库语料（下文统称为"监测语料"）的比较调查。监测语料来自国家语言资源监测与研究中心平面媒体分中心和网络媒体分中心 2005—2008 年的语料。对比研究包括频次与词种数的关系对比、词语的覆盖率对比、高频区段词语的共用独用调查、高频词的频序比、高频词语的词长分布对比、高频词语用字对比和成语对比分析。

最后，本书利用自动分词和人工干预的方法，提取出具有印尼华语特色的词语，同时对频次大于 10 的特色词语进行了简要的提示性说明。

（二）中国热词热语海外华文媒体传播研究

我们从《中国语言生活状况报告》（2008—2017 年）的新词语、流行语、网络用语和《咬文嚼字》2008—2017 年的"年度十大流行语"，以及互动百科自 2009 年起发布的"年度十大热词"中，筛选出各年度在四类盘点中重复率较高的选词 55 个。

我们建设了大规模东南亚华文媒体语料库，主要包括 2015—2017 年的东南亚华文报纸及中文网站，其中有新加坡、马来西亚、泰国、印度尼西亚四个国家的部分华文报纸及中文网站，约 7 000 万字。

我们利用"汉语助研"软件对生语料进行处理，统计选词在华文媒体语料中的总使用频率、频次以及年度历时使用频率及频次，并发现特点，总结规律。

我们研究了汉语热词热语在海外华语中的使用和传播情况，总结了热词热语在海外华语中的使用特点和传播特点，选择了典型传播个案进行分析，进一步分析了热词热语在海外华语中使用和传播的动因。

第四节　主要成果

一、数据资源

通过在东南亚各国的调查，我们收集到了不少资料，以下是收集到的研究数据的分类统计：

表 1-9　研究数据列表

国家	区域	调查问卷（份）	音频（个）	视频（个）	图片（张）
马来西亚	吉隆坡	188	0	0	0
	沙巴	267	0	0	108
新加坡	新加坡	310	0	0	239
菲律宾	马尼拉	225	0	0	0
	鄢市	258	0	0	21
印度尼西亚	雅加达	325	8	4	122
	泗水	300	111	60	102
	棉兰	286	9	3	283
	坤甸	270	6	2	52
	巴淡	303	15	20	345
	望嘉丽	300	0	0	0
	廖省	50	0	0	0
老挝	万象	300	0	0	0
	沙湾拿吉	240	0	0	0
来华留学生	29 国	161	0	0	0
合计		3 783	149	89	1 272

二、华人移民代数与方言代际变化情况

调查发现，东南亚地区华人主要是第三代及以上的移民。华人现在使用汉语方言的比例相对其祖籍方言呈现普遍下降趋势。在不同的国家，情况略有差异，具体情况如下：

（1）新加坡开放性强，新移民比例较高，中国北方方言比例高于其他东南亚国家。

（2）在菲律宾和印度尼西亚，闽南语是华人使用的主要方言，其使用比例下降程度较低，维持强势地位。

（3）马来西亚华人的祖籍方言基本为中国南部方言，客家话的使用人数最多，其余还包括闽南语、粤语和潮汕话，但各种方言的使用基本都呈现下降的趋势。

（4）老挝的华人已经基本融入老挝当地社会，方言使用比例的下降主要是受到老挝语使用比例上升的影响。

三、华语习得和学习的方式与时长

东南亚各国华语教育政策差异较大，华人学习华语的方式也有明显差异。

（1）马来西亚有独立、完整的华语教育体系，新加坡华语教育作为双语教育的一部分进入了国家的国民教育系统，两国华人学习华语的时间大部分不少于9年。

（2）菲律宾的华语教育作为国家教育体系中的私立教育部分发展成熟，近一半接受调查的华人有过6~8年的华语学习经历。

（3）印度尼西亚经历了华文教育冰冻期，正在重新探索华文教育发展方向，华人学习华语的时间呈现两极化状况，老一代华人接受过长时间正规教育，而年青一代华人则较少接触华语教育，补习学校成为华语教育的主要形式。

（4）老挝华人融入当地程度较高，当地华语学校较少，华人学习华语基本集中在有限的华语学校中。

四、华语使用及华语态度

调查显示，东南亚华人日常语言使用情况呈现明显的国别化差异。

（1）马来西亚华人日常交流的主要语言是华语，华语的使用和传承得到有力的支持。汉语方言在马来西亚呈现代际衰退，地位受到华语和英语的双重压缩。

（2）新加坡华人日常使用语言呈现汉语方言—华语—英语的转变趋势。

（3）汉语方言在菲律宾华人社区中得到较好的传承，而华语的使用率一直都低于本国语，英语在菲律宾华人中也有较高的使用率，菲律宾华人当地化程度也比较高。

（4）受印尼政府禁用华语政策影响，印尼华人使用印尼语已占主流，汉语方言出现明显的代际衰退，华语使用率处于相对较低的水平。

（5）老挝的华人大多以老挝语作为日常交流语言，华语的使用率比例较低。

东南亚不同国家的华人华语水平不同，华语态度也有所不同。华语水平高的国家，华人视华语为维持身份认同和社群关系的主要纽带，根源意识和身份认同对华语态度影响较大；而华语水平较低的国家，华语态度与实际利益更紧密相关，华人视华语为增强自身发展机会和提升经济水平的手段。

五、华文媒体使用情况

华文媒体使用情况与华人的华语水平密切相关。马来西亚和新加坡华人华语水平相对较高，华文媒体使用情况相对较好，主要以收看华语影视节目为主，广播、报刊书籍和网站则较少；印度尼西亚、菲律宾和老挝华人华语水平较低，对华文媒体的使用处于相对较低水平。东南亚华人在使用以互联网为代表的新媒体时选择华语的情况普遍偏少。华语水平越高的国家，华人群体对华文媒体的选择越多元，当地华文媒体越繁荣；而华语水平越低，其华文媒体就相对弱势，华人对华文媒体的选择越依赖中国内地。中国内地的华文媒体在东南亚遇到了其他华语区媒体的强有力竞争，尤其在华语水平较高的地区，内地华文媒体的声望还有待进一步提高。

六、汉语热词热语海外留学生认知情况

通过对前人研究成果的归纳和概括，我们总结得出热词的概念，并探究出影响热词热语知晓率的主要因素：从词语本身而言，语义的透明度对词语的知晓度影响最大；从调查对象背景而言，华裔身份、家庭有华语语言环境的、HSK 水平较高的、汉语学习和及来华时间长的、年轻的留学生普遍对汉语热词热语的知晓度高于其他类别的学生。总体而言，留学生对于汉语热词热语不敏感、不熟悉，但是保持着开放接纳的态度。

七、汉语热词热语海外华文媒体传播情况

近十年来热词热语在海外华语中有广泛的传播和使用，尽管在使用频次上存在着差距较大、分布不均的状况，但 2008—2017 年的大量热词热语都在华文媒体语料中有所体现。在内容分类使用上，综合类热词热语在海外华文媒体中的使

用频次最多，而综合类热词热语是媒体中关注度最高、最具年度代表性的词语，涵盖国际时政、国内时政、经济和科技等多个领域，在使用频次最高的综合类热词热语中，政治类新词语使用频次最高，其次是经济类新词语，这与国家层面的政治话语权具有一定关系。在构词分类使用中，名词性热词热语使用频次最高，这与名词性热词热语的"强开放性"有关。同时，三音节名词性热词热语使用频次最高，这依赖于三音节词自身结构特征与功能。从各年度热词热语的使用状况上看，年度内热词热语与各年度热词热语的使用差距都较大，这可能受到内外多种因素的影响：内部因素包括热词热语自身与海外华语生活实际的"映射"程度，外部因素包括国家间外交关系、海外华人所在国语言政策。

第五节　主要观点

一、华语资源建设和监测对"一带一路"华语语言规划的影响

语言规划是在一个语言社团内对语言及其变体的功能、结构和获得进行的有意识的尝试活动。李宇明（2012）指出，语言规划涉及语言及其变体的社会地位、适用场合，语言文字的改革、规范和完善，语言现象在各功能层次的价值与作用等方面。郭熙（2009）指出语言规划曾经在不同的国家或地区做出过历史性贡献，但也付出了不同的代价。在华语语言规划的过程中要充分考虑语言规划的类型，完成从"问题"到"资源"，从管理到服务，从单一国家或地区到跨国、跨境以及从强制性到市场调节的转变，自觉地加强华语声望规划。声望规划是指在语言地位规划和本体规划活动中与社会文化和心理因素有关的规划活动（陈章太等，2015）。声望规划刻意营造一种有利的心理环境，这种环境有利于语言规划的持续成功。语言声望的心理环境反映在规划接受者的语言态度上。华语视角下的语言规划具有适用范围广泛、多语言区合作、一体与多样并存、华语资源共享、短线与长线规划并存、规划的层次性差异等特点（郭熙，2006）。面向"一带一路"华语语言规划成功与否，与能否深入了解海外华人对华语的态度有密切的关系。而范围广、多语言区、一体与多样并存等特点注定了海外华人对华语的语言态度必然是多样而复杂的。

语言态度是指人们在语言生活中对待某种语言的基本意见、主张以及由此带来的语言倾向和言语行为（劳允栋，2005）。语言倾向主要表现在对语言的使用，尤其是在与不同人群交流时的使用情况。言语行为亦常常通过语言使用来体现。由于语言态度是人内心的一种心理活动，语言态度的实证研究只能建立在人的言

行、观点、意见、情趣和倾向等外在表现的间接测量上。语言态度调查应反映人的语言生活客观情况，包括调查对象的背景情况、语言文字学习途径、掌握程度和使用情况。语言态度的研究对了解一个群体的社会心理特点及语言规划的理论探索和语言政策的制定具有十分重要的实用价值（张娟，2010）。刘华提出可通过海外华侨华人社区语言使用情况开展研究，从个人情况、语言运用、语言能力、语言倾向、媒体使用、语言教育等方面全面调查研究海外华侨华人语言使用的基本状况，为面向海外的华语语言规划提供客观的依据（刘华，2015）。

本书调查的目的就是通过对东南亚多地进行系统的海外华语分布调查，通过大量第一手数据概括整个东南亚的华语使用情况，从华语使用态度、华语运用情况、华语媒体使用情况等多方面分析东南亚地区华人对华语的态度。在掌握东南亚各国华人对华语态度的基础上，华语语言规划才能根据市场需求，提供个性化服务，实现一国一策。

二、东南亚华人华语态度存在层级性，华语使用呈现多样性

根据调查结果可见，以华语水平和身份认同为标准，东南亚各国华人华语态度层级明显。马来西亚和新加坡属于第一层级，华语能力自我评价高、根源意识和身份认同意识强、华语亲切感强；印度尼西亚、菲律宾属于第二层级，华语使用虽然经历了低谷，但近期处于上升的状态，华语自我评价较高、有一定根源意识、对华语的实际利益需求高；老挝属于第三层级，华语能力弱，华人已融入当地社会，华语使用率低、实际利益驱动明显。身份认同和现实利益是影响华人华语态度的两个重要因素，不同层级之间国家的影响力存在明显差异，即使在同一层级的国家，表现也有所不同。第一层级的马来西亚华语水平高，华人在重视文化传承的基础上十分注重华语的实用价值。而在新加坡，英语对华语的地位产生了较为明显的影响。虽然华人的身份认同感较高，但在下一代的语言规划上则更多地考虑实际利益因素而将英语视为首选语言。第二层级的印度尼西亚本国语使用比率攀升，菲律宾对于华语的经济利益和实用价值非常注重。第三层级的老挝华人虽然已基本融入当地社会，但仍考虑现实利益希望子女说华语。

东南亚华人华语态度和使用情况随着时间呈现明显代际变化。语言使用上普遍出现汉语普通话和英语越来越受到重视，而汉语方言的使用则出现逐渐萎缩的现象。华人与长辈交流使用方言较多，与同辈和晚辈的交流中使用普通话和英语的比例在上升。华人对下一代的语言规划也基本以普通话和英语为主。调查结果可以清晰反映华语在东南亚需要面对的竞争因素很多，尤其是利益因素对华语使用产生重要影响。

三、应重视华文新媒体对华语语言规划的聚焦作用

随着传播工具的日新月异，互联网已成为主要的媒体工具，而传统的文字媒体使用率一直在下降。文字媒体使用与语言能力相关，语言能力弱的华人使用文字媒体自然相对较少，而音像相结合的电视媒体形式相对更容易被东南亚华人接受。我们在华语语言规划和华语传播上应注意新媒体工具和华语媒体内容相结合，采用更容易被接受的音像内容和互联网传播方式来推动华语的传播。

华文媒体是华语语言规划，尤其是声望规划的聚焦点。从调查结果中我们可以看到，来自中国内地的华文媒体受到了来自不同地区的华文媒体的挑战。在华语态度第一层级的马来西亚和新加坡中，最受欢迎的华文媒体来源地区分别是台湾和香港，而本地华文媒体的受欢迎程度也高于内地的华文媒体。反之，在华语态度第二、三层级的国家中，内地华文媒体的受欢迎程度均高于其他地区的华文媒体。这些数据揭示了在面向东南亚国家的语言声望规划中，来自内地的华文媒体需要深入了解不同国家不同语言态度的华人的语言服务需求，了解语言环境中存在的市场竞争关系，为所在国的华人定制出优秀的媒体内容，通过市场竞争的手段来维护华语声望规划。例如，新加坡歌手向洋参加浙江卫视《中国新歌声》节目并获得第二名，在中新两国中获得广泛的认可。新加坡推广华文学习委员会委任他为新加坡推广华文学习大使，这对于提升华语在新加坡的声望有明显的帮助。

四、重视汉语热词热语的海外传播和华文媒体的特殊地位

汉语热词热语代表中国语言生活的快速发展与活泼面貌，是现代汉语中新颖有活力的重要组成部分。汉语热词热语反映了中国社会发展的侧面。将汉语热词热语传播到海外华语社区去，是当前华语传播的重要内涵。汉语热词热语在海外华语中的使用，促进了海外华人社会对祖籍国的认识和了解，有利于海外华人华侨建立对中华语言文化更深层次的认同感，进一步有利于海外华语的代际保持。汉语热词热语在海外华语社区中的传播主要依赖于海外华文媒体，海外华文媒体是海外华人语言生活的重要组成部分。

全貌篇

东南亚华人社区华语使用情况

第二章　马来西亚华人社区华语生活

第一节　马来西亚概况

马来西亚联邦（Federation of Malaysia），通称马来西亚（Malaysia）。马来西亚分为两个部分：西马来西亚，位于马来半岛，北接泰国，南隔柔佛海峡，以新柔长堤和第二通道连接新加坡；东马来西亚，位于婆罗洲（加里曼丹岛）北部，南接印度尼西亚，其下的沙巴州和砂拉越州毗连文莱。1957 年 8 月 31 日，联盟主席东姑阿都拉曼宣布马来亚独立。1963 年，马来亚联同新加坡、沙巴及沙捞越组成了马来西亚联邦，首都为吉隆坡，联邦政府则位于布城。1965 年 8 月，新加坡退出马来西亚联邦。

马来西亚属于多民族国家，国民主要包括马来人、华人、印度人（马来西亚三大民族）。马来西亚华人主要是明朝到民国时期数百年来从中国福建和广东、广西、海南等一带迁移而来的中国人后裔。马来西亚华人在古代时多自称唐人、华人，马来西亚独立后均称华人，成为马来西亚国民。截至 2015 年，马来西亚总人口为 30 638 600 人。其中马来人占 55%，华人占 24%，印度人占 7.3%，其他占 13.7%。马来西亚国语为马来语，此外，通用英语，华语使用较广泛。马来西亚国教为伊斯兰教，其他宗教有佛教、印度教和基督教等。

马来西亚华文教育发端于 19 世纪初。在 20 世纪初期，随着大量新式华文学校的建立，华文教育进入蓬勃发展期。第二次世界大战后，华文教育从战时浩劫中迅速恢复，重现生机。1954 年南洋大学的成立更使华文教育形成了从小学到大学的完整教育体系。但是，马来西亚独立后，华文教育受到种种限制，1961 年教育法更是令华文教育大受挫折，华文学校逐渐变为华文独立小学和华文独立中学。华文独立小学和中学是指 1961 年教育法实施后不接受改制而失去政府津贴、仍保留华文作为教学媒介语、由华人社会资助主办的华文小学和中学。"独立"指的是独立于马来西亚教育体系之外，虽然受教育法约束，但其课本、教学用语和考试均不受政府管理。这些学校没有政府资助，完全由华人社会筹集办学经费，由华人社会主办。马来西亚独有的华文教育系统使得华文在马来西亚华人群体中得到有效的延续，对马来西亚华语使用情况产生深远的影响。

第二节　调查对象基本情况

一、性别、居住区、年龄

在收回的 455 份调查问卷的调查对象中，145 位是男性，310 位是女性，生活在城市的有 362 位，郊区的 84 位，乡下的 9 位；25 岁以下的 269 位，25～34 岁的 86 位，35～44 岁的 38 位，45 岁以上的 62 位。调查对象中 25 岁以下的人最多，原因是调查问卷的主要发放途径是学校以及学生的亲朋。

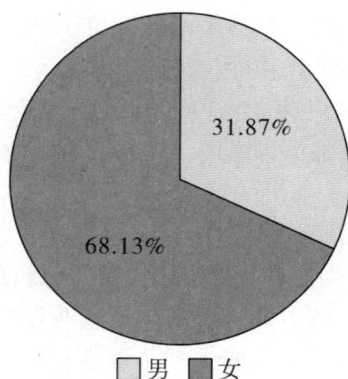

图 2-1　马来西亚调查对象性别分析

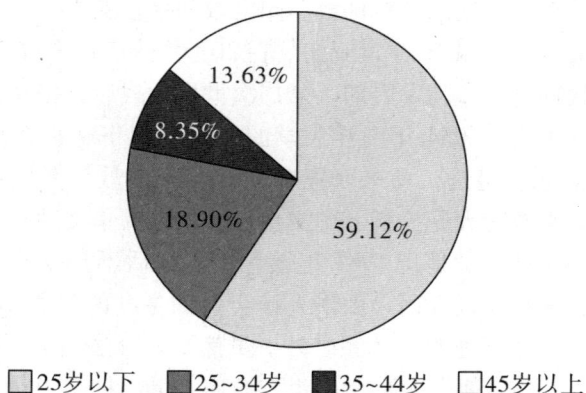

图 2-2　马来西亚调查对象年龄分析

二、职业、学历

根据收回的调查问卷，调查对象的职业背景和学历情况见表2-1和图2-3、图2-4。本次调查主要通过学校师生及其亲属朋友开展，因此学生和教师的比例相对较高。考虑到教师和学生在其工作环境中接触华语的机会较多，调查能较好地反映接触华语较多的人群的语言使用情况。

表2-1 马来西亚华人的职业与学历

职业	数量（人）	最高学历	数量（人）
教师	57	初中	33
学生	258	高中	197
政府工作人员	3	本科	197
商人	70	研究生	17
服务业从事人员	36	无学历	11
媒体从业人员	8		
家庭主妇	8		
其他	15		
总数	455	总数	455

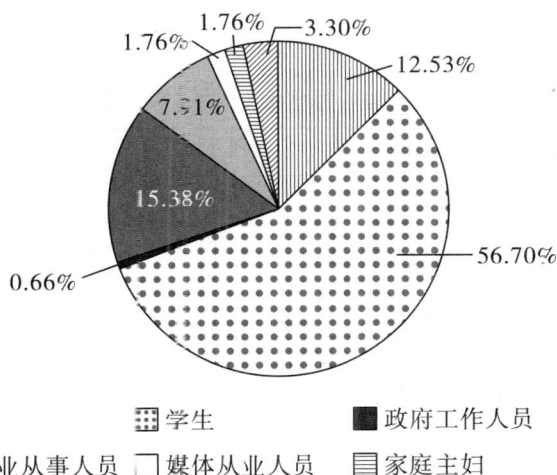

图2-3 马来西亚调查对象职业分析

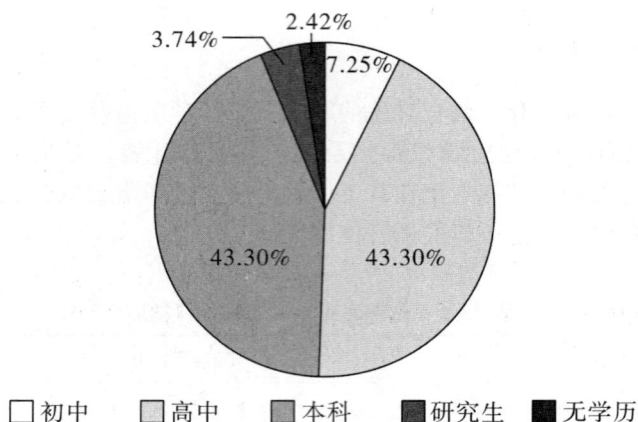

图2-4 马来西亚调查对象学历分析

三、第几代移民

调查华人是第几代移民，主要是为了分析华人在马来西亚定居的时间。一般而言，定居时间越长，受定居国的文化影响越大，受祖籍国的影响就越小。调查结果显示，调查对象中有第一代移民 2 个，第二代移民 25 个，第三代移民 231 人，第四代移民 121 个，四代以上移民 76 个。数据显示马来西亚第三代或以上的移民占大多数。马来西亚华人大部分早年移居马来西亚并在马来西亚落地生根，近年来新移民到马来西亚的人数相对较少。华人社区新移民数量少，社区整体的语言受到祖籍国影响相对较少。

表2-2 马来西亚华人属于第几代移民

第几代移民	数量（人）	比例（%）
第一代	2	0.44
第二代	25	5.49
第三代	231	50.77
第四代	121	26.59
第四代以上	76	16.70
总数	455	100

四、方言情况

马来西亚华人大多从中国的南方沿海省份移民而来，移民带来了祖籍地的方言，主要包括粤语、闽南话、客家话、潮汕话等。这些方言在马来西亚的华人社区落地生根。随着时代变迁，华人目前使用的汉语方言和家中祖辈初到马来西亚时使用的方言也发生了变化。具体的变化情况见表2-3和图2-5。

调查显示，马来西亚华人祖籍方言中客家话和闽南语占多数，而在现用方言中，以客家话和粤语为主。在主要的方言中，除了粤语的使用比例有所上升，其他主要的方言使用比例均下降了。

表2-3 马来西亚华人祖籍方言与现用方言

祖籍方言	数量（人）	现用方言	数量（人）
粤语	85	粤语	130
闽南话	133	闽南话	81
客家话	181	客家话	145
潮汕话	50	潮汕话	4
其他	6	其他	95
总数	455	总数	455

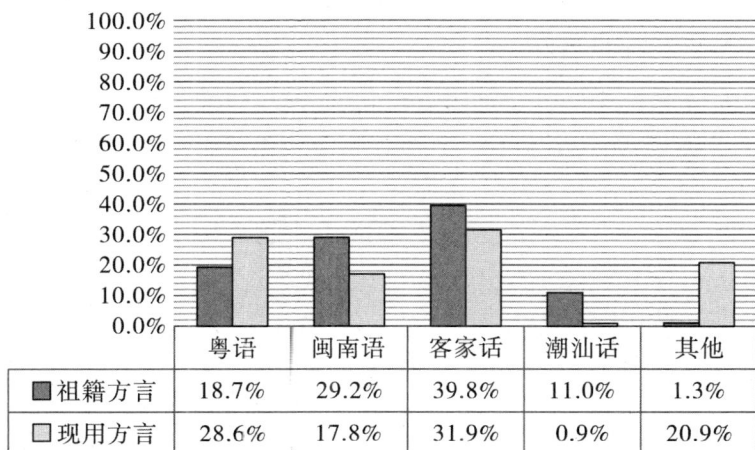

	粤语	闽南语	客家话	潮汕话	其他
■祖籍方言	18.7%	29.2%	39.8%	11.0%	1.3%
□现用方言	28.6%	17.8%	31.9%	0.9%	20.9%

图2-5 马来西亚华人祖籍方言和现用方言

第三节　华语习得

一、小学阶段最主要的同学来源

学校是一个人口相对密集的区域，同学之间的交流是学校生活的一个重要组成部分。在小学阶段时同学之间的交流对语言习得有重要的影响。调查结果显示，有81.32%的调查对象在读小学时主要同学是华人，有16.70%的是本地人，有1.98%的是外国人。

表2-4　马来西亚华人在小学阶段最主要的同学来源

来源	数量（人）	比例（%）
华人	370	81.32
本地人	76	16.70
外国人	9	1.98
总数	455	100

表2-4的数据支持华人学生就读于华文学校的学生占绝大多数，就读于马来西亚当地学校的华人学生很少的推论。

二、学习华语的时间

在学习华语情况来看，马来西亚华人华语学习时间普遍很长，学习时间在11年以上的调查对象占比72.75%，没有调查对象从未学习华语。

表2-5　马来西亚华人学习华语的时间

时间	数量（人）	比例（%）
0~2年	5	1.10
3~5年	3	0.66
6~8年	47	10.33
9~11年	69	15.16
11年以上	331	72.75
总数	455	100

三、学习华语的途径

调查结果显示，有 370 人的华语学习途径是当地华校，但是其中有 19 人在上华校前先通过自学或在当地国民学校学习了华语；其他途径主要包括跟父母学习、通过报纸电视学习，后者也是自学的一种形式，但是数量较少。调查结果和马来西亚拥有完善的华文教育体系的现状非常吻合。

表 2-6　马来西亚华人学习华语的途径

学习途径	数量（人）	比例（%）
当地华校	370	81.32
当地补习班	6	1.32
当地国民学校	38	8.35
国外学校	5	1.10
自学	20	4.40
其他	16	3.52
调查总数	455	100

第四节　华语运用

本节通过调查马来西亚吉隆坡和沙巴华人在家庭里与长辈、平辈以及晚辈交流时使用的语言来分析华语运用情况。

一、和长辈交流时使用的语言

马来西亚华人与长辈交流时使用华语交流的最多，总共 291 人，占 63.96%。其次是汉语方言，但是不足总数的三分之一。在总体上可以看出，马来西亚华人家庭的华语水平较高，无须借助方言或其他进行交流。

表 2-7　马来西亚华人和长辈交流时使用的语言

语言	数量（人）	比例（%）
马来语	28	6.15
华语	291	63.96

（续上表）

语言	数量（人）	比例（%）
英语	18	3.96
汉语方言	118	25.93
调查总人数	455	100

二、和平辈交流时使用的语言

调查结果显示，马来西亚华人跟平辈的兄弟姐妹说话时最常使用的是华语，占63.30%；其次是汉语方言，占27.03%。

表2-8　马来西亚华人和平辈交流时使用的语言

语言	数量（人）	比例（%）
马来语	28	6.15
华语	288	63.30
英语	16	3.52
汉语方言	123	27.03
总数	455	100

三、和晚辈交流时使用的语言

从调查结果中可以看出，马来西亚华人与晚辈交流最常使用的语言是华语，有117个，占71.78%；其次是汉语方言，22个，占13.50%。由此可见，在马来西亚，华人家长更倾向于以华语来教育下一代。

表2-9　马来西亚华人和晚辈交流时使用的语言

语言	数量（人）	比例（%）
马来语	8	4.91
华语	117	71.78
英语	16	9.82
汉语方言	22	13.50
总数	163	100

四、小结

马来西亚华人的语言使用呈现以下特点：

（1）华语在马来西亚华人社区中有较高的使用率，华人之间的交流基本都使用华语，不同代的华人之间也使用华语交流。

（2）汉语方言在马来西亚华人社区中有一定的使用率，但是方言使用有逐渐下降的趋势。尤其是年青一代华人使用方言的情况在减少。

（3）马来语和英语在华人社区中的使用率都比较低，没有特别明显的代际变化。

单位：%

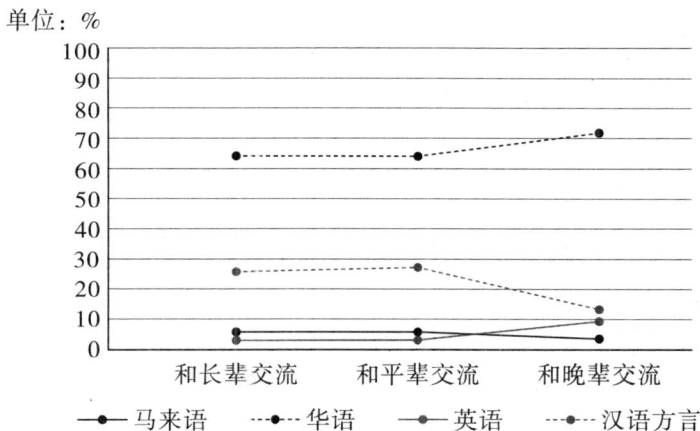

图2-6　马来西亚华人语言使用代际变化情况

第五节　华语态度

在华语态度方面，此次调查马来西亚华人对自己华语能力的评价、使用华语时的看法和个人感觉以及对子女华语的期望。

一、对自己华语能力的评价

调查结果显示，马来西亚华人的华语能力普遍较高，其中，90%以上的调查对象不觉得使用华语交流有困难。在455位调查对象中，有141人觉得基本没有困难，占30.99%；273人觉得完全没有困难，占60.00%。

表2－10　马来西亚华人认为使用华语交流的难度

难度	数量（人）	比例（%）
很困难	4	0.88
比较困难	7	1.54
有一点困难	30	6.59
基本没有困难	141	30.99
完全没有困难	273	60.00
总数	455	100

二、对华语的看法

通过调查对象对自己华语能力的评价可以看出，马来西亚华人普遍有较高的华语能力。至于其原因，我们可以从他们对使用华语的看法中略知一二。

表2－11　马来西亚华人对华语的看法（单选＋多选）

看法	数量（人）	比例（%）
好听	150	32.97
亲切	274	60.22
有用	277	60.88
时髦	46	10.11
其他	36	7.91

调查结果显示，选择好听的有150人，其中觉得华语首先或者仅仅是好听的有74人；选择亲切的有274人，其中觉得华语首先或者仅仅是亲切的有172人；选择有用的有277人，其中觉得华语首先或者仅仅是有用的有182人；选择时髦的有46人，其中觉得华语首先是时髦的只有1人；选择其他的有36人，其中有2人写了"习惯"。

三、使用华语的好处

调查对象对华语的看法还包括他们觉得使用华语的好处所在。具体的调查结果如下：

表 2 - 12 马来西亚华人认为使用华语的好处（单选 + 多选）

好处	数量（人）	比例（%）
保留中华文化的根	279	61.32
和中国人做生意	66	14.51
方便日常交流	306	67.25
更好地找工作	98	21.54
其他	6	1.32

调查结果显示，马来西亚华人认为使用华语的好处主要是"保留中华文化的根"和"方便日常交流"。其中认为"保留中华文化的根"是首要或唯一好处的有 279 人，认为"方便日常交流"是首要或唯一好处的有 204 人。

四、对子女的期望

通过上面的调查结果可以看出，马来西亚华人对于华语的认同，主要出于对文化传承的需求。从他们对子女说华语的期望情况中更能说明他们对华语的态度。具体的调查结果如下：

表 2 - 13 马来西亚华人对子女（或未来的子女）语言使用的期望（单选 + 多选排序首位）

语言	数量（人）	比例（%）
马来语	95	20.88
华语	392	86.15
英语	208	45.71
汉语方言	29	6.37

调查结果显示，马来西亚华人在未来自己的子女语言使用期望这个问题上主要选择了华语：调查对象中有 392 人希望未来自己的子女可以使用华语，其中有 298 人认为华语是首先或唯一需要掌握的语言；其次是英语，有 208 人希望未来自己的子女可以掌握英语，其中有 112 人认为英语是首先需要掌握的语言。

第六节　华文媒体使用

华文媒体是以汉字为传播方式的大众传播媒介，包括报纸、杂志、网络媒体、广播、电视以及各种新兴媒体。马来西亚华文媒体有悠久的历史，并且一直有着较好的发展环境，是东南亚各国华文媒体最为发达的国家之一。调查马来西亚华人使用华文媒体的情况，可以从媒体使用角度分析华人对华语的使用情况。

一、华语广播

调查结果显示，从不收听华语广播的只有 12 人，占 2.64%；经常或总是收听的有 258 人，占 56.70%；有时或很少收听的有 185 人，占 40.66%。这说明，大多数马来西亚华人是收听华语广播的。

表 2-14　马来西亚华人收听华语广播的频率

频率	数量（人）	比例（%）
总是	81	17.80
经常	177	38.90
有时	127	27.91
很少	58	12.75
从不	12	2.64
总数	455	100

二、华语影视

调查结果显示，马来西亚华人收看华语影视的频率普遍较高，从不收看的只有 13 人，仅占 2.86%；总是或者经常收看的有 322 人，占比 70.76%；有时或很少收看的有 120 人，占 26.37%。

表 2-15　马来西亚华人收看华语影视的频率

频率	数量（人）	比例（%）
总是	114	25.05

（续上表）

频率	数量（人）	比例（％）
经常	208	45.71
有时	95	20.88
很少	25	5.49
从不	13	2.86
总数	455	100

三、华文报刊书籍

调查结果显示，马来西亚华人阅读华文书籍的频率普遍较高，从不阅读的只有8人，仅占1.76％；总是或者经常阅读的有279人，占61.32％；有时或很少阅读的有168人，占36.93％。

表2-16　马来西亚华人阅读华文报刊书籍的频率

频率	数量（人）	比例（％）
总是	122	26.81
经常	157	34.51
有时	109	23.96
很少	59	12.97
从不	8	1.76
总数	455	100

四、华文网站

调查结果显示，马来西亚华人使用华文网站的频率普遍较高，从不浏览的有26人，仅占5.71％；总是浏览华文网站的只有79人，占17.36％；经常和有时浏览华文网站的人较多，有262人，占57.58％。

表 2 - 17　马来西亚华人使用华文网站的频率

频率	数量（人）	比例（%）
总是	79	17.36
经常	135	29.67
有时	127	27.91
很少	88	19.34
从不	26	5.71
总数	455	100

五、华文媒体来源

调查结果显示，马来西亚华人在华文媒体来源上选择最多的是中国台湾，有171 人，占 37.58%。其次是中国内地，有 119 人，占 26.15%。第三是马来西亚，有 104 人，占 22.86%，与选择中国内地的比例大致相当。值得注意的是，选择其他地区的虽然不多，但是选择其他地区的基本选择的都是新加坡。由此可见，中国内地的华文媒体资源对于马来西亚华人而言，吸引力并不是很大。

表 2 - 18　马来西亚华文媒体来源

来源	数量（人）	比例（%）
中国内地	119	26.15
中国台湾	171	37.58
中国香港	49	10.77
马来西亚	104	22.86
其他地区的	12	2.64
总数	455	100

第七节　华文教育

一、华文最难学的内容

调查马来西亚华人在学习华语过程中所遇到的困难，深入了解其成因，可以更好地为发展华文教育找到合适的方法。同时也能分析马来西亚华人的华语掌握程度。调查结果如下：

表 2-19　马来西亚华人认为华文最难学的内容

内容	数量（人）	比例（%）
汉字	43	9.45
词汇	105	23.08
语法	115	25.27
发音	174	38.24
其他（书法，画画等等）	18	3.96
总数	455	100

调查结果显示，认为发音难学的有 174 人，占 38.24%。认为词汇难学和认为语法难学的数量大致相当，分别是 105 人和 115 人，分别占 23.08% 和 25.27%；认为汉字难学的仅 43 人，占 9.45%。由此可见，马来西亚华人对华语的掌握程度相对较高，发音被最多人认为难学的原因主要是华语作为一种标准语言，会受到方言，甚至本国语的发音影响，而认为汉字难学的人数比例较低，某种程度上正反映了马来西亚华人华语水平普遍较好，汉字已经是基本掌握的内容。

二、最需要提高哪方面的华语能力

本题回答人数不足 455 人，在针对未回答本题的调查对象的回访中了解到，他们大部分汉语水平已经很高，对自身汉语学习的要求已经上升到综合能力全面提升的层面。调查结果显示，马来西亚华人普遍认为听力能力不需要提高，也就是认为听力相对比较简单，只有 44 人认为自己的听力能力需要提高，仅占 10.07%；写作和阅读这种比较高级的语言能力是马来西亚华人普遍认为需要提高的，选择的分别有 173 人和 132 人，占比均超过 30%。这一数据亦显示了马来西亚华人华语水平相对较高，已经掌握较基本的内容，需要提升的是写作、阅读这一类水平要求相对较高的内容。

表 2-20　马来西亚华人认为最需要提高的华语能力

能力	数量（人）	比例（%）
听力	44	10.07
说话	88	20.14
阅读	132	30.21
写作	173	39.59
总数	437	100

第八节　结论

华语在马来西亚华人群体中的使用比较普遍，发展较为成熟。这与马来西亚独有的教育制度密切相关，从调查中可以看到马来西亚华人大部分接受过较为完整和长时间的华文教育，在日常生活和工作中使用华语的情况较为普遍。马来西亚华语使用情况有以下三个特点：

（1）健全的华语教育系统是华人普遍使用华语的基础，华语逐渐成为华人群体甚至全社会的主流。调查结果显示，大部分马来西亚华人都接受过 11 年以上的华文教育，华文学校是华语教育的主体，而且华文学校也基本上以华人学生为主，使华人能在一个相对单纯的语言环境下学习华语。据马来西亚教育部提供的资料（2007 年，转引自中国驻马来西亚大使馆网站），马现有华文小学 1 290 所，华文独立中学 60 所，华文大专院校 3 所（南方学院、韩江学院、新纪元学院）。除此之外，还有 153 所国民小学提供交际华文课程，78 所国民改制型中学设有华文必修课程，24 所寄宿中学向马来学生提供华文课程，16 所师范学院开办中小学中文教师培训课程，马来亚大学、博特拉大学、国民大学等国立大学也设有中文系，其中马来亚大学还设有中国问题研究所。全国就读华文学校人数超过 20 万人，其中华文独立中学在校学生 6 万多人。当时，不仅是华人子女进华校，一些马来人、印度人的子女也开始到华校读书。当时就读华文独立中学的马来学生有 5 000 多人，就读华文小学的非华裔学生近 7 万人。华文教育在马来西亚独立后虽然受到了限制，但是一直没有中断。相对完整的华文教育也促使华语逐渐占据主流，而方言的使用比例在下降，尤其是在新生代华人的语言交流中，方言的使用比例明显下降。

（2）身份认同感促使华语在马来西亚华人群体中得到传承。马来西亚华人普遍认为"保留中华文化的根"和"方便日常交流"是使用华语的主要好处。同时，华人也期望子女首选华语作为第一语言，以传承其华人身份。可见，身份认同是马来西亚华人学习和使用华语的首要考虑。

（3）华语基础好使华文媒体得到广泛传播，多元化的华文媒体又进一步促进华语的使用。马来西亚华文媒体十分发达，覆盖传统的广播、电视、报纸等媒体和以互联网为代表的新媒体。华人使用华文媒体的比例较高。不同地区来源的华文媒体在马来西亚都能得到传播和使用。除本地媒体外，来自中国台湾、中国香港和中国内地的媒体也得到充分的使用。同时，多元化的华文媒体又进一步促进马来西亚华人与华语圈内其他地区进行广泛的交流，促进华语的使用和相互融合。

第三章　新加坡华人社区华语生活

第一节　新加坡概况

　　新加坡共和国是东南亚的一个岛国，也是一个城市国家。该国位于马来半岛南端，毗邻马六甲海峡南口，其南面越新加坡海峡与印度尼西亚相隔；北面越柔佛海峡与西马来西亚相隔，并以新柔长堤与第二通道两座桥梁与马来西亚相连。新加坡的国土除了本岛之外，还包括周围数岛。1819 年，任职于不列颠东印度公司的斯坦福·莱佛士与柔佛苏丹签订条约，获准在新加坡建立交易站和殖民地。经莱佛士的努力，新加坡逐渐发展成繁荣的转口港。由于地理位置特殊，新加坡在第二次世界大战以前一直是大英帝国在东南亚最重要的战略据点。1942 年至 1945 年间，新加坡曾被日本占领三年半，其后回归英国管理。1965 年 8 月 9 日，新加坡脱离马来西亚独立建国。

　　根据 2013 年新加坡人口普查报告，新加坡公民和永久居民总数为 3 844 800 人，而外籍人口的总数为 1 544 400 人。按种族区分，华族有 2 853 800 人，占 74.2%。马来族有 512 800 人，占 13.3%。印度族有 351 700 人，占 9.2%。其他种族有 126 500 人，占 3.3%。

　　新加坡是一个多语种的国家，拥有 4 种官方语言，即英语、马来语、华语和泰米尔语。基于和马来西亚的历史渊源，新加坡宪法规定马来语为新加坡的国语，主要是尊重新加坡原住民所使用的语言。新加坡采用英语作为族间交际语和工作语言。新加坡华语的现状与新加坡的国家政策有很大的关系。新加坡独立后，面对东南亚各国掀起的排华浪潮，为了减少自身的华人色彩，新加坡政府极力推行强化新加坡国家观念的政策，培养和树立华人的新加坡意识。在这种政治背景下，新加坡政府推行了双语教育，将英语作为各族间的交际语言，华语仅作为华族的母语。在学校中除了华语课程，其他课程均使用英语授课，学生接触华语的时间大大减少。双语政策推行多年之后，华语在新加坡的使用情况已经发生了显著的变化。

第二节　调查对象基本情况

一、性别、居住区、年龄

在收回的 310 份有效调查问卷中，93 位参与者是男性，217 位是女性；25 岁以下的 70 位，25～34 岁的 115 位，35～44 岁的 96 位，45 岁以上的 29 位。

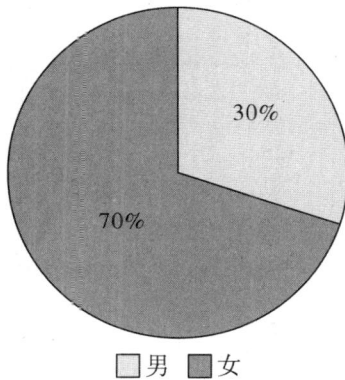

图 3-1　新加坡调查对象性别分析

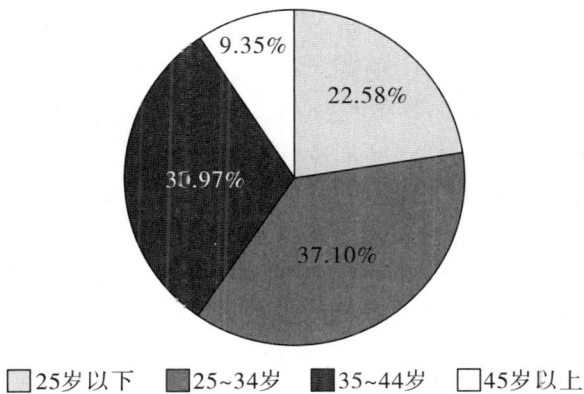

图 3-2　新加坡调查对象年龄分析

二、职业、学历

本次调查对象共 310 人，其中大多数是商业、企业从业人员，共 125 人，另外还有学生 38 人、教师 52 人、政府工作人员 38 人、家庭主妇 57 人。他们的学历大多数都是本科，共 146 人，另外还有高中 118 人、初中 20 人、小学和硕士研究生各 13 人。

表 3-1　新加坡华人的职业与学历

职业	数量（人）	最高学历	数量（人）
教师	52	小学	13
学生	38	初中	20
商人	125	高中	118
政府工作人员	38	本科	146
家庭主妇	57	硕士研究生	13
总数	310	总数	310

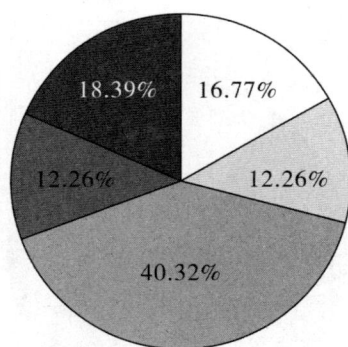

18.39%　16.77%　12.26%　12.26%　40.32%

□教师　□学生　□商人　□政府工作人员　■家庭主妇

图 3-3　新加坡调查对象职业分析

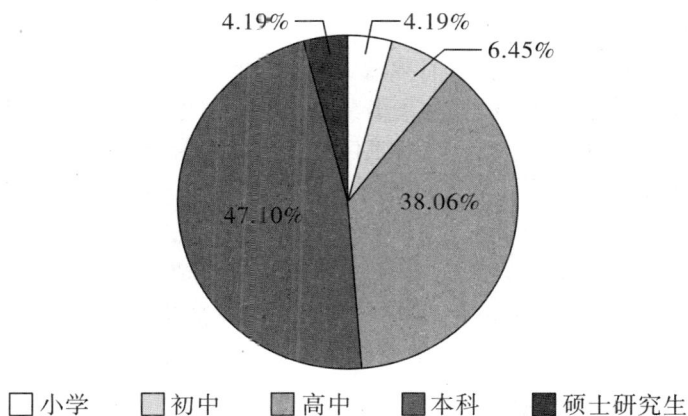

图 3-4 新加坡调查对象学历分析

三、第几代移民

根据本研究收回的调查问卷，调查对象大多数都是第三代或第四代移民，分别占总人数的 33.23% 和 32.58%。第一代和第二代所占比例约为 20%。数据显示新加坡的新移民数量不低，不少华人是近年才移居新加坡。

表 3-2 新加坡华人属于第几代移民

第几代移民	数量（人）	比例（%）
第一代	27	8.71
第二代	36	11.61
第三代	103	33.23
第四代	101	32.58
第四代以上	43	13.87
总数	310	100

四、方言情况

华语是新加坡华族社群中最常用的语言，其中包括闽南话、潮汕话、广东话、客家话、海南话等方言，基本上年长的新加坡华人都通晓几种闽粤方言。

新加坡华人社区社会以闽南人（当地称福建人）为主，民间普遍使用闽南语，能与中国的闽南人沟通无碍。但自从 20 世纪 80 年代由新加坡政府主导开展

"讲华语运动"之后,华语成为新加坡华人的通用语,新加坡媒体使用方言受到了诸多限制,甚至遭到禁止,从而导致大部分年轻的新加坡华人没有掌握方言。此外,新加坡政府对电视、电台的华语节目也有严格的限制,例如从中国台湾与香港进口的闽南语和粤语影视剧就必须用华语重新配音后才可以在新加坡的两家免费中文频道播出。

对新加坡方言情况的调查,分成祖籍方言和现用方言两个方面。新加坡的华人以前大都来自中国南方各省市,掌握各种各样的汉语方言。但是由于很多新移民的加入,祖籍方言出现多样化态势。在 310 位调查对象中,有 97 人的祖籍方言是闽南语、63 人是粤语、50 人是客家话、49 人是潮汕话、32 人是海南话、7 人是北京话、6 人是上海话,湖南话和山东话各 2 人,四川话和湖北话各 1 人。

虽然新加坡华人的祖籍方言不一样,但是现在这些掌握各种方言的华人在华语使用方面有所变化。在 310 位调查对象中,有 104 人现在已经不使用任何的汉语方言,只使用华语;在其他继续使用方言的人中有 70 人使用闽南语、53 人使用粤语、33 人使用客家话、31 人使用潮汕话、19 人使用海南话。具体统计如表 3-3:

表 3-3 祖籍方言与现用方言

祖籍方言	数量（人）	现用方言	数量（人）
闽南语	97	闽南语	70
粤语	63	粤语	53
客家话	50	客家话	33
潮汕话	49	潮汕话	31
海南话	32	海南话	19
北京话	7	华语	104
上海话	6		
四川话	1		
湖南话	2		
湖北话	1		
山东话	2		
总数	310	总数	310

以上数据显示，无论第几代新加坡华人移民均呈现由使用祖籍方言向使用华语转变的趋势。只有少数华人还继续使用原来的祖籍方言或者混用自己的祖籍方言和福建话，没有出现学习其他方言的现象。

第三节 华语习得

一、小学阶段最主要的同学来源

学校是一个人口相对密集的区域，同学之间的交流是学校生活的一个重要组成部分。小学阶段同学之间的交流对语言习得有重要的影响。

调查结果显示，有195位调查对象就读的小学主要同学为华人，79位调查对象就读的小学主要同学为马来人、印度人，36位调查对象就读的小学主要同学为外国人。新加坡政府十分注重族群关系，连政府组屋的分配都必须保证各族混合在一起居住，以培养良好的邻里关系。因此小学学生的族群比例也基本与新加坡人口中的各族人口比例相近。

表 3 - 4　新加坡华人在小学阶段最主要的同学来源

来源	数量（人）	比例（%）
华人	195	62.90
本地人（马来人、印度人）	79	25.48
外国人学生	36	11.61
总数	310	100

二、学习华语的时间

新加坡最早的教育体系是英语和华语并存的，老一辈的新加坡人有相当一部分都是从华校毕业的。在华校里，所有科目都以华语教授，所以在华校里学习的新加坡华人的华语水平都较高。后来新加坡政府采用双语教育，制定了以英语为主，母语为辅的教育体系。虽然除了母语的其他科目都使用英语授课，但是大部分华人子女还是会选择华语作为自己的母语来学习。所以新加坡华人学习华语的时间并不短。此项的调查结果如下：

表3-5 新加坡华人华语学习时间

曾经学过几年汉语	数量（人）	比例（%）
1 年以下	6	1.94
1~5 年	23	7.42
6~10 年	64	20.65
11~14 年	136	43.87
15 年及以上	81	26.13
总数	310	100

调查结果显示，新加坡华人学习华语（含汉语方言）的时间普遍较长，有10 年以上学习经历的占半数以上，310 位被调查者中没有一位未曾学习过华语。这与新加坡的华语政策密切相关。

三、学习华语的途径

新加坡华文教育体系完备，一般学校都会设置华语课。本调查的目的是了解华人学习华语的主要途径。

表3-6 新加坡华人学习华语的途径

学习途径	数量（人）	比例（%）
政府学校	156	50.32
补习学校	83	26.77
国际学校	48	15.48
大学	9	2.90
自学	11	3.55
其他	3	0.97
总数	310	100

调查结果显示，政府学校是新加坡华文教育的主要渠道。这一方面是因为华人子女大多数在政府学校就读，且必须选择一种语言作为自己的母语来学习，虽然也有部分华人会选择学习马来语，但是学习华语的人还是占比最大的。另一方面是因为新加坡的学生竞争压力很大，很多学生都有一项或者几项科目需要补

习，华语是很多学生的弱项，需要通过补习学校来加强。

第四节　华语运用

华语运用的调查目的是了解新加坡华人与长辈、平辈、晚辈进行沟通交流时使用华语的情况。

一、和长辈交流时使用的语言

调查结果显示，调查对象在家庭里与长辈交流时，使用汉语方言的比例最大，共有 167 人选择此项，占总数的 53.87%；其次是英语，共有 89 人，占 28.71%；其他选项的比例明显低于汉语方言和英语，其中选择华语的共有 54 人，占 17.42%。

表 3-7　新加坡华人和长辈交流时使用的语言

语言	数量（人）	比例（%）
马来语	0	0
华语	54	17.42
英语	89	28.71
汉语方言	167	53.87
总数	310	100

二、和平辈交流时使用的语言

调查结果显示，调查对象与夫妻或者兄弟姐妹接触时，主要使用华语，共有 132 人选择此项，占 42.58%；英语次之，共有 127 人选择此项，占 40.97%；方言较少，共有 51 人选择此项，占 16.45%；在 310 个调查对象中没有人使用马来语。

表 3-8　新加坡华人与平辈交流时使用的语言

语言	数量（人）	比例（%）
马来语	0	0
华语	132	42.58

（续上表）

语言	数量（人）	比例（%）
英语	127	40.97
汉语方言	51	16.45
总数	310	100

三、和晚辈交流时使用的语言

在调查对象当中，共有 179 个人有子女，其中使用英语和孩子沟通的最多，有 103 人，占总数的 57.54%；其次是使用华语的，有 59 人，占 32.96%；最后是使用汉语方言的，只有 17 人，占 9.50%；在 310 位调查对象中没有人使用马来语。

表 3-9　新加坡华人与晚辈交流时使用的语言

语言	数量（人）	比例（%）
马来语	0	0
华语	59	32.96
英语	103	57.54
汉语方言	17	9.50
总数	179	100

由此可见，新加坡华人家庭对子女多使用英语。其原因是子女在学校主要使用英语学习，华语只是其中一门课程而已，子女回家后更愿意使用英语，尤其是在有多个子女的家庭中，儿童之间的交流也会采用在学校中主要使用的英语。另外，部分华人父母自身的华语水平不高，也更愿意用英语和子女交流。这与在真正的双语社会中人们所希望见到的互补现象，即家长有意识地培养孩子的双语能力有很大出入。

四、小结

新加坡华人的语言使用呈现以下特点：

（1）华语在新加坡华人社区中有较高的使用率，华语使用率代际变化呈现先升后降的趋势。华语首先逐渐取代汉语方言成为华人之间交流的主要语言，然后又逐渐被英语取代。

（2）汉语方言在新加坡华人社区中有一定的使用率，但是方言使用呈现明显下降的趋势。尤其是年青一代华人已经很少使用方言。

（3）英语在华人社区中的使用率直线上升，并逐渐超过华语成为华人之间交流的首选语言，代际变化十分明显。

单位：%

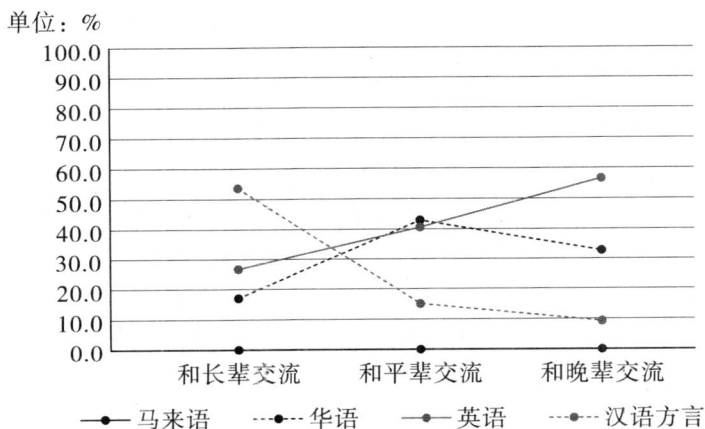

图3-5　新加坡华人语言使用代际变化情况

第五节　华语态度

一、对自己华语能力的评价

此项调查的目的是要了解新加坡华人在交流中使用华语的感受。

表3-10　新加坡华人认为使用华语交流的难度

难度	数量（人）	比例（%）
很困难	61	21.33
有一些困难	132	46.15
基本上没有困难	71	24.83
完全没有困难	22	7.69
总数	286	100

　　根据以上调查结果可见，新加坡华人之间在使用华语交际时，大多数人还是认为有困难。在 286 位调查对象中，有 61 人（21.33%）觉得很困难；132 人（46.15%）觉得有些困难。即认为存在困难的人数占 67.48%，比起倾向于没有困难的人数比例高 34.96%（基本上没有困难占 24.83%，完全没有困难占 7.69%，共 32.52%）。

　　对于很困难的意义可以有以下三种解释：

　　（1）调查对象不会使用华语交际，所以在和新加坡华人使用华语交际时，觉得华语本身很难或者使用华语对话很困难。

　　（2）调查对象认为自己的华语词汇量很小，根本达不到与别人使用华语交际的水平。

　　（3）新加坡华人使用华语交际时，交际对象不能使用华语说话或者掌握的华语词语很少，使说话变得不流畅。

二、对华语的看法

　　此调查的主要目的是想了解新加坡华人使用华语时的看法及个人感觉。调查结果如表 3 - 11 所示：

表 3 - 11　新加坡华人对华语的看法

看法	数量（人）	比例（%）
好听	106	34.19
亲切	119	38.39
有用	31	10.00
时髦	54	17.42
总数	310	100

　　根据以上的调查结果可以看到，在调查对象中，觉得华语亲切的共有 119 人，占 38.39%；觉得华语好听的有 106 人，占 34.19%；觉得华语时髦的有 54 人，占 17.42%；觉得华语有用的有 31 人，占 10.00%。从以上的调查结果我们可以看出，新加坡华人普遍认为华语在现阶段的新加坡社会中已经失去了其实用价值，他们主要是出于对中华文化的认同和保留传统中华习俗的意识才继续使用华语。

三、使用华语的好处

对一种语言的态度往往决定了它的使用情况，因此调查新加坡华人心目中华语的主要功能也是一项比较重要的内容。具体的调查结果如表3－12：

表3－12　新加坡华人认为使用华语的好处

好处	数量（人）	比例（%）
保留中华文化的根	163	52.58
和中国人做生意	49	15.81
方便日常交流	82	26.45
更好地找工作	13	4.19
其他	3	0.97
总数	310	100

由表3－12可见，选择"保留中华文化的根"的人数最多，共有163人，占52.58%；排名第二的是"方便日常交流"，共有82人选择，占26.45%，其后是"和中国人做生意"，共49人，占15.81%；而认为华语有利于找工作的只有13人，占4.19%。

由此可以看出，新加坡华人在保留传统中华文化方面还是不遗余力的。传统的中华文化在新加坡华人的心目中仍然占据非常重要的地位，这一点从各种传统节日庆典的盛况就可以看出来。因此，很多新加坡华人希望保留华语的传承，以便在很多传统节日等重大场合，能更好地融入其中，不至于有被排斥在外的感觉。

而随着中国移民和外来劳工的急剧增加，新加坡华人也注重保持一定的华语水平，有利于日常工作和生活中与这些新移民交流。有一部分新加坡生意人更是看好中国市场的巨大潜力，深刻认识到要想在其中有一席之地，必然要有很好的华语水平，不论是谈生意还是拟定有关文件，都比其他外国人有一定的优势。但是在新加坡本地，大部分职业还是需要英语水平较高的员工，因此，除了华语教师等少部分的职业，还没有其他职业需要一定的华语水平。

四、对子女的期望

这个调查项目的对象是已有家庭的新加坡华人，因此这个题目被设计为可选答，调查对象如果已有家庭并育有子女，则填写其答案，否则忽略此题目。在

310 位调查对象中有 195 人填写了答案，115 人没有作答。

表 3-13　新加坡华人对子女（或未来的子女）语言使用的期望排序首位

语言	数量（人）	比例（%）
马来语	0	0
华语	32	16.41
英语	149	76.41
汉语方言	14	7.18
总数	195	100

由调查结果可知新加坡华人父母希望他们的子女能熟练掌握英语的人数最多，共有 149 人，占总数的 76.41%；而希望子女掌握语言的侧重点在华语的有 32 人，占 16.41%；选汉语方言的只有 14 人，占 7.18%。

新加坡的学校除了本族语课程使用各族的母语授课外，其他课程均使用英语授课，如果想有好的学习成绩，英语必须要达到一定的水平。新加坡华人期望自己的子女可以进入欧美的高等学府深造，或者在欧美找到好的工作，因此学好英语比学好华语更重要。从新加坡的一些调查也可以发现，新加坡英语水平较高的家庭，父母主要从事收入较高的职业，因此家庭生活条件也较好。因此新加坡华人父母从自己的经验出发，认为子女能延续其生活水平的重要条件就是要掌握好英语。不过从调查结果可以看出，很多父母还是希望子女除了能掌握好英语外，还能掌握一定水平的华语，达到双语都达标的水准。

第六节　华文媒体使用

传播媒体简称传媒，通称媒体或媒介，指传播信息资讯的载体，即信息传播过程中从传播者到接受者之间携带和传递信息的一切形式的物质工具。现在其已成为各种传播工具的总称，如电影、电视、广播、印刷品（书籍、杂志、报纸），既可以代指大众媒体或新闻媒体，也可以指出于任何目的、传播任何信息和数据的工具。媒体作为语言使用大户，对社会语言的走向有着任何其他载体都不能比拟的影响力。因此，通过分析新加坡华人对华文媒体的使用情况，可以间接地了解新加坡华人的华文使用情况。

一、华语广播

新加坡有三个华语广播电台，即流行音乐电台、城市频道和音乐电台。这三个电台中有两个是音乐频道，大部分时间都在播放华语歌曲。城市频道主要是谈话节目，其间会插播一些华语歌曲，也会定点播放新闻。城市频道不只是广播，还经常接听听众的电话，在电话中对一些时事或话题进行探讨。经常收听这个频道的听众大部分都是熟练的华语使用者。为了解新加坡华人有没有收听华语广播的习惯，我们进行了相关调查，具体结果如表3－14：

表3－14　新加坡华人收听华语广播的频率

频率	数量（人）	比例（%）
总是	4	1.29
经常	49	15.81
有时	132	42.58
很少	108	34.84
从不	17	5.48
总数	310	100

调查结果显示，共有132人只是偶尔收听华语广播电台，占总数的42.58%；很少收听的人数与其相近，有108人，占34.84%；经常收听的人数为49，占15.81%；从来不听的有17人，占5.48%；总是收听的只有4人，占1.29%。从调查结果可以看出，大多数新加坡华人只是偶尔收听华语广播。广播电台作为一个比较古老的媒体类型，已经逐渐退出历史舞台，人们在日常生活中很少用到广播电台，只有在开车的时候才会收听广播，但是大部分华人司机都会在开车的时候选择收听华语广播。

二、华语影视

新加坡的免费电视台只有9个，其中华语电视台有两个，分别是8频道和U频道。这两个电视台的节目基本相同，都是在早、中、晚定时播放新闻，晚上黄金时段有华语的连续剧，其他时段有各种综艺节目、访谈节目，等等。

新加坡的付费电视台有几百个，能收到世界各地的节目，其中中国香港、台湾和内地各有几十个电视台，涵盖了新闻、体育、娱乐等各个类别。

表 3 – 15　新加坡华人收看华语影视的频率

频率	数量（人）	比例（%）
总是	18	5.81
经常	159	51.29
有时	98	31.61
很少	35	11.29
从不	0	0
总数	310	100

调查结果显示，总共有 159 人经常收看华语电视节目，占总数的 51.29%；偶尔收看的有 98 人，占 31.61%；很少收看的有 35 人，占 11.29%；总是收看的有 18 人，占 5.81%；没有调查对象从来不收看华语电视节目。

新加坡华人或多或少都会看一些华语电视节目，这与新加坡华语电视台的发达程度有关。新加坡华语电视台每年会自己拍摄一些电影、电视剧，也会主办一些非常吸引人的综艺节目。就连新加坡总理的新年献词，都会有华语的版本。而且华语献词和英语献词是在不同时间播放，这样重大的事件，新加坡华人一定会观看。除此之外，在付费频道中众多的中国综艺节目也深受年轻人喜爱。

三、华文报刊书籍

新加坡的华文报刊有《联合早报》《联合晚报》和《新明日报》。《联合早报》主要报道时事，讨论政治和民生话题，还有专门的版块发表针对中国的报道。《联合晚报》主要报道娱乐八卦新闻和新加坡老百姓的趣闻趣事，深受众多中老年读者的喜爱。《新明日报》是集合新闻报道和娱乐八卦为一体的综合型报刊。新加坡的华文杂志很多，比较受大众喜爱的、销量比较大的都是一些娱乐周刊，例如 I 周刊，U 周刊，里面大多数都是一些娱乐新闻，还会有一些影视剧的评论文章，很多年轻的家庭主妇都喜欢看这类周刊。新加坡的华文书籍也比较多，在各大书局都有出售，有名人自传、各类小说、专业用书、教科书，等等。对华文报刊阅读频率调查的结果如下：

表 3 – 16　新加坡华人阅读华文报刊书籍的频率

频率	数量（人）	比例（%）
总是	21	6.77

（续上表）

频率	数量（人）	比例（%）
经常	166	53.55
有时	91	29.35
很少	32	10.32
从不	0	0
总数	310	100

调查结果显示，经常看华文报刊书籍的人最多，有166人，占总数的53.55%；偶尔看的有91人，占29.35%；很少看的有32人，占10.32%；总是阅读的只有21人，占6.77%；没有调查对象从来不阅读华文报刊书籍。

四、华文网站

21世纪是信息时代，互联网已经成为人类日常工作生活必不可缺的重要工具。现代人每天有很大一部分时间都是在网络上度过。除了正常的工作交流、娱乐资讯外，虚拟网络社区也成为人类最重要的一部分。通过虚拟社区，人们跟朋友聊天，分享各种经历，保存自己的美好记忆。在新加坡，大部分人都在使用Facebook这个世界上最大的虚拟网络社区。

下面将对新加坡华人华文网站的使用情况调查结果进行分析，具体的调查情况如下：

表3-17 新加坡华人使用华文网站的频率

频率	数量（人）	比例（%）
总是	9	2.90
经常	67	21.61
有时	114	36.77
很少	120	38.71
从不	0	0
总数	310	100

根据以上的调查结果可见，新加坡华人使用华文网站的比例很小。很少使用和偶尔使用华文网站的分别有120和114人，占总数的38.71%和36.77%；经常

使用的有 67 人，占总数的 21.61%；总是使用的只有 9 人，占总数的 2.90%；没有调查对象从来不使用华文网站。

使用华文网站的人数较少，一个比较重要的原因是新加坡的电脑操作系统都是英语系统，对华文网站和华语软件的兼容性较差，而且华文网站的大部分资讯都能在某些英语网站中找到。另外一个原因是网络上大部分华文网站都来自中国，但是中国对网络资讯控制较严，从国外浏览很多中国的网站都会受到限制，网速也比较慢。

五、华文媒体来源

表 3 - 18　新加坡华人华文媒体来源

来源	数量（人）	比例（%）
中国内地	51	16.45
中国台湾	79	25.48
中国香港	96	30.97
新加坡	84	27.10
其他	0	0
总数	310	100

调查结果显示，新加坡华人对于华文媒体的四个主要来源地区：中国内地、中国台湾、中国香港以及新加坡的偏爱各有不同，但总体来说人数大致相当。喜欢来自中国内地的媒体的有 51 人，占总数的 16.45%；喜欢来自中国台湾的媒体的有 79 人，占总数的 25.48%；喜欢来自中国香港的媒体的有 96 人，占 30.97%；喜欢来自新加坡的媒体的有 84 人，占总数的 27.10%。

喜欢中国内地媒体的人数最少，一方面是因为其华语比较正规，并且带有强烈的地域特色，对于新加坡华人而言比较难理解；另一方面是因为意识形态的差异，新加坡华人对于中国内地媒体的认知也带有特殊的感情色彩。而相对于中国内地的媒体，香港媒体由于其娱乐资讯较多，意识形态以及历史背景和新加坡相似，比较容易得到新加坡华人的认同。

第七节　华文教育

一、华文最难学的内容

学习中遇到的困难是阻碍学习者进步的重要因素。因此，了解新加坡华人在学习华语中的障碍，对新加坡的华语教育工作者有着重大的意义。借此，新加坡华语教育可以进行有针对性的改进，对存在不足的部分进行强化、突破，这样对华语教育的发展会有很大帮助。

调查结果如表 3 - 19 所示：

表 3 - 19　新加坡华人认为华文最难学的内容

内容	数量（人）	比例（%）
汉字	127	40.97
词汇	98	31.61
语法	48	15.48
发音	31	10.00
其他	6	1.94
总数	310	100

由调查结果可知，新加坡华人选择最多的是汉字，共 127 人选择了汉字，占总数的 40.97%；其次是词汇，共有 98 人选择了它，占总数的 31.61%；选择语法的有 48 人，占总数的 15.48%；选择发音的有 31 人，占总数的 10.00%。

新加坡华人在从小学到高中的学习中，使用的都是英语教材，课后的作业、老师的讲解和师生的沟通也都是使用英语来完成的。新加坡华人习惯使用英语字母，华语对他们来说是非常少使用的语言，因此他们对汉字的写法不是很了解。汉字的学习不但需要通过反复的书写练习，也考验一个人的记忆力。在学习汉字的过程中需要花一定的时间来进行枯燥的书写练习，这对于大多数很少有机会书写汉字的新加坡华人来说是不可能完成的任务。

除了汉字的书写，词汇对新加坡华人来说也是一个很大的难题。不同汉字组合起来产生的词汇量巨大，并且很多词汇的意义跟其中的单个汉字相差甚远。所以在没有进行系统的词汇学习，以及深刻理解中华文化的条件下，新加坡华人想要掌握大量的华语词汇是非常困难的。

相对于汉字和词汇，调查对象反而忽视了语法的难度。这可能是因为最大的障碍已经出现在基础的层面上，无法对语言的高级层次语法的难度作出正确理解。此外，新加坡华人使用华语时的语法错误也较多，久而久之就将错误用法当作是正确的，在没有人纠正的情况下，并不会觉得语法的学习有什么困难。

拼音与发音的学习及应用比较简单，因此拼音和发音的学习对于新加坡华人而言不是很难。他们在日常应用中可能会出现一两次发音错误，但是只要对方能明白大概的意思，就不会影响交流效果。日常生活所需要的常用语也不是非常多，只要掌握基本的日常用语，就可以使用华语进行交流，其余的甚至可以通过肢体语言或者其他方式进行传达。

二、最需要提高哪方面的华语能力

以上已经讨论了新加坡华人认为华语最难学的地方。以下我们将调查新加坡华人认为他们需要提高哪方面的华语能力。具体的调查结果如下：

表 3 – 20　新加坡华人认为最需要提高的华语能力

能力	数量（人）	比例（%）
听力	19	6.13
说话	52	16.77
阅读	94	30.32
写作	145	46.77
总数	310	100

调查结果显示，选择写作的人数最多，共 145 人（46.77%）；其次是阅读和说话，分别有 94 人（30.32%）和 52 人（16.77%）；最少的是听力，有 19 人（6.13%）。

虽然认为自己需要提高写作能力的人很多，但是一部分调查对象其实混淆了写作和书写的概念。虽然写作是掌握一门语言时最困难的一个部分，但是具体到新加坡华人的华语能力上，很多人要提高的其实是书写能力而不是写作能力。写作考验的是构思和组织语言的能力，以及是否能够大量而且熟练地使用各种修辞来丰富所要表达的内容，而新加坡华人在写作中首先面临的困难是写出自己想要表达的意思的汉字。在很多学生的作文中，错别字和不会书写而用拼音替代的字出现率很高。

新加坡华人在阅读上也有一定的困难，一部分原因是词汇量不足，另一部分原因是整句句义理解容易出错。这一点在调查对象填写调查问卷的时候就可以看出来，有很多题目他们都不能很好地理解，需要进行多方面的解释和提醒，才能正确填写答案。

新加坡华人的华语口语能力还是比较熟练的，这也跟政府发动的"讲华语运动"有很大关系，而且在学校开设的华文课程中，学生的口语练习进行得相对较多。在日常生活中，口语应用也占有很大的比例，所以新加坡华人在自己的口语能力上还是有一定自信的。

第八节　结论

新加坡是一个华人占多数的国家，但其语言规划与语言政策对新加坡的华语产生了巨大影响。从调查中可以发现，新加坡政府实行的双语政策以及推广华语运动等政策在新加坡华人群体中均产生了明显的效果。新加坡华人华语使用的主要特点包括：

（1）身份认同和现实利益同时影响华人的华语态度，英语逐渐成为主流。

新加坡华人存在两种身份认同，分别是华人的身份认同和新加坡人的身份认同。数据显示，大部分华人认为学习和使用华语是维持自身华人身份的主要方式。同时，新加坡在独立后逐渐塑造"新加坡人"的身份认同以团结国民，新加坡华人也逐渐建立起作为新加坡人的身份认同，并认同英语作为各族之间交际语的作用。新加坡独特的地理位置和地域特点，决定了英语在国家经济发展中的重要作用。新加坡华人在升学、工作等方面对英语的需求很大。在教育体系中，除了华文课程外，其他课程都以英语作为教学媒介语。这些现实的因素都促使英语在华人中的使用越来越普遍。随着中国的高速发展，新加坡同样看到了与中国保持紧密经贸关系对自身发展的好处，所以新加坡华人对华语的态度也逐渐转向经济利益考量。

（2）语言政策在华人群体中导致代际差异。

新加坡独立后，其语言政策在华人群体中的效应经历了长时间发酵。无论是双语政策、推广华语运动，还是近年来鼓励华人学习华语的政策，都对不同代际的华人产生了影响。建国一代的华人，由于在新加坡独立时期已经经历较为完整的教育过程，语言使用基本已经成型，方言是当时华人的主要语言，仅有部分教育程度、社会地位较高的华人使用英语。建国后出生的一代华人，在双语政策和推广标准华语运动等政策的影响下，逐渐形成华语和英语并用的语言使用习惯。

而新生代新加坡华人，由于其父辈已经有较好的英语基础，再加上教育体系中英语作为主要教学媒介语，形成了"英语为主、华语为辅"的语言使用状况，方言仅仅留存在家庭内部，在与长辈交流时使用。在新加坡政府近年来鼓励华人学习和使用华语的政策推动下，华语在新加坡华人，尤其是新生代华人中依然维持一定的地位。需要指出的是，在互联网和社交网络日渐盛行的时代，新加坡人独有的一种掺杂英语、华语、马来语和泰米尔语的"新加坡语"逐渐被社会接受。这种语言虽不是正式的语言，但在社会生活中使用广泛。这种语言原本在一些官方和正式场合并不受到鼓励，但随着近年来社交网络的蓬勃发展，一些官方人士、政治人物和影视节目都开始接受并使用这种"新加坡语"，以拉近与市民的距离。

（3）华语教育和华语媒体是维持新加坡华语地位的重要因素。

新加坡拥有完整的华语教育体系和华语媒体，这两者在维持新加坡华语地位上起着十分重要的作用。新加坡最早的教育体系是英语和华文并存，在华校里，所有科目都是以华语来教授的，所以在华校里学习的新加坡华人的华语水平都较高。独立后的新加坡政府采用双语教育，制定了"英语为主，母语为辅"的教育体系，除了母语的其他科目都使用英语授课。大部分华人子女会选择华语作为自己的母语来学习，目前新加坡大部分的华人都经历过10年以上的华文教育。

新加坡华文媒体比较成熟，在报纸、广播、电视和互联网方面均有大量的华文信息供国民使用。华文媒体使校园的华文教育有了实践运用的空间。这是新加坡维持华文使用的重要保障。但值得注意的是，华文网站的使用人数比例少于其他几种媒体，互联网的使用日渐成为主流，而华文互联网资源却未能跟上，这使得新生代的华人接触和使用华文的机会大大减少。

第四章　菲律宾华人社区华语生活

第一节　菲律宾概况

菲律宾共和国，简称菲律宾，位于西太平洋，是东南亚一个多民族群岛国家，面积29.97万平方公里，人口超过1亿。菲律宾华侨华人约有150万，但一般认为菲律宾有华人血统者超过千万，因其先辈移居菲律宾时间较长，其文化传统、宗教信仰、生活习惯已完全与菲律宾原住民无异。

20世纪70年代以前，旅居菲律宾的华人绝大部分为具有中国公民身份的"华侨"，华文教育是中国（包括中国台湾地区）"国民教育"的海外延伸，学校称为"侨校"，并以母语，即"语文教育"的形式和方法进行教学，教材、教学内容、教学形式几乎全盘照搬中国国内的做法。华人家庭基本都说汉语方言（如福建话）。华文学校是一种完全中国式的学校，因此学生华文水平较高。1973年4月，菲律宾时任总统马科斯颁布了176号法令，规定全菲"侨校"均须在1976年底实现全面菲律宾化。法令规定，华语只能作为选修，且每周只能上5天，每天120分钟。学制也由原来跟中国相同的初中、高中各3年，改为不分初、高中，中学一共4年，即6改4，教学时间缩短。1975年，马科斯颁布270号法令，放宽和简化华人入籍的程序。此后大部分华人加入菲律宾国籍，华人从"菲律宾华侨"转为"菲律宾华人"。1975年中菲建交之前，菲律宾各"侨校"均完成了"菲化"的转变，被称为"华校"。"菲化"导致华校学生华文水平急剧下降。"菲化"后华语只是一门选修课，华语流利与否跟学生今后的升学、就业等并无关联，因此，学生缺乏学习华语的兴趣和动力。

第二节　调查对象基本情况

一、性别、居住区、年龄

在收回的483份调查问卷中，191位参与者是男性，292位是女性；生活在城市的有421人，郊区的有37人，乡下的有25人；25岁以下的有368人，25~

34 岁的有 45 人，35～44 岁的有 16 人，45 岁以上的有 54 人。其中 25 岁以下的
人数最多，其原因是调查问卷主要发放途径是华文学校。

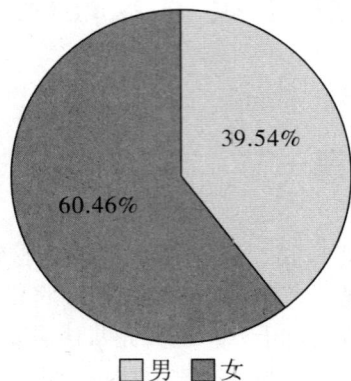

图 4-1　菲律宾调查对象性别分析

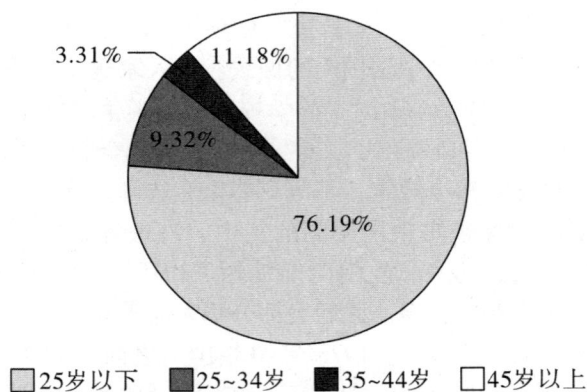

图 4-2　菲律宾调查对象年龄分析

二、职业、学历

　　调查结果显示，调查对象大多数是学生，有 343 人（含大学生），此外还有
社会工作人员 52 人，华文教师 43 人，商人 54 人，家庭主妇 5 人，服务业从业
人员 3 人。他们的最高学历大多数都为高中，有 183 人，此外还有本科 126 人，
初中 165 人，研究生 6 人。

表 4-1　菲律宾华人的职业与学历

职业	数量（人）	最高学历	数量（人）
学生	343	没有上过学	3
教师	43	初中	165
工作人员	52	高中	183
商人	38	本科	126
家庭主妇	4	硕士研究生	6
服务业从业人员	3		
总数	483	总数	483

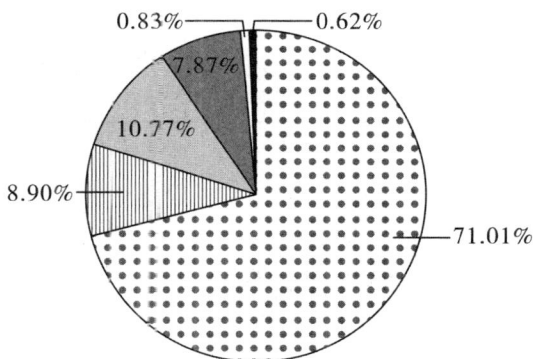

0.83%　0.62%
7.87%
10.77%
8.90%
71.01%

田 学生　　教师　　工作人员　　商人　　家庭主妇　　服务业从业人员

图 4-3　菲律宾调查对象职业分析

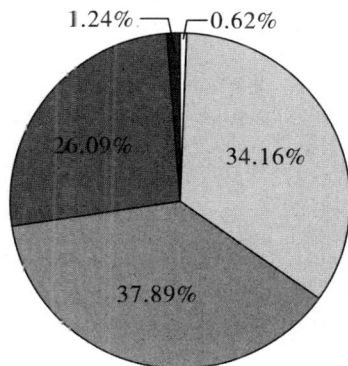

1.24%　0.62%
26.09%　34.16%
37.89%

没有上过学　初中　高中　本科　硕士研究生

图 4-4　菲律宾调查对象学历分析

三、第几代移民

调查结果显示，调查对象中很少有人是第一代移民，而第二代、第三代、第四代和第四代以上的数量大致相当。

表4－2　菲律宾华人属于第几代移民

第几代移民	数量（人）	比例（%）
第一代	23	4.76
第二代	121	25.05
第三代	120	24.84
第四代	111	22.98
第四代以上	108	22.36
总数	483	100

四、方言情况

菲律宾大多数华人来自福建。根据调查结果，调查对象中有454人的祖籍方言是闽南语，有15人的祖籍方言是粤语。

表4－3　菲律宾华人的祖籍方言

祖籍方言	数量（人）	比例（%）
粤语	15	3.11
闽南语	454	94.00
客家话	4	0.83
潮汕话	0	0.00
其他	10	2.07
总数	483	100

为了进一步了解现在最常用的方言，本章还调查了菲律宾华人现在最常用的方言，调查结果统计如下：

表4-4 菲律宾华人的现用方言

现用方言	数量（人）	比例（%）
粤语	8	1.66
闽南语	447	92.55
客家话	5	1.04
潮汕话	1	0.21
其他	22	4.55
总数	483	100

调查结果显示，闽南语仍然是菲律宾华人最主要的方言，但是使用其他方言的人数有所增加。选择"其他"的调查对象主要使用他加禄语和英语，不再掌握祖籍方言。综上所述，在菲律宾华人中最常用的方言是闽南语。

第三节 华语习得

一、小学阶段最主要的同学来源

中华文化在菲律宾的传承是菲律宾华侨华人研究中的重要方面。20世纪70年代中期，由于菲律宾政府对外侨学校实行全面菲律宾化和菲律宾华人集体入籍成为菲律宾公民，菲律宾华校的性质发生了根本性的变化：菲律宾华校已经不再是游离于菲律宾教育体系之外，属一部分中国侨民所有的学校，而是属于菲律宾私人教育的一个组成部分，接受菲律宾教育部私立学校教育局管辖和督导。从法律的角度来看，菲律宾华校是教授有华文科目的菲律宾私立学校。

菲律宾的各大城市都有华文学校，其中大多数的学生都是华人，还有一些菲律宾的本地学生。因此，在学校与朋友沟通所使用的语言也会影响一个人所使用语言的发展。

调查结果显示，有77.85%的调查对象在小学学习时的主要同学就是华人学生，17.39%是本地学生，4.76%的是其他外国人的子女。可见，他们在小学时最主要的同学就是华人，本地人和外国人都很少。

表4-5　菲律宾华人在小学阶段最主要的同学来源

来源	数量（人）	比例（%）
华人学生	376	77.85
本地人学生	84	17.39
外国人学生	23	4.76
总数	483	100

二、学习华语的时间

在华人聚居的城市，很早以前就有华文教育的概念。菲律宾一直是中华传统文化保存较好的国家，不论是家庭还是学校，华语的学习都能得到很好的保证。此次调查主要分析马尼拉华人学习华语的时间。调查结果如下：

表4-6　菲律宾华人学习华语（包括汉语方言）的时间

时间	数量（人）	比例（%）
3~5年	3	1.33
6~8年	7	3.11
9~11年	82	36.44
11年以上	123	54.67
没有学过	10	4.44
总数	225	100

调查结果显示，有54.67%的人有11年以上的华语（包括方言）学习经历。这可以说明大部分菲律宾华人华语学习的时间较长，但是也有10位没有学过华语的华人，结合上面方言使用情况，这10位调查对象使用的应该是英语或者他加禄语。

三、学习华语的途径

近年来，华文教育在菲律宾持续发展。菲律宾兴起了开办华文学校和华文补习班的热潮。关于菲律宾华人学习华语途径的调查结果如表4-7：

表4-7　菲律宾华人学习华语的途径

学习途径	数量（人）	比例（%）
当地华校	453	93.79
当地补习班	5	1.04
当地国民学校	6	1.24
国外学校	8	1.66
自学	4	0.83
其他	7	1.45
总数	483	100

　　调查结果显示，菲律宾华人主要的华语学习途径就是当地华校，有93.79%的人选择了此项。虽然在菲律宾学校每天学习外语的时间不能超过三小时，但是华校仍然是菲律宾华人学习华语的主要途径。我们在调查中发现，在鄊市，当地华校基本上是唯一的华语学习途径，只有在马尼拉才稍有一些新的途径。

第四节　华语运用

　　本节主要对菲律宾华人在家庭里与长辈、平辈以及晚辈交流时的华语运用情况进行调查。这里需要特别强调的是本节中的华语指的是普通话，而非汉语方言。

一、和长辈交流时使用的语言

　　调查结果显示，菲律宾华人与长辈交流时使用最多的是菲律宾语，有38.10%的人选择；其次是汉语方言，有31.47%的人选择。这两者相差不多，而使用华语和英语的占少数。值得注意的是，与长辈交流时，使用华语的人最少，只占13.04%。

表4-8　菲律宾华人和长辈交流时使用的语言

语言	数量（人）	比例（%）
菲律宾语	184	38.10
华语	63	13.04

（续上表）

语言	数量（人）	比例（%）
英语	84	17.39
汉语方言	152	31.47
总数	483	100

二、和平辈交流时使用的语言

调查结果显示，菲律宾华人跟兄弟姐妹说话时最常使用的语言是菲律宾语，占44.51%；其次是汉语方言，占23.60%；使用最少的是华语，占11.39%。菲律宾语和汉语方言在平辈间使用频率依然很高。相比与长辈交流时使用的语言，菲律宾语的使用比例在提升，华语的比例在下降。

表4-9　菲律宾华人和平辈交流时使用的语言

语言	数量（人）	比例（%）
菲律宾语	215	44.51
华语	55	11.39
英语	99	20.50
汉语方言	114	23.60
总数	483	100

三、和晚辈交流时使用的语言

调查结果显示，菲律宾华人与晚辈交流使用的语言并不集中，除汉语方言使用比例较低（14.16%）以外，其他语言使用的情况大致相当。由此可见，菲律宾华人在教育下一代时，对语言的要求比较灵活多样。

表4-10　菲律宾华人与晚辈交流使用的语言

语言	数量（人）	比例（%）
菲律宾语	34	30.09
华语	30	26.55

（续上表）

语言	数量（人）	比例（%）
英语	33	29.20
汉语方言	16	14.16
总数	113	100

四、小结

菲律宾华人的语言使用呈现以下特点：

（1）华语在菲律宾华人社区中使用率较低，菲律宾本国的他加禄语是华人交流的首选语言。华语使用率代际变化呈现轻微上升的趋势。显示华人存在希望子女后代传承华语的愿望，但华语还远远不是华人之间交流的主要语言。

（2）汉语方言在菲律宾华人社区中有一定的使用率，闽南语是菲律宾华人主要使用的汉语方言，但是方言使用呈现明显下降的趋势。

（3）英语在菲律宾华人社区中的使用率在逐步上升，是仅次于他加禄语的第二语言。这与英语在菲律宾社会作为第二语言的地位相吻合。英语逐渐超过汉语方言成为华人之间交流的第二语言，代际变化十分明显。

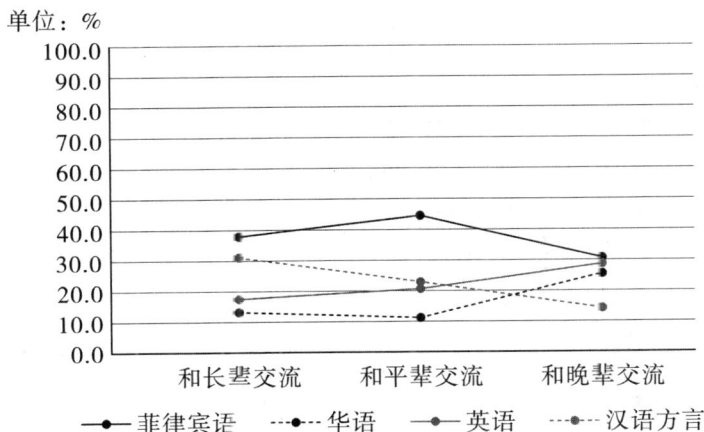

图 4-5　菲律宾华人语言使用代际变化情况

第五节 华语态度

本节主要是对菲律宾华人对自己华语能力的评价、对使用华语的看法及个人感觉，以及对子女使用华语的期望进行调查。

一、对自己华语能力的评价

此项调查的目的是要了解菲律宾华人在交流中使用华语的感受，此项调查中的华语指华语普通话。具体的调查结果如表4－11：

表4－11 菲律宾华人认为使用华语交流的难度

难度	数量（人）	比例（％）
很困难	60	12.42
比较困难	101	20.91
有一点困难	154	31.88
基本没有困难	93	19.25
完全没有困难	75	15.53
总数	483	100

调查结果显示，菲律宾华人在与别人使用华语交际时，大多数还是认为有一点困难。觉得有困难的有315人，占65.22％，其中154人（31.88％）觉得有一点困难；101人（20.91％）觉得比较困难，60人（12.42％）觉得很困难。菲律宾华人觉得使用华语交流有困难可能存在以下几种情况：第一是觉得华语本身很难或者华语的使用很困难；第二是在华语的读、写、说、听上有一些困难；第三是综合表达能力还不够好。

二、对华语的看法

进行此调查的主要目的是想了解菲律宾华人对华语的看法及个人感觉。此项调查提供的答案有4个，即：好听、亲切、有用、时髦，具体的调查结果如表4－12：

表 4 – 12　菲律宾华人对华语的看法

看法	数量（人）	比例（%）
好听	81	16.77
亲切	61	12.63
有用	311	64.39
时髦	17	3.52
其他	13	2.69
总数	483	100

　　调查结果显示，觉得华语有用的有 311 人，占 64.39%；觉得华语好听的有 81 人，占 16.77%；觉得华语亲切的有 61 人，占 12.63%；觉得华语时髦的有 17 人，占 3.52%。从以上的调查结果可以看出，菲律宾华人普遍认为华语实用价值高，但对中华文化的认同感和保留传统中华习俗的意识非常薄弱。

三、使用华语的好处

　　语言使用者对一种语言的态度往往决定了它的使用情况，因此调查在菲律宾华人心目中华语的主要功能也是一项比较重要的内容。具体的调查结果如表 4 – 13：

表 4 – 13　菲律宾华人认为使用华语的好处

好处	数量（人）	比例（%）
保留中华文化的根	170	35.20
和中国人做生意	136	28.16
方便日常交流	71	14.70
更好地找工作	106	21.95
其他	0	0.00
总数	483	100

　　根据以上结果，可以看到最多人选择的是"保留中华文化的根"，共有 170 人，占 35.20%；第二是"和中国人做生意"，共有 136 人，占 28.16%；第三是"更好地找工作"，共有 106 人，占 21.95%；最后是"方便日常交流"，共有 71 人，占 14.70%。从中可以看出，实用价值是菲律宾华人认为华语具有的最大的好处，"和中国人做生意"和"更好的找工作"两个选项体现的是华语的实用价

值，选择的人超过一半。值得注意的是，"保留中华文化的根"也是选择的人较多的选项。可以看出菲律宾华人在注重华语的实用价值同时，也关注自身的身份认同。

四、对子女的期望

这个调查项目针对的是已有家庭的菲律宾华侨，因此这个题目设计为可选答，调查对象如果已有家庭并育有子女或对未来子女有明确期望，则填写其答案，否则可忽略此题。483 位调查对象中有 474 人填写了答案，9 个人没有给出答案。具体的调查结果如表 4 – 14：

表 4 – 14　菲律宾华人对子女（或未来子女）语言使用的期望

语言	数量（人）	比例（%）
菲律宾语	65	13.71
华语	214	45.15
英语	135	28.48
汉语方言	60	12.66
总数	474	100

由表可知，选择华语或汉语方言的有 274 人，占 57.81%，占比超过半数。其中选择华语的有 214 人，占 45.15%；选择汉语方言的有 60 人，占 12.66%。选择英语的有 135 人，占 28.48%。选择菲律宾语（他加禄语）的有 65 人，占 13.71%，人数最少。

第六节　华文媒体使用

通过分析菲律宾华人对华文媒体的使用情况，可以间接地了解菲律宾华人的华语使用情况。

一、华语广播

在菲律宾，华语广播确实很少。马尼拉有华语广播，鄢市则没有。菲律宾华人的华语广播收听情况如表 4 – 15：

表 4 – 15　菲律宾华人收听华语广播的频率

频率	数量（人）	比例（%）
总是	25	5. 18
经常	40	8. 28
有时	99	20. 50
很少	109	22. 57
从不	210	43. 48
总数	483	100

调查结果显示，菲律宾华人基本不收听华语广播。从不或很少收听华语广播的菲律宾华人占大多数，达总人数的 66.05%，其中从不收听的有 210 人，占 43.48%。总是或经常收听的人数很少，仅占 13.46%。由此可见，菲律宾华人普遍没有收听华语广播的习惯。

二、华语影视

在菲律宾有很多电视台，其中最大的三个电视台都是私立公司。菲律宾中文电视台有 Channel 80 和 Channel 31。除了菲律宾国内的电视台外，菲律宾还能收看到来自国外的电视台，如中国、美国等国的电视频道。

调查结果显示，菲律宾华人收看华语电视节目的频率较低，从不或很少收看华语电视节目的分别占 19.25% 和 31.47%。但是相较于收听华语广播，收看华语电视节目的菲律宾华人明显更多。首先，从不收看华语电视节目的比例不高，和有时收看的比例相同；其次，总是和经常收看的占了三成。尽管如此，华语电视节目在菲律宾收视率总体较低，受关注程度不高。

表 4 – 16　菲律宾华人收看华语影视的频率

频率	数量（人）	比例（%）
总是	73	15. 11
经常	72	14. 91
有时	93	19. 25
很少	152	31. 47
从不	93	19. 25

（续上表）

频率	数量（人）	比例（％）
总数	483	100

三、华文报刊书籍

菲律宾的华文报纸发行范围主要在马尼拉，在其他城市的数量较少。调查结果显示，菲律宾华人阅读华文报刊书籍的频率较低，从不和很少阅读的共占58.80％。总是和经常阅读的人很少，分别占10.14％和10.77％。这说明，大多数的菲律宾华人没有阅读华文报刊书籍的习惯。

表4－17　菲律宾华人阅读华文报刊书籍的频率

频率	数量（人）	比例（％）
总是	49	10.14
经常	52	10.77
有时	98	20.29
很少	124	25.67
从不	160	33.13
总数	483	100

四、华文网站

调查结果显示，大多数菲律宾华人不使用华文网站。从不和很少使用的共有306人，占63.36％。值得注意的是，有55人总是浏览华文网站，这说明华文网站有真正吸引这部分人群的信息内容。

表4－18　菲律宾华人使用华文网站的频率

频率	数量（人）	比例（％）
总是	55	11.39
经常	40	8.28
有时	82	16.98

（续上表）

频率	数量（人）	比例（%）
很少	126	26.09
从不	180	37.27
总数	483	100

五、华文媒体来源

调查结果显示，菲律宾华人浏览的华文媒体来源主要是中国内地，占63.35%；其次是中国台湾，占13.66%。选择本国的和选择中国香港的数量大致相当，只有少数人选择其他国家或地区的华文媒体。由此可见，中国内地的华文媒体最受欢迎。中国台湾的媒体使用闽南语，这可能是吸引祖籍方言和现用方言多为闽南语的菲律宾华人的一个重要因素。

表4－19　菲律宾华文媒体来源

来源	数量（人）	比例（%）
中国内地	306	63.35
中国台湾	66	13.66
中国香港	49	10.14
本国的	46	9.52
其他国家或地区	16	3.31
总数	483	100

第七节　华文教育

一、华文最难学的内容

在学习中遇到的困难，是阻碍学习者进步的重要因素。因此，了解菲律宾华人在学习华语中的障碍，对菲律宾的华语教育工作者有着重大的意义。华语教育可以进行有针对性的调整，对该部分华人感觉困难较大的部分进行强化、突破，这样对华语教育的发展会有很大帮助。

表4-20　菲律宾华人认为华文最难学的内容

内容	数量（人）	比例（%）
汉字	138	28.57
词汇	103	21.33
语法	168	34.78
发音	43	8.90
其他（书法，画画等）	31	6.42
总数	483	100

调查结果显示，认为语法最难学的人数最多，有168人，占34.78%；第二是汉字，有138人，占28.57%；第三是词汇，有103人，占21.33%。发音和其他对于菲律宾华人而言相对较容易。

二、需要提高哪方面的华语能力

对菲律宾华人认为他们需要提高的汉语能力的调查结果如表4-21：

表4-21　菲律宾华人认为最需要提高的华语能力

能力	数量（人）	比例（%）
听力	84	17.39
说话	135	27.95
阅读	115	23.81
写作	149	30.85
总数	483	100

此项调查结果与菲律宾华人认为最难学的内容比较吻合；菲律宾华人认为听力并不是需要重点提高的能力；涉及汉字、词汇和语法的写作才是他们认为最需要提高的能力，有149人认为自己需要提高写作能力，占30.85%；选择阅读的有115人，占23.81%。阅读和写作是比较高级的语言能力，菲律宾华人更重视这两方面能力的提高。

第八节　结论

菲律宾华语使用情况与菲律宾政府的语言政策有密切的关系。尤其是"菲化"政策对华语学校的影响使得华人学习和使用华语的动机和机会大大减少。

（1）华人以使用菲律宾语为主，但汉语方言的使用依然十分广泛，闽南语是华人群体使用的主要方言。菲律宾华人在华人社区中的互相交流以使用菲律宾语为主，但也大量使用方言。这与菲律宾华人大多已经是第三、四代华人，甚至有不少与菲律宾当地人通婚的混血儿相关。这说明华人已基本融入了菲律宾的社会。

（2）华文教育政策对华语使用的影响明显。菲律宾的华文教育在1973年前基本是按照中国教育的形式进行的，但在"菲化"政策的影响下，华语降为一种选修课程，课时受到限制。同时，华校逐渐转变为菲律宾教育体制内的一种私立教育形式。这两者对华语在菲律宾的使用情况均产生影响。首先，课程降为选修，课时缩减使得华语与升学、就业等现实利益因素脱钩，华人逐渐不再重视华语课程，使用华语的机会也大大减少。虽然近半受访的菲律宾华人接受过超过9年的华语课程，但是在家庭内依然首选菲律宾语作为交流语言。可见"菲化"政策对华人的华语使用产生明显的影响。

不过，由于华校逐渐转为体制内的私立教育，也使得华校的发展得以延续，以一种合法的形式长期存在于菲律宾教育体制中，使大部分的菲律宾华人均能通过华校学习华语。教学时间虽然受限，但此举仍然起到了延续华语使用的作用。在马尼拉，一些华语补习学校的出现，也说明华语依然有其需求。

（3）华文媒体的缺乏制约了华语的使用和发展。根据调查结果，菲律宾华文媒体并不发达，仅有少量存在，华人也较少使用华文媒体。在仅有的少量华文媒体中，主要是以中国内地的媒体为主。

第五章　印度尼西亚华人社区华语生活

第一节　印度尼西亚概况

印度尼西亚共和国，通称印度尼西亚，简称印尼，首都为雅加达。印尼与巴布亚新几内亚、东帝汶和马来西亚等国家相接。印尼由约 17 508 个岛屿组成，是马来群岛的一部分，也是全世界最大的群岛国家，疆域横跨亚洲及大洋洲，被称为"千岛之国"。面积较大的岛屿有加里曼丹岛、苏门答腊岛、伊里安岛、苏拉威西岛和爪哇岛。据 2013 年的统计数据，印尼人口超过 2.48 亿，仅次于中国、印度、美国，居世界第四位。在经历了 350 年的荷兰殖民统治后，印尼在第二次世界大战后宣告独立。

华人早在唐代就曾到印尼来做海上贸易。多数华人是在荷兰人统治时期迁居到印尼来的。当时，很多华人被卖来南洋这一带当"猪仔"，他们多数到树胶场或码头当苦力。华人带着自己祖籍地的方言来到印尼，而印尼本地人也有各自的方言，如巴达维亚、巴东、马达、马杜拉、爪哇、苏拉威西等地的方言。1928年后，印尼政府才确立印尼语（Bahasa Indonesia）为印尼的国语。从 1600 年到 1928 年期间，因为语言文化相互影响的关系，很多印尼原住民的语言已经吸收了大量来自中国汉语方言的词汇（例如闽南语），所以当印尼语形成时，这些从汉语方言来的外来词就一直存在于印尼语中。

表 5－1　源于外来词的印尼语词汇

印尼语	闽南语	印尼语	闽南语
Soso	嫂嫂	Misua	面线
Cici	姐姐	Cah	炒
Amoy	阿妹	Kamsia	感谢
Cukong	主公	Bocengli	没道理
Suhu	师傅	Hoki	福气
Bihun	米粉	Cia	吃

印尼是全世界华人最多的国家。20世纪60年代印尼的排华运动和强迫同化运动使印尼华语的传承中断,华文、汉字受到禁锢,华人连中文姓名都不能保留。印尼华文教育受到断崖式的挫折,年青一代的印尼华人华语能力大幅下降。1994年以后,印尼华语逐步解禁,华文报纸可以复办,华文书籍可以出版,华文教育开始复苏。2002年以来,随着印尼国家政策的变化,华人的地位得到了提高,华语在印尼也重新焕发生机。随着华语热的兴起,印尼的华文教育得到了新的发展。三十年的华语教育断层,使得华语教师严重匮乏,这也是目前印尼华语教育发展的最大障碍。同时,印尼岛屿众多,不同城市的华人群体的华语使用情况也大不相同。因此十分有必要对印尼不同城市的华人华语使用情况作深入的调查分析,此部分将在第七章中具体阐述。

第二节 调查对象基本情况

一、性别、居住区、年龄

在收回的1834份有效调查问卷中,有818名男性,1016名女性;25岁以下的952人,25~34岁的326人,35~44岁的278人,45岁以上的278人。

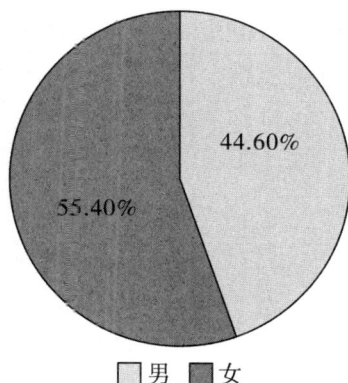

图5-1 印度尼西亚调查对象性别分析

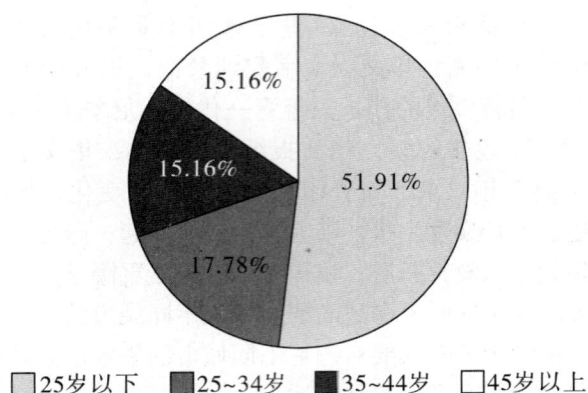

图 5-2　印度尼西亚调查对象年龄分析

二、职业、学历

本章的调查对象中接近一半是学生，共 755 人，数量最多；其次是商人和教师，分别有 312 人和 291 人；政府工作人员 97 人；家庭主妇 134 人；服务业从业人员 137 人；媒体从业人员 23 人；其他职业 85 人。调查对象中高中学历者最多，共 638 人；其次是本科，共 558 人；小学 203 人；初中 371 人；硕士研究生 34 人；没上过学的 30 人。

表 5-2　印尼华人的职业与学历

职业	数量（人）	最高学历	数量（人）
教师	291	小学	203
学生	755	初中	371
商人	312	高中	638
政府工作人员	97	本科	558
家庭主妇	134	硕士研究生	34
其他	85	没上过学	30
服务业从业人员	137		
媒体从业人员	23		
总数	1 834	总数	1 834

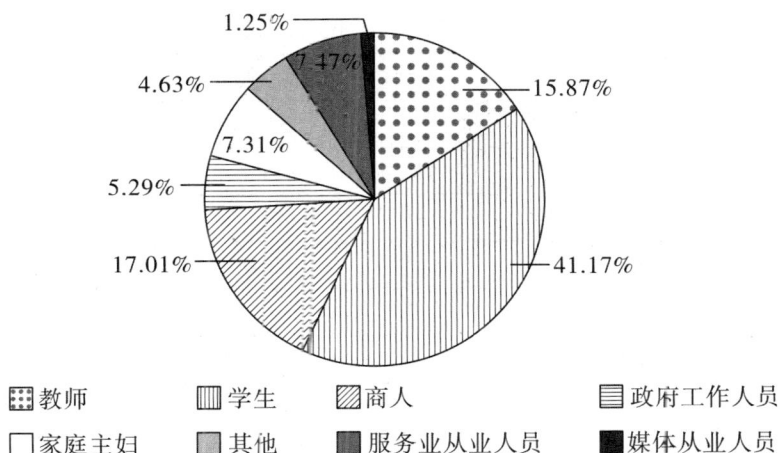

图 5-3　印度尼西亚调查对象职业分析

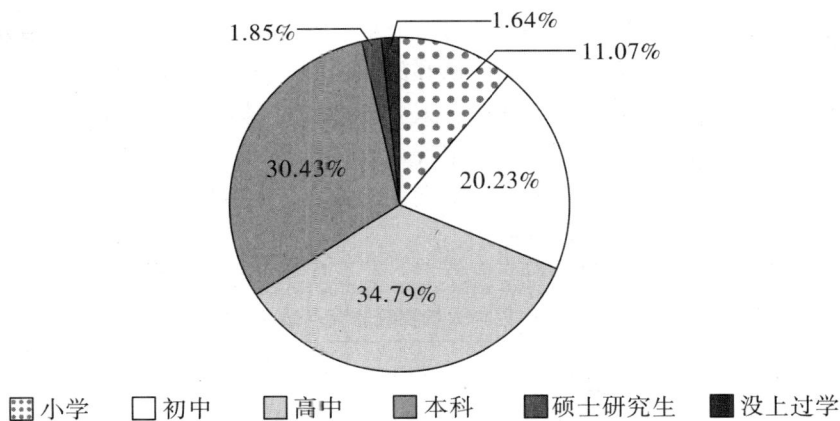

图 5-4　印度尼西亚调查对象学历分析

三、第几代移民

调查结果显示，调查对象大多数都是第三代、第四代及第四代以上的移民，分别占总数的 33.42%、25.08% 和 29.23%。第一代、第二代所占比例比较低，分别占总数的 3.11% 和 9.16%。由此可见，印度尼西亚的华人新移民数量较少。

表5-3　印尼华人属于第几代移民

第几代移民	数量（人）	比例（%）
第一代	57	3.11
第二代	168	9.16
第三代	613	33.42
第四代	460	25.08
第四代以上	536	29.23
总数	1 834	100

四、方言情况

印尼华人主要来自中国南方地区，汉语方言的使用也因此呈现出很明显的特点，从祖籍方言情况的调查结果可以看出，祖籍方言为闽南语的最多，占总数的54.85%，超过半数；其次是客家话和潮汕话，分别占20.67%和15.16%。还有少数使用中国其他地区方言，如湖南话和山东话等。虽然方言各异，但是长期的聚居使印尼华人的方言使用发生变化，人们渐渐从掌握方言向不说方言的方向发展，通过对印尼华人现在使用方言的情况调查可以看出：已经有213人放弃使用方言，只说华语；闽南语仍然是最普遍使用的方言，有928人说闽南语，占比超过半数，粤语和潮汕话缩减幅度最大。

表5-4　印尼华人的祖籍方言与现用方言

祖籍方言	数量（人）	现用方言	数量（人）
粤语	65	粤语	36
闽南语	1 006	闽南语	928
客家话	379	客家话	373
潮汕话	278	潮汕话	178
其他	106	其他	319
总数	1 834	总数	1 834

第三节　华语习得

一、小学阶段最主要的同学来源

调查结果显示，有 1 174 名调查对象小学时学校的主要同学是华人，有 436 名调查对象选择了当地人，有 224 名调查对象选择了外国人。由此可见，印尼华人在小学阶段的主要同学是华人子女，也有较多印尼人，这与印尼强制同化的政策有密切关系。也有少部分华人在国际学校就读，所以同学的来源为外国人。

表 5-5　印尼华人在小学阶段最主要的同学来源

来源	数量（人）	比例（%）
华人	1 174	64.01
印尼人	436	23.77
外国人	224	12.21
总数	1 834	100

二、学习华语的时间

此项调查结果显示，印尼华人学习华语的时间大部分在 10 年以下，占 74.10%。结合调查对象年龄来看，没学过或者学习华语时间在 3 年以下的人大部分都是经历了排华时期，在关键时期失去学习华语机会或者半途被迫中止学习华语。印尼华人学习华语的时间与印尼的对华政策密切相关。

表 5-6　印尼华人学习华语的时间

时间	数量（人）	比例（%）
1 年	217	11.83
2~3 年	357	19.47
4~7 年	496	27.04
8~10 年	289	15.76
10 年以上	375	20.45

（续上表）

时间	数量（人）	比例（%）
没学过	100	5.45
总数	1 834	100

三、学习华语的途径

自华文教育解禁以来，印尼华文教育体系日渐完备，目前已有从幼儿园到大学的完备教育体系，社会教育也有华文培训机构、家庭教师、成人远程教育等各种形式。从调查数据可以看出，在印尼华文教育的发展过程中，不同的途径都曾发挥过非常重要的作用。其中，通过当地补习班学习华语的人数最多，有738人，占40.24%；其次是通过当地华校学习的，有513人，占27.97%，年龄在20岁以下的华人主要通过当地华校学习华语；自学和跟父母长辈学习华语的人数约占总人数的四分之一；极少数华人通过当地国民学校学习华语，因为即便华文教育复兴，华文教育在印尼的国民教育体系中仍然难有一席之地。

表 5-7　印尼华人学习华语的途径

学习途径	数量（人）	比例（%）
当地华校	513	27.97
当地补习班	738	40.24
当地国民学校	52	2.84
国外学校	125	6.82
自学	318	17.34
其他	88	4.80
总数	1 834	100

第四节　华语运用

华语运用调查的是印尼华人与长辈、平辈、晚辈进行沟通交流时使用语言的情况。这里需要特别强调的是，调查中所提到的华语，指的是华语普通话，而非方言。

一、和长辈交流时使用的语言

调查结果显示，印尼华人与长辈交流时使用汉语方言的最多，占 59.16%；其次是印尼语，占 29.17%；排名第三的是华语，占 10.41%；使用最少的是英语，仅占 1.25%。

表 5-8　印尼华人和长辈交流时使用的语言

语言	数量（人）	比例（%）
印尼语	535	29.17
华语	191	10.41
英语	23	1.25
汉语方言	1 085	59.16
总数	1 834	100

二、和平辈交流时使用的语言

调查结果显示，印尼华人与平辈交流时使用最多的是汉语方言，其比例与长辈交流时使用汉语方言的比例相比略低，为 51.09%；使用印尼语的占 32.77%，这一部分人主要是在年轻时错过了华语学习的最佳时期、长期接受国民教育的华人；近年来使用华语与平辈交流的人数增加，在此次调查中达到 11.40%；与平辈交流时使用英语的情况仍然较少，但是相比与长辈交流时来说有所增加。

表 5-9　印尼华人和平辈交流时使用的语言

语言	数量（人）	比例（%）
印尼语	601	32.77
华语	209	11.40
英语	87	4.74
汉语方言	937	51.09
总数	1 834	100

三、和晚辈交流时使用的语言

调查结果显示，印尼语成为印尼华人与下一代交流时使用的最主要的语言，占47.36%，这一比例相比与长辈和平辈交流时使用印尼语的比例有了非常明显的增加；汉语方言第二，占31.54%，这一比例相比与长辈和平辈交流时使用汉语方言的比例下降了20%左右；使用华语的比例为15.49%，相对于和长辈及平辈交流时的比例并没有明显地提高。

表5-10　印尼华人与晚辈交流时使用的语言

语言	数量（人）	比例（%）
印尼语	431	47.36
华语	141	15.49
英语	51	5.60
汉语方言	287	31.54
总数	910	100

四、小结

印度尼西亚华人的语言使用呈现以下特点：

（1）华语在印度尼西亚华人社区中使用率较低，华语使用率代际变化不明显。华人群体中存在希望子女后代传承华语的愿望，但华语还远远不是华人之间交流的主要语言。

（2）汉语方言在印度尼西亚华人社区中曾经有较高的使用率，但代际变化呈现明显下降趋势。汉语方言逐渐被印尼语所取代。印尼语的使用率代际变化呈现明显的上升趋势。

（3）英语在印度尼西亚华人社区中的使用率较低，代际变化不明显。

单位：%

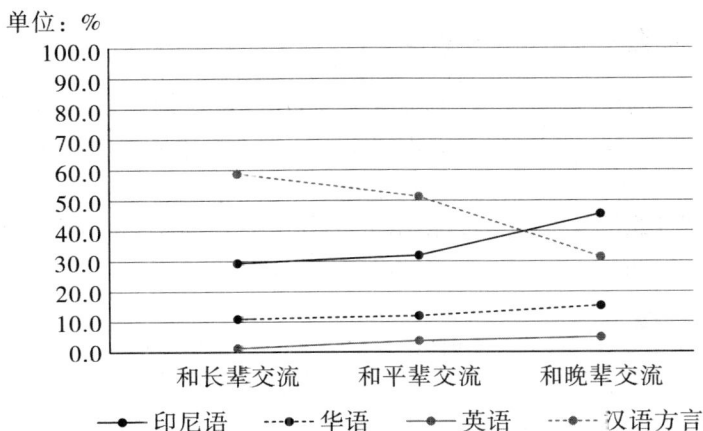

图 5 - 5　印度尼西亚华人语言使用代际变化情况

第五节　华语态度

语言的使用态度是一个族群使用语言的内在动因，对华语的使用态度决定了未来印尼华人学习和使用华语的趋向。我们通过对他们在使用华语以及汉语方言时的难易度、对华语以及汉语方言的看法以及对子女使用华语的期望三个方面进行调查，以考察印尼华人的华语使用态度。

一、对自己华语能力的评价

此项调查的目的是了解印尼华人在交流中使用华语（不包括汉语方言）的感受。调查结果显示，觉得使用华语交流有困难的（包括很困难、比较困难、有一点困难）居多，有 1 170 人，占 63.8%；觉得没有困难的（包括基本没有困难和完全没有困难）有 664 人，占 36.2%，明显低于选择使用华语交流有困难的比例。这反映出印尼华人的整本华语水平还较低。

表 5 - 11　印尼华人认为使用华语交流的难度

难度	数量（人）	比例（%）
很困难	364	19.85
比较困难	221	12.05
有一点困难	585	31.90

（续上表）

难度	数量（人）	比例（%）
基本没有困难	537	29.28
完全没有困难	127	6.92
总数	1 834	100

二、对华语的看法

此调查的主要目的是了解印尼华人使用华语时的看法及个人感觉。调查结果显示，印尼华人觉得华语有用的有 1 121 人，占 61.12%；其次是觉得好听和亲切，这两项最能反映印尼华人对华语的情感。从数据可以看出，发自内心喜欢华语的约占总人数的三分之一；选择时髦或其他的数量极少。

表 5 – 12　印尼华人对华语的看法

看法	数量（人）	比例（%）
好听	363	19.79
亲切	241	13.14
有用	1 121	61.12
时髦	90	4.91
其他	19	1.04
总数	1 834	100

三、使用华语的好处

对一种语言的价值判断与对一种语言的感性评价共同决定了它的使用情况，因此调查在印尼华人心目中华语的主要功能也是一项比较重要的内容。调查结果显示，有 41.49% 的人认为使用华语最大的好处是保留中华文化的根，这反映了印尼华人普遍较强的根源意识；和中国人做生意、方便日常交流、更好地找工作等现实利益对于印尼华人学习华语的影响力基本相当，其总数占比超过 50%，这也反映出印尼华人对学习华语的实用价值更加看重。

表 5 - 13　印尼华人认为使用华语的好处

好处	数量（人）	比例（%）
保留中华文化的根	761	41.49
和中国人做生意	332	18.10
方便日常交流	329	17.94
更好地找工作	379	20.67
其他	33	1.80
总数	1 834	100

四、对子女的期望

调查结果显示，在印尼华人中希望子女（或未来子女）掌握华语的最多，有 798 人，占 43.51%；希望子女（或未来子女）掌握印尼语的和英语的人数大致相当，分别占 20.12% 和 23.01%；希望子女（或未来子女）掌握汉语方言的人数最少，只有 245 人，占 13.36%。由此可见，对于印尼华人而言，华语最重要，英语的地位与官方语言相当，汉语方言地位最低。

表 5 - 14　印尼华人对子女（或未来子女）语言使用的期望

语言	数量（人）	比例（%）
印尼语	369	20.12
华语	798	43.51
英语	422	23.01
汉语方言	245	13.36
总数	1 834	100

第六节　华文媒体使用

此次调查通过分析印尼华人对华文媒体的使用情况，间接地了解了印尼华人的华语使用情况。

一、华语广播

印度尼西亚临近马来西亚和新加坡，除了各城市本身的华语广播电台或者广播节目外，也可以接收一些来自马来西亚和新加坡的华语广播电台，甚至可以接收来自中国的国际广播电台。调查结果显示，有时收听华语广播的人最多，有566人，占30.86%；很少或从不收听的数量接近，合计共821人，占44.76%；总是或经常收听的人数较少，合计共447人，占24.37%。据了解，印尼华人收听华语广播主要有两种情况，一是开车时收听广播，二是中老年人收听华语经典歌曲，所以总体上印尼华人收听华语广播的频率不高。

表5-15　印尼华人收听华语广播的频率

频率	数量（人）	比例（%）
总是	171	9.32
经常	276	15.05
有时	566	30.86
很少	443	24.15
从不	378	20.61
总数	1 834	100

二、华语影视

印尼本土电视台Metro TV（美都电视台）在2001年5月1号开设了一档使用华语播报的新闻节目"美都新闻"，它是印尼第一个用华语播报新闻的电视栏目。主要播放有关印尼华人的新闻，如经济、娱乐、教育、社会、文化、国际新闻等。大爱电视是由慈济传播人文志业基金会所经营的电视网，原名慈济大爱电视台，创立于1999年，为慈济基金会所属之非营利组织。印尼大爱电视台主要播放新闻、中国台湾连续剧，以及有关慈善的节目。在印尼除了可以通过这两个电视台收看华语节目，也可以通过卫星收到来自外国的电视台，如来自马来西亚、新加坡、中国台湾、中国内地等地的卫星电视。调查结果显示，有时或经常收看华语影视节目的人比较多，分别为605人和503人，分别占32.99%和27.43%；总是收看的有297人，占16.19%；从不或很少收看的人数比较少，共429人，占比23.39%。由此可见，印尼华人较常收看华语影视节目。

表 5-16　印尼华人收看华语影视的频率

频率	数量（人）	比例（%）
总是	297	16.19
经常	503	27.43
有时	605	32.99
很少	246	13.41
从不	183	9.98
总数	1 834	100

三、华文报刊书籍

随着印尼对华语传媒的解禁，华文报刊也随之兴起。《讯报》于 2007 年 5 月 21 日创刊，每日出版 24 版，分为新闻 8 版、财经 8 版与副刊 8 版三个部分，是印度尼西亚首份全彩色印刷的华文日报。《国际日报》是印尼最大的华文报纸，创办于 2001 年 4 月，总部位于首都雅加达，其宗旨是"立足华人社区，为华人服务"，它主要在雅加达、坤甸、泗水、棉兰等地印刷发行。《千岛日报》自 2000 年 10 月 10 日创刊以来，始终秉持"争取和维护华人正当权益，促进各族和谐共处，共创国家社会繁荣"的宗旨，深受华人读者的青睐。除了以上印尼本土报刊外，也可以购买到来自中国内地、中国台湾、新加坡和马来西亚等地的华文报刊。对印尼华人阅读华文报刊的调查结果显示，很少和从不阅读的人居多，占总人数的 60.09%；总是或经常阅读华文报刊的人较少，分别仅占 4.95% 和 9.49%，合计占比不超过 15%。由此可见，印尼华人基本上没有阅读华文报刊的习惯。

表 5-17　印尼华人阅读华文报刊书籍的频率

频率	数量（人）	比例（%）
总是	91	4.96
经常	174	9.49
有时	467	25.46
很少	567	30.92
从不	535	29.17
总数	1 834	100

四、华文网站

调查结果显示，印尼华人中很少或从不使用华文网站的人数占总人数的
61.78%；总是或经常使用华文网站的仅占 16.25%；有时使用的人占 21.97%。
由此可见，印尼华人使用华文网站的频率较低。

表 5 - 18　印尼华人使用华文网站的频率

频率	数量（人）	比例（%）
总是	71	3.87
经常	227	12.38
有时	403	21.97
很少	388	21.16
从不	745	40.62
总数	1 834	100

五、华文媒体来源

印尼华人对于日常关注的四类华文媒体——中国内地、中国台湾、中国香港
以及新加坡的华文媒体偏爱各有不同。调查结果显示，印尼华人最喜欢来自中国
内地的华文媒体，其次是中国台湾的华文媒体，新加坡华文媒体排名第三。2010
年来，中国内地的电视台推出的时尚、正面的新节目非常多，海外华人的参与度
也在提高，因此，中国内地的华文媒体越来越受欢迎。

表 5 - 19　印尼华文媒体来源

来源	数量（人）	比例（%）
中国内地	696	37.95
中国台湾	508	27.70
中国香港	116	6.32
新加坡	363	19.79
其他	151	8.23
总数	1 834	100

第七节　华文教育

一、华文最难学的内容

调查结果显示，对于印尼华人来说汉字是最难学的，比例高达43.08%，其次是语法、发音和词汇，其比例分别为24.59%、13.79%和12.92%。

表5-20　印尼华人认为华文最难学的内容

内容	数量（人）	比例（%）
汉字	790	43.08
词汇	237	12.92
语法	451	24.59
发音	253	13.79
其他	103	5.62
总数	1 834	100

二、最需要提高哪方面的华语能力

调查显示，印尼华人认为自己最需要提高的华语能力是说话，占38.71%；写作排名第二，占26.94%；听和说需求占总数的57.90%。由此可见，印尼对于华语能力的普遍要求是第一层次的，但是对于写作的高需求，也反映出印尼华人中有相当一部分人已经具备较高的华语水平。

表5-21　印尼华人认为最需要提高的华语能力

能力	数量（人）	比例（%）
听力	352	19.19
说话	710	38.71
阅读	278	15.16
写作	494	26.94
总数	1 834	100

第八节　结论

印尼是东南亚人口最多、地域最为广阔的国家，也是海外华人数量最多的国家。华语在印尼经历了长达 30 年的禁锢，使得华语的使用和传承中断。其间不少华人已经不能熟练地使用华语。华语解禁以来，华语的使用和华文教育都得到了新的发展。目前印尼华语使用情况具有以下特点：

（1）华文教育开始复苏，但是经历断崖式的挫折后，华文教育基础薄弱，华校数量有限，主要的学习方式是华文补习学校。华人学习时间相对较短，华人在小学阶段已经大量接触印尼同学，充分融入当地社会，社会中亦缺乏语言环境。师资缺乏也是制约华文教育复兴的一大因素。能够较好掌握华语的一般是在华语被禁前接受过完整华文教育的老一代华人，他们年纪偏大，而且人数也不足。年青一代的华人是在印尼国民学校学习成长的，华语学习基本是在解禁之后才系统展开，因此华语基础相对较弱，在承担提升华文教育质量的任务上有所欠缺。

（2）华人家庭成员之间交流已经出现从汉语方言向印尼语的转变。印尼华人在与长辈和平辈交流时依然以使用汉语方言为主，但是比例在下降。印尼华人与晚辈交流时已经明显出现使用印尼语为主的现象。印尼华人普遍感到使用华语有困难，对华语的态度更倾向于以现实利益为主要考量的因素。这都表明华语在印尼华人群体中有从母语向第二语言转变的迹象。

（3）印尼社会只有少量本地华文媒体。作为传统媒介的报刊、书籍和广播在华人群体中的使用率都比较低，这既有华人华语水平不高的原因，也有传统媒介不再吸引观众的因素。华语影视是目前在华人群体中最受欢迎的华文媒体，其中来自中国内地、中国台湾和新加坡等地的华语影视节目都得到了印尼华人的欢迎。虽然互联网是目前最为流行的通信交流媒体，但华文网站在华人中的使用率却相当低，这里既要考虑互联网自身的特点，也要注意华文网站自身的内容和形式是否能够吸引印尼华人的兴趣。

第六章　老挝华人社区华语生活

第一节　老挝概况

有"万象之国"美称的老挝人民民主共和国位于中南半岛北部，是一个有1 200多年悠久历史的古国。老挝北部与中国的云南省接壤。老挝人口约680万，其中华人约占总人口的2%。他们主要分布于万象、丰沙湾、琅勃拉邦、巴色。老挝华人以广府人和潮州人为主，多数是19世纪从华南地区（现云南、广东、广西、四川、贵州）移民到此的。

目前，老挝有5所华文学校，分别是位于首都万象的寮都公学、琅勃拉邦省的新华学校、中部甘蒙省他曲的华侨学校、南部沙湾拿吉省坎他武里市的崇德学校和百细市的华侨公学。5所华文学校全部隶属于当地的中华理事会，理事会派专人负责华校工作，从筹集经费、争取地方政府的支持，到建设师资队伍、改进教学方法、提高教学质量等，全程参与、全面负责。创办之初，华文学校采用全汉语教学。在老挝动荡的历史进程中，中老两国外交上产生曲折，使得华文学校被迫停办，后又得到恢复。最后华文学校依照老挝教育部的规定转制为双语教学。

第二节　调查对象基本情况

一、性别、年龄

收回的540份有效调查问卷中，有257位调查对象是男性，283位是女性；25岁以下的339人，25～34岁的83人，35～44岁的57人，45岁以上的61人。

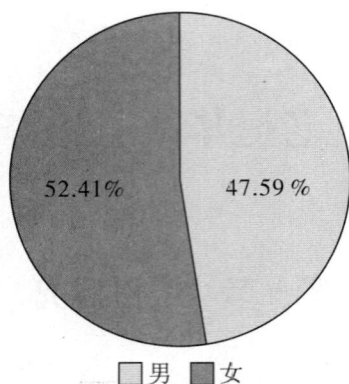

图 6 - 1　老挝调查对象性别分析

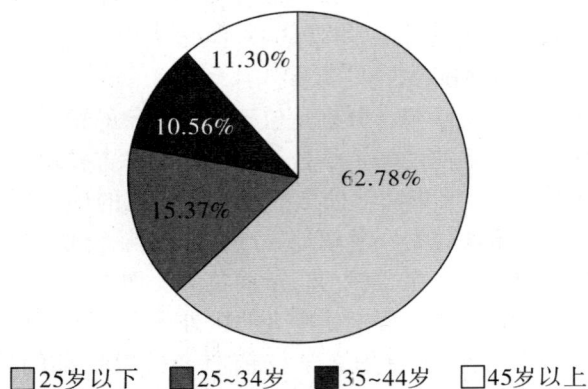

图 6 - 2　老挝调查对象年龄分析

二、职业、学历

　　本调查的调查对象接近一半是学生，共 309 人；其次是商人和政府工作人员，分别有 71 人和 60 人；教师有 47 人；家庭主妇和服务业从业人员人数大致相当，分别是 27 人和 25 人。调查对象中本科学历和高中学历人数大致相当，分别是 167 人和 189 人，初中生次之，有 96 人。

表 6 - 1　老挝华人的职业与学历

职业	数量（人）	最高学历	数量（人）
教师	47	小学	50
学生	309	初中	96

（续上表）

职业	数量（人）	最高学历	数量（人）
商人	71	高中	189
政府工作人员	60	本科	167
家庭主妇	27	硕士研究生	28
其他	1	没上过学	10
服务业从业人员	25		
总数	540	总数	540

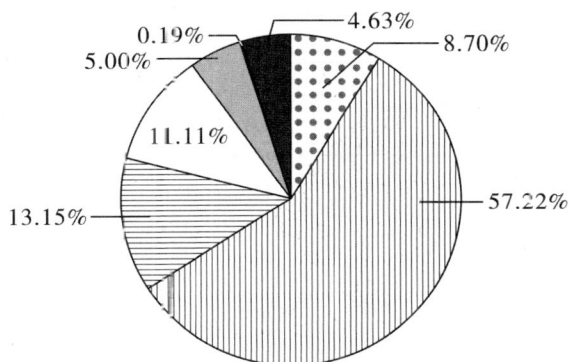

教师　学生　商人　政府工作人员　家庭主妇　其他　服务业从业人员

图 6-3　老挝调查对象职业分析

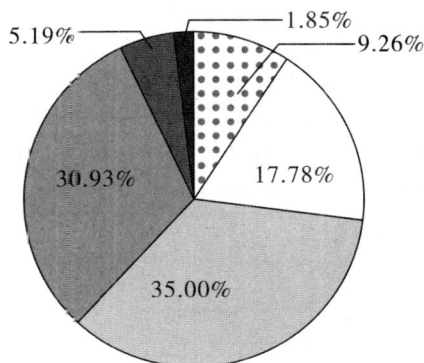

小学　初中　高中　本科　硕士研究生　没上过学

图 6-4　老挝调查对象学历分析

三、第几代移民

根据收回的调查问卷，调查对象大多数都是第三代移民，占总数的45.56%；第一代所占比例较低。由此可见老挝的华人多是三代及以上的老移民。

表6-2 老挝华人属于第几代移民

第几代移民	数量（人）	比例（%）
第一代	35	6.48
第二代	91	16.85
第三代	246	45.56
第四代	130	24.07
第四代以上	38	7.04
总数	540	100

四、方言情况

老挝与中国云南省接壤，老挝华人来自中国南部，汉语方言的使用也因此呈现出很明显的特点。从祖籍方言调查结果可以看出，老挝华人的祖籍方言中粤语最多，占32.22%；其次是北方官话，占18.70%；闽南语、客家话和潮汕话分别占比13.89%、13.15%和9.44%；祖籍方言为云南话的占5.19%。

表6-3 老挝华人的祖籍方言

祖籍方言	数量（人）	比例（%）
粤语	174	32.22
闽南语	75	13.89
客家话	71	13.15
潮汕话	51	9.44
云南话	28	5.19
北方官话	101	18.70
其他	40	7.41
总数	540	100

第三节　华语习得

一、小学阶段最主要的同学来源

调查结果显示，老挝华人小学时主要的同学都是华人，占 59.63%，其次是本地人，外国人很少。

表 6-4　老挝华人在小学阶段最主要的同学来源

来源	数量（人）	比例（%）
华人	322	59.63
本地人	123	22.78
外国人	95	17.59
总数	540	100

二、学习华语的时间

自 20 世纪 20 年代开始老挝就已经设有华侨学校，那时老挝政府也接受华人对华文的教学，并允许华文教育的不断发展，老挝本土的学校也开设华文课。调查结果显示，老挝华人学习华语的时间也基本与调查对象的年龄成正比，有 8 年以上华语学习经历的人有 355 人，占 65.74%，学习时间在一年或者没学过（没有在正规学校教育中接受华语学习）的人占少数。由此可见老挝华人基本都接受过系统性的华文学习。

表 6-5　老挝华人学习华语的时间

时间	数量（人）	比例（%）
1 年	15	2.78
2~3 年	50	9.26
4~7 年	97	17.96
8~10 年	128	23.70
10 年以上	227	42.04

（续上表）

时间	数量（人）	比例（%）
没学过	23	4.26
总数	540	100

第四节　华语运用

本节对老挝华人在家庭里与长辈、平辈以及晚辈交流的华语运用情况进行调查。在此节中，华语指的是华语普通话，而广东话指的是老挝万象广东话。

一、和长辈交流时使用的语言

调查结果显示，老挝华人与长辈交流主要使用老挝语，选择老挝语的有420人，占比高达77.78%。据了解，现在绝大多数华人认为身在老挝并不是必须使用华语或者方言进行交流，和长辈用老挝语交流也可以很顺畅。使用华语普通话和方言的人数虽然跟使用老挝语的比起来不多，但是相对于英语而言还是有较大优势。

表6-6　老挝华人和长辈交流时使用的语言

语言	数量（人）	比例（%）
老挝语	420	77.78
华语	76	14.07
英语	12	2.22
汉语方言	32	5.93
总数	540	100

二、和平辈交流时使用的语言

调查结果显示，老挝华人与平辈交流时主要使用的仍然是老挝语，选择此项的有417人，占比高达77.22%；其他语言的使用情况与和长辈交流时的情况一致。由此可见，老挝华人虽然多数受过华文教育，但是日常生活中老挝华人对使用华语并没有很高的热情。

表6-7　老挝华人和平辈交流时使用的语言

语言	数量（人）	比例（%）
老挝语	417	77.22
华语	83	15.37
英语	10	1.85
汉语方言	30	5.56
总数	540	100

三、和晚辈交流时使用的语言

调查结果显示，与和长辈、平辈交流时的情况相同，老挝华人和晚辈交流时也主要使用老挝语，选择此项的有288人，占53.33%。华语的使用相较于和长辈、平辈交流来说明显增多，英语的使用人数也开始赶超华语方言。由此可见，老挝华人总体来说愿意子女晚辈说老挝语，但是也有意识培养下一代说华语。

表6-8　老挝华人与晚辈交流时使用的语言

语言	数量（人）	比例（%）
老挝语	288	53.33
华语	211	39.07
英语	27	5.00
汉语方言	14	2.59
总数	540	100

四、小结

老挝华人的语言使用呈现以下特点：

（1）华语在老挝华人社区中使用率较低，华语使用率代际变化主要体现在与下一代的交流中，调查结果显示，老挝华人存在希望子女后代使用华语的愿望，但华语还远远不是老挝华人之间交流的主要语言。

（2）汉语方言和英语在老挝华人社区中使用率极低，代际变化亦不明显。

（3）老挝语在老挝华人社区中的使用率极高，显示老挝华人已经基本融入老挝社会，与当地人没有明显的语言使用差异。

单位：%

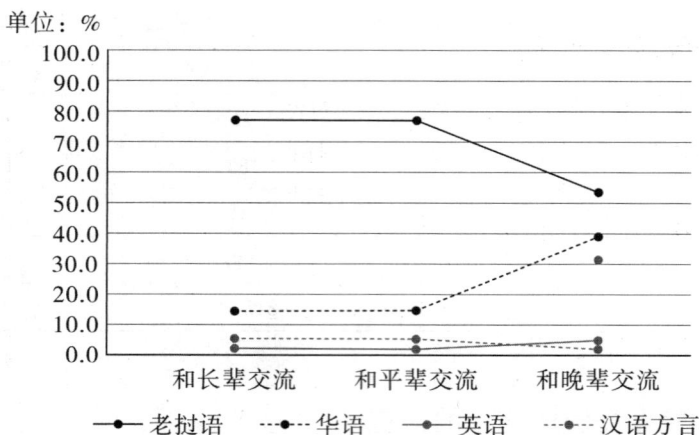

图 6-5　老挝华人语言使用代际变化情况

第五节　华语态度

通过对老挝华人日常交流使用语言的调查可以看出，老挝华人更倾向于使用老挝语，但是老挝的华文教育发展从未中断，所以对老挝华人华语使用态度的调查非常必要。本节将就他们对自己华语能力的评价、对华语的看法、华语使用的好处和对子女语言使用的希望四个方面进行调查。

一、对自己华语能力的评价

调查结果显示，老挝华人认为使用华语有困难（很困难、比较困难、有一点困难）的占绝大多数，共计441人，占81.67%。由此可见，老挝华人虽然学习华语的时间比较久，但是由于日常生活中很少使用，华语水平普遍较低。

表 6-9　老挝华人认为使用华语交流的难度

难度	数量（人）	比例（%）
很困难	165	30.56
比较困难	122	22.59
有一点困难	154	28.52
基本没有困难	73	13.52
完全没有困难	26	4.81
总数	540	100

二、对华语的看法

此调查的主要目的是想了解老挝华人对使用华语的看法及个人感觉。调查结果显示，老挝华人普遍觉得华语有用，选择此项的多达452人，占83.70%；仅有一小部分人选择了好听和亲切；选择时髦的人数量极少。这些数据反映老挝华人对华语的看法偏重实用性。

表6-10　老挝华人对华语的看法

看法	数量（人）	比例（%）
好听	41	7.59
亲切	34	6.30
有用	452	83.70
时髦	13	2.41
总数	540	100

三、华语使用的好处

对一种语言的价值判断与对于一种语言的感性评价共同决定了它的使用情况，因此调查老挝华人心目中华语的主要功能也是一项比较重要的内容。调查结果显示，老挝华人更为注重华语的实用价值，即和中国人做生意和更好地找工作，选择这两项的人总数达417人，占比高达77.22%。老挝华人平时使用华语交流很少，所以认为使用华语能方便日常交流的人很少。老挝华人的根源意识已经比较淡薄。

表6-11　老挝华人认为使用华语的好处

好处	数量（人）	比例（%）
保留中华文化的根	87	16.11
和中国人做生意	239	44.26
方便日常交流	36	6.67
更好地找工作	178	32.96
总数	540	100

四、对子女语言使用的期望

此项调查项目针对的是已有家庭的调查对象，因此这个题目被设计为可选答，调查对象如果已有家庭并育有子女，或对未来子女有所打算，则填写其答案，否则可以忽略此题目。老挝的调查对象都回答了此题。调查结果显示，希望自己的子女（或未来子女）掌握华语普通话的有287人，占比过半；其次是老挝语，占比接近三成，这体现了老挝华人对所在国第一语言的重视；汉语方言的地位低于英语和其他国语言。

表6-12　老挝华人对子女（或未来子女）语言使用的期望

语言	数量（人）	比例（%）
老挝语	168	31.11
华语	287	53.15
英语	49	9.07
汉语方言	14	2.59
其他	22	4.07
总数	540	100

第六节　华文媒体使用

一、华语广播

老挝国内没有华语广播电台，近来因老挝和中国政府达成协定，老挝可以收到中国的一个广播频道——FM 93。调查结果显示，老挝华人很少收听华语广播，总是和经常收听的人只有92人，仅占17.04%；有时收听的人接近三成；很少和从不收听的人数多达302人，占总人数的一半以上。

表6-13　老挝华人收听华语广播的频率

频率	数量（人）	比例（%）
总是	43	7.96

（续上表）

频率	数量（人）	比例（％）
经常	49	9.07
有时	146	27.04
很少	184	34.07
从不	118	21.85
总数	540	100

二、华语影视

据不完全统计，老挝目前有六十多个播放中文节目的电视台，其中包括来自云南的中国地方电视台。调查结果显示，老挝华人还是会有意识收看华语影视节目的，总是和经常收看的占总数的近三成；有时和很少收看的人数相近；从不收看的人数非常少。

表 6-14　老挝华人收看华语影视的频率

频率	数量（人）	比例（％）
总是	52	9.63
经常	97	17.96
有时	166	30.74
很少	163	30.19
从不	62	11.48
总数	540	100

三、华文报刊书籍

老挝的中文报刊有《人民报》《巴特寮报》《新万象》《人民军报》《经济社会报》《占巴杂志》等。调查结果显示，阅读华文报刊书籍的老挝华人确实很少，总是和经常阅读的只有 86 人，占比不足两成。阅读对于华语水平要求较高，对于平时不太使用华语的当地华人来说，阅读华文报刊会有很大的困难。

表 6 – 15　老挝华人阅读华文报刊书籍的频率

频率	数量（人）	比例（%）
总是	26	4.81
经常	60	11.11
有时	164	30.37
很少	162	30.00
从不	128	23.70
总数	540	100

四、华文网站

　　调查结果显示，总是和从不使用华文网站的老挝华人都不超过 100 人；大部分人处于中间状态，经常、有时、很少使用的人数都在 100 位以上；有时使用的人数最多，占比约三分之一。由此可见，老挝华人有较强的使用华文网站的意识，也愿意主动通过华文网站获取资料信息。

表 6 – 16　老挝华人使用华文网站的频率

频率	数量（人）	比例（%）
总是	47	8.70
经常	106	19.63
有时	183	33.89
很少	124	22.96
从不	80	14.81
总数	540	100

五、华文媒体来源

　　老挝本国政府或民间自发建设的华文媒体不多，因为毗邻中国云南省，可以收听收看很多中国地方的广播电台、电视台。调查结果显示，使用中国内地的华文媒体的老挝华人最多，有 385 人，占比高达 71.30%，其次是中国台湾和中国香港，新加坡的华文媒体使用最少。

表6-17 老挝华文媒体来源

来源	数量（人）	比例（%）
中国内地	385	71.30
中国台湾	84	15.56
中国香港	50	9.26
新加坡	6	1.11
其他	15	2.78
总数	540	100

第七节　华文教育

一、华文中最难学的内容

调查结果显示，老挝华人普遍认为词汇和语法是华文中最难学的内容，两者占比都在30%左右；汉字和发音难度稍低于词汇和语法。

表6-18 老挝华人认为华文中最难学的内容

内容	数量（人）	比例（%）
汉字	102	18.89
词汇	181	33.52
语法	155	28.70
发音	91	16.85
其他	11	2.04
总数	540	100

二、最需要提高哪方面的华语能力

调查结果显示，老挝华人认为最需要提高的是说话能力，有236人选择了这一选项，占总人数接近一半；其次是听力和写作，均占20%左右；老挝华人普遍认为阅读能力不是最迫切需要提高的。

表6-19　老挝华人认为最需要提高的华语能力

能力	数量（人）	比例（%）
听力	109	20.19
说话	236	43.70
阅读	83	15.37
写作	112	20.74
总数	540	100

第八节　结论

老挝华人仅占老挝人口的2%，是东南亚地区中华人数量最少的国家之一。老挝华文教育规模不大，且整个社会中华语使用的情景极少，导致老挝华人的华语处于较低水平。华语在老挝华人中基本属于第二语言，老挝语才是老挝华人的第一语言。

（1）华文教育规模较小，老挝的华文学校仅有5所，由当地的中华理事会负责管理，属于私立教育。由于此次调查就是通过老挝华文学校展开的，所以数据显示老挝华人学习华语的时间较长，但这在很大程度上是由样本构成决定的。没有进入华文学校的老挝华人基本上不会接触华语。

（2）华人家庭交流以老挝语为主，华人基本融入当地社会，学习华语基本上是出于现实利益考虑。本次调查显示，华人普遍以老挝语作为家庭交流的第一语言。老挝华人总体来说愿意子女晚辈说老挝语，但是也有意识地培养下一代说华语。老挝华人更为注重华语的实用价值，主要以和中国人做生意和找工作为目的。

（3）老挝社会缺乏华文媒体和华语环境，华语属于典型的外语。老挝本国基本没有华文媒体，仅有的少数华文媒体也只有少数华人使用，老挝华人收看的华语电视节目大多来自中国云南省，而来自其他东南亚国家的华语节目则很少受到关注。

案例篇

印度尼西亚华人社区华语生活状况

第七章　印度尼西亚华人社区华语生活情况调查

第一节　雅加达华语生活情况

一、概况

（一）华人历史概况

雅加达是印度尼西亚的首都，包括周边的一些卫星城，雅加达居民将附近区域统称为 Jabotabek。Jabotabek 包括雅加达（Jakarta）、茂盛（Bogor）、丹格朗（Tangerang）和勿加西（Bekasi）。根据 2010 年的政府人口调查，印尼的华人约有 2 832 510 人，占总人口的 1.1965%。含有华人血统的人数约为 10 000 000 ~ 12 000 000 人，占总人口的 5% ~ 6%，其中 20% 的华人居住在雅加达。

雅加达曾是古王国万丹国的属地，原名为巽他·加拉巴。荷兰统治时代，荷兰东印度公司以雅加达为大本营，称为巴达维亚。18 世纪初，雅加达的华人数量日趋增长，逐渐形成相对独立的华人社区。为了便于对华人社区的管理，荷印殖民当局设立专门处理华人社会事务的华人半自治机构——华人评议会。华人评议会的设立对雅加达华人社会内部的安定团结起了一定作用，维护了华人社区的基本需求，缓和了华人与荷印殖民者以及当地土著居民之间的矛盾，促进了华人与印尼各民族的融合，为华人在雅加达的发展创造了有利的条件，也繁荣了雅加达的经济。

（二）华语使用概况

雅加达是印尼华人最为集中的地区，不同祖籍地的华人掌握不同的汉语方言。同时，雅加达是印尼的政治中心，各种针对华人的政策会首先在雅加达实施。近 30 年的强制同化华人政策，使华语的使用出现了断崖式的下降。可以说该政策禁锢的不仅是华语，更是中国文化的延续和发展。华人的身份认同也发生了剧烈的变化，华语"外语化"和"工具化"的趋势明显。另外，由于华文教育被禁止了 30 多年，华人掌握华语的能力大大下降，华文教师队伍出现断层，华文教师不足制约了华文教育的进一步发展。

（三）调查时间

本调查的时间为 2015 年。

二、调查对象基本情况

（一）性别、年龄

调查结果显示，调查对象 325 人中有男性 111 人，女性 214 人；居住在城市的有 293 人，居住在郊区的有 21 人，居住在乡村的有 11 人；25 岁以下的 254 人，25～34 岁的 27 人，35～44 岁的 21 人，45 岁以上的 23 人。

（二）职业、学历

调查结果显示，调查对象以学生为主，共 234 人，此外还有教师 35 人，工作人员 20 人，家庭主妇 14 人，商人 12 人，政府人员 1 人，除此之外的有 9 人。调查对象的最高学历为本科的 113 人，高中的 105 人，初中及以下的 102 人，硕士研究生的 5 人。

表 7 - 1　雅加达华人的职业和学历

职业	数量（人）	最高学历	数量（人）
教师	35	没上过学	17
学生	234	小学	31
政府人员	1	初中	54
商人	12	高中	105
工作人员	20	本科	113
媒体从业人员	0	硕士研究生	5
家庭主妇	14		
其他	5		
教师兼学生	3		
企业家兼学生	1		
总数	325	总数	325

（三）第几代移民

调查结果显示，调查对象大多数是第四代以上的华人移民，共 151 人。此外还有第四代华人 47 人，第三代华人 105 人，第二代华人 18 人，新移民仅有 4 人。

表7-2　雅加达华人是第几代移民

第几代移民	数量（人）	比例（%）
第一代	4	1.23
第二代	18	5.54
第三代	105	32.31
第四代	47	14.46
第四代以上	151	46.46
总数	325	100

（四）方言情况

雅加达是印尼的首都，亦是印尼最为开放的城市。雅加达华人的祖籍覆盖中国各个方言区，所掌握的祖籍方言有明显的差异。祖籍方言为闽南语最多，占52.31%；其次为客家话和潮汕话；粤语、海南话和海丰话数量较少。

雅加达受访华人现在使用的汉语方言与其祖籍方言已经有所不同。现在使用闽南语的比例下降至37.54%，客家话和粤语的使用比例均有明显下降。与此同时，混合使用两种或以上方言的比例上升到8.92%，使用印尼语的比例更上升到17.23%。可见华人现在使用的语言出现了方言混合和向本国语转变的趋势。

为了更进一步说明祖籍方言与现用方言使用的变化，我们将不同代际的华人祖籍方言和现使用方言综合统计，具体如下：

表7-3　雅加达华人祖籍方言

第几代移民	祖籍方言							
	粤语	闽南语	客家话	潮汕话	其他	印尼语	海南话	海丰话
第一代	0	2	2	0	0	0	0	0
第二代	0	14	5	0	0	0	0	0
第三代	7	47	31	10	1	6	1	1
第四代	3	26	17	0	0	1	0	0
第四代以上	3	81	42	15	5	5	0	0
总数	13	170	97	25	6	12	1	1
比例	4.00%	52.31%	29.85%	7.69%	1.85%	3.69%	0.31%	0.31%

表 7-4　雅加达华人现用方言

第几代移民	现用方言							
	粤语	闽南语	客家话	潮汕话	混合方言	印尼语	印尼华语	华语
第一代	1	1	1	0	1	0	0	0
第二代	1	7	4	1	3	1	1	1
第三代	0	40	19	14	5	20	1	5
第四代	1	22	13	0	3	7	0	1
第四代以上	1	52	26	24	17	28	1	2
总数	4	122	63	39	29	56	3	9
比例	1.23%	37.54%	19.38%	12.00%	8.92%	17.23%	0.92%	2.77%

三、华语习得

（一）小学阶段最主要的同学来源

调查结果显示，雅加达华人在小学时的主要同学是华人的比例为 56.31%；是当地人的占 24.00%，主要原因是不少华人选择进入印尼的国民学校学习以及少部分印尼人进入华人开设的私立学校学习。小学阶段主要同学来源为外国人的情况主要出现在国际学校。数据显示不少华人进入雅加达的国际学校读书。数据反映雅加达华人在学校内华语交际环境并不明显，华人融入当地社会的程度相对较高。

表 7-5　雅加达华人在小学阶段最主要的同学来源

来源	数量（人）	比例（%）
华人	183	56.31
本地人	78	24.00
外国人	11	3.38
混合	53	16.31
总数	325	100

（二）学习华语的时间

调查结果显示，雅加达华人学习华语的时间为 4~7 年的比例最高，其次是

8~10 年。雅加达的三语学校一般从幼儿园开始就开设华语课程，到了高中也就相当于学了 15 年的华语。

表 7-6　雅加达华人学习华语的时间

时间	数量（人）	比例（%）
0~1 年	22	6.77
2~3 年	60	18.46
4~7 年	87	26.77
8~10 年	79	24.31
10 年以上	75	23.08
没学过	2	0.62
总数	325	100

调查结果显示，雅加达华人整体学习华语的时间都比较长。为更进一步了解雅加达华人的华语学习时长，我们辅以对年龄段的统计，结果如下：

表 7-7　不同年龄段的雅加达华人的学习华语的时间

时间	年龄							
	25 岁以下	比例（%）	25~34 岁	比例（%）	35~44 岁	比例（%）	45 岁以上	比例（%）
0 年	0	0	0	0	2	9.52	0	0
1 年	12	4.72	5	18.52	4	19.05	1	4.35
2~3 年	44	17.32	6	22.22	6	28.57	4	17.39
4~7 年	71	27.95	7	25.93	3	14.29	6	26.09
8~10 年	70	27.56	4	14.81	2	9.52	3	13.04
10 年以上	57	22.44	5	18.52	4	19.05	9	39.13
总人数	254	100	27	100	21	100	23	100

调查结果显示，只有年龄在 35~44 岁的雅加达华人中有人没学习过华语，其他年龄段的华人全都学习过华语。45 岁以上的华人学习华语年限长的占比高，25~44 岁略有降低，25 岁以下的年轻华人又呈现出良好的学习华语势头，学习

年限在 8 年以上的占半数。

（三）学习华语的途径

调查结果显示，雅加达大多数华人都是在当地补习班学华语的，也有一部分华人在学校学华语，有些华人从父母那里习得华语，还有一些人是自学华语的。

表 7-8　雅加达华人学习华语的途径（单选）

选项	学习途径	数量（人）	比例（％）
A	当地华校	70	21.54
B	当地补习班	116	35.69
C	当地国民学校	13	4.00
D	国外学校	16	4.92
E	自学	38	11.69
F	其他	15	4.62
总数		268	82.46

表 7-9　雅加达华人学习华语的途径（多选，按选择顺序排列）

选项	数量（人）	比例（％）	选项	数量（人）	比例（％）
AB	11	3.38	BFEACD	1	0.31
ABC	1	0.31	CD	1	0.31
ABE	3	0.92	DE	1	0.31
AC	1	0.31	EA	1	0.31
ADCBE	1	0.31	EB	3	0.92
AE	4	1.23	EF	1	0.31
AED	1	0.31	F	5	1.54
BC	2	0.62	FB	1	0.31
BCE	2	0.62	FBEA	1	0.31
BD	2	0.62	FE	1	0.31
BE	10	3.08	总数	57	17.54
BF	3	0.92			

将单选和多选排序首位的情况综合起来，我们可以得到如下结果：

　　结果显示，大部分的雅加达华人都是在学校学习华语后再上补习班学习。很多华人是为了应付学校的要求，才到补习班上华语课；还有一些学生，先从补习班学习，后自学华语；也有一些自学华语后觉得有兴趣再到补习班学习。以上的调查结果说明在雅加达，华语补习班的角色非常重要。

表7－10　雅加达华人学习华语的主要途径（单选＋多选，排序首位）

选项	学习途径	数量（人）	比例（%）
A	当地华校	92	28.31
B	当地补习班	136	41.85
C	当地国民学校	14	4.31
D	国外学校	17	5.23
E	自学	43	13.23
F	其他	23	7.08
	总数	325	100

四、华语运用

　　此项调查的目的是了解雅加达华人在家庭里与长辈、平辈以及晚辈交流时的华语运用情况。

（一）和长辈交流时使用的语言

　　调查结果显示，52.00%的雅加达华人与长辈交流主要使用印尼语，而仅使用华语或单一汉语方言的华人占16.62%，27.69%的华人是混用多种语言与父母交流。

表7－11　雅加达华人与长辈交流时使用的语言

语言	数量（人）	比例（%）
印尼语	169	52.00
华语	26	8.00
英语	12	3.69
汉语方言	28	8.62
混合语言	90	27.69
总数	325	100

　　以下加入调查对象年龄段作为考察因素，结果显示，25 岁以下的年轻华人与长辈交流时大多数使用印尼语，远远超过其他年龄段的华人使用印尼语的比例；与此同时，我们也可看出 25 ~ 34 岁和 45 岁以上的华人使用华语或汉语方言的比例较高。

表 7 - 12　不同年龄段的雅加达华人与长辈交流时使用的语言

语言	25 岁以下		25 ~ 34 岁		35 ~ 44 岁		45 岁以上	
	数量（人）	比例（%）	数量（人）	比例（%）	数量（人）	比例（%）	数量（人）	比例（%）
印尼语	158	62.20	5	18.52	4	19.05	2	8.70
华语	17	6.69	4	14.81	1	4.76	4	17.39
英语	12	4.72	0	0.00	0	0.00	0	0.00
汉语方言	17	6.69	4	14.81	2	9.52	5	21.74
混合语言	50	19.69	14	51.85	14	66.67	12	52.17
总数	254	100	27	100	21	100	23	100

（二）和平辈交流时使用的语言

　　调查结果显示，48.00% 的调查对象跟兄弟姐妹或夫妻之间用印尼语交流，使用英语的占 19.38%，两者合计超过 60%；而使用华语和汉语方言的比例合计为 20.00%。说明在雅加达华人平辈之间交流以印尼语为主。

表 7 - 13　雅加达华人与平辈交流使用的语言

语言	数量（人）	比例（%）
印尼语	156	48.00
华语	34	10.46
英语	63	19.38
汉语方言	31	9.54
混合语言	41	12.62
总数	325	100

　　因为调查对象多数是学生，所以可以说，年轻人大多数选择与自己的平辈说

印尼语或英语。至于使用华语、汉语方言和混合语言的，大都是 25 岁以上的调查对象。

为了能更清楚地了解不同年龄段的华人与平辈交流时使用语言情况，以下综合调查对象年龄段考察其与平辈交流时所使用的语言情况。统计结果如表 7 – 14 所示：

表 7 – 14　不同年龄段的雅加达华人与平辈交流时使用的语言

语言	25 岁以下		25 ~ 34 岁		35 ~ 44 岁		45 岁以上	
	数量（人）	比例（%）	数量（人）	比例（%）	数量（人）	比例（%）	数量（人）	比例（%）
印尼语	141	55.51	6	22.22	5	23.81	4	17.39
华语	21	8.27	5	18.52	2	9.52	6	26.09
英语	53	20.87	4	14.81	4	19.05	2	8.70
汉语方言	21	8.27	5	18.52	1	4.76	4	17.39
混合语言	18	7.09	7	25.93	9	42.86	7	30.43
总数	254	100	27	100	21	100	23	100

结果显示，年龄越小，使用印尼语和英语的比例越高，华语和汉语方言的使用比例随年龄减小整体下降，在 25 ~ 34 岁年龄段稍有回升。

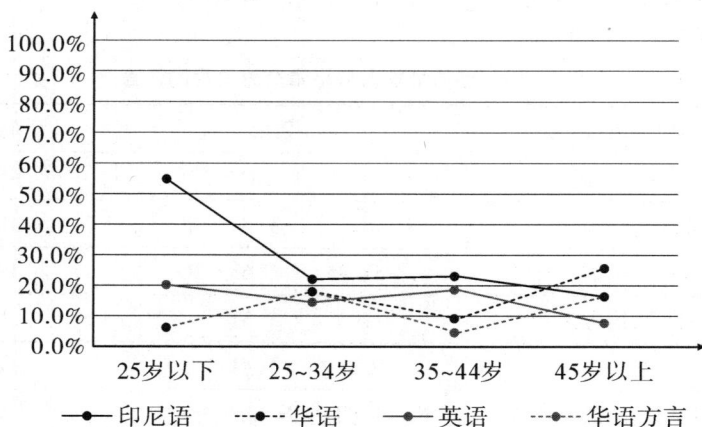

图 7 – 1　雅加达华人平辈交流时使用的语言发展趋势图

（三）和晚辈交流时使用的语言

调查结果显示，32.31%的调查对象与晚辈交流时使用超过一种语言；24%的调查对象与晚辈交流时使用印尼语；20.62%的调查对象与晚辈交流时使用英语；华语和汉语方言排在第四和第五位，分别有15.38%和7.69%的人选择。

表7-15　雅加达华人与晚辈交流时使用的语言

语言	数量（人）	比例（%）
印尼语	78	24.00
华语	50	15.38
英语	67	20.62
汉语方言	25	7.69
混合	105	32.31
总数	325	100

为进一步了解雅加达华人跟晚辈交流时语言使用的情况，以下加入调查对象年龄段的因素，考察其与晚辈交流时所使用的语言情况。统计结果如下：

表7-16　不同年龄段雅加达华人与晚辈交流时使用的语言

语言	25岁以下		25~34岁		35~44岁		45岁以上	
	数量（人）	比例（%）	数量（人）	比例（%）	数量（人）	比例（%）	数量（人）	比例（%）
印尼语	59	23.23	7	25.93	0	0.00	12	52.17
华语	44	17.32	3	11.11	1	4.76	2	8.70
英语	60	23.62	1	3.70	5	23.81	1	4.35
汉语方言	20	7.87	2	7.41	2	9.52	1	4.35
混合语言	71	27.95	14	51.85	13	61.90	7	30.43
总数	254	100	27	100	21	100	23	100

调查结果显示，与晚辈交流时，雅加达华人越来越倾向于使用华语和英语，汉语方言的使用比例变化不大，印尼语的地位在下降。

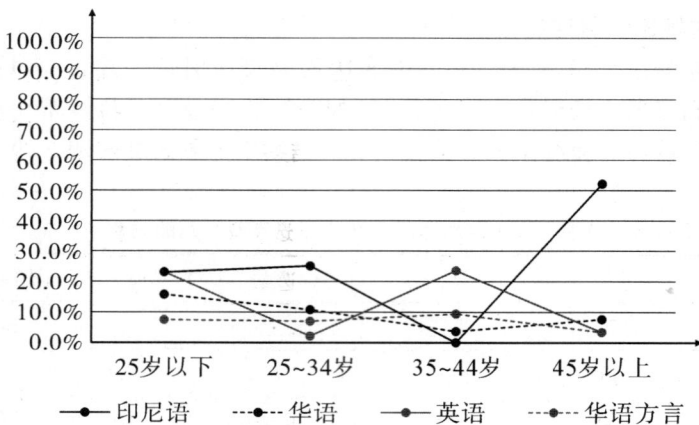

图7-2 雅加达华人与晚辈交流时使用的语言发展趋势图

由此可见，雅加达华人与晚辈交流时的语言选择更加国际化，他们希望子女掌握多种语言。

五、华语态度

这里主要通过考察雅加达华人使用华语以及汉语方言的难度、对华语以及汉语方言的看法和态度来分析其对华语的态度。

（一）对自己华语能力的评价

调查结果显示，大部分雅加达华人觉得使用华语交流困难，认为很困难和比较困难的人数比例合计达到62.46%；认为有一点儿困难的人数比例为23.08%；能够较好运用华语（基本没有困难和完全没有困难）的人仅占14.46%。

表7-17 雅加达华人认为使用华语交流的难度

使用华语的评价	数量（人）	比例（％）
很困难	101	31.08
比较困难	102	31.38
有一点儿困难	75	23.08
基本没有困难	34	10.46
完全没有困难	13	4.00
总数	325	100

（二）对华语的看法

此项调查的主要目的是想了解雅加达华人对华语的看法。提供的选项有4个，即 A. 好听；B. 亲切；C. 有用；D. 时髦，让调查对象排序。在此我们将单选和多选排序首位看作统一选择进行统计，结果如表7-18所示：

表7-18　雅加达华人对华语的看法（单选＋多选，按选择顺序排列）

选项	数量（人）	比例（%）	选项	数量（人）	比例（%）
A	78	24.00	BDCA	3	0.92
AB	11	3.38	C	67	20.62
ABC	11	3.38	CAB	3	0.92
ABCD	1	0.31	CABD	3	0.92
ABDC	6	1.85	CADB	2	0.62
AC	4	1.23	CBAD	9	2.77
ACB	2	0.62	CBD	2	0.62
ACBD	4	1.23	CBDA	5	1.54
ACD	1	0.31	CD	5	1.54
ADBC	1	0.31	CDAB	1	0.31
B	50	15.38	D	25	7.69
BA	1	0.31	DA	3	0.92
BC	8	2.46	DAB	4	1.23
BCA	1	0.31	DABC	1	0.31
BCAD	3	0.92	DBCA	1	0.31
BCD	4	1.23	DC	1	0.31
BCDA	1	0.31	DCAB	2	0.62
BDA	1	0.31	总数	325	100

结果显示，首选好听的华人最多，占36.62%；其次是有用和亲切，分别占29.85%和22.15%；首选时髦的人最少。由此可见，雅加达华人对于华语的感受主要源于文化认同，是感性的喜爱。同时，随着近年来中国和印尼双边贸易渐趋活跃，做生意和工作的需求增多，认为华语有用的人也不在少数。

（三）使用华语的好处

此项调查的主要目的是想了解雅加达华人使用华语的目的。提供的选项有5个，即 A. 保留中华文化的根；B. 和中国人做生意；C. 方便日常交流；D. 更好地找工作；E. 用处太多/对未来有用。然后让调查对象排序。在此我们将单选和多选排序首位看作统一选择进行统计，结果如表7-19所示：

表7-19　雅加达华人认为使用华语的好处（单选＋多选，按选择顺序排列）

选项	数量（人）	比例（%）	选项	数量（人）	比例（%）
A	55	16.92	BDCA	3	0.92
AB	4	1.23	C	26	8.00
ABC	2	0.62	CABD	2	0.62
ABCD	5	1.54	CADB	1	0.31
ABCDE	2	0.62	CBD	3	0.92
ABD	4	1.23	CBDA	2	0.62
ABDC	4	1.23	CD	5	1.54
ABDE	1	0.31	CDA	1	0.31
AC	5	1.54	CDBA	4	1.23
ACB	1	0.31	D	48	14.77
ACBD	2	0.62	DA	1	0.31
ACD	6	1.85	DB	1	0.31
AD	5	1.54	DBA	5	1.54
ADBC	3	0.92	DBAC	5	1.54
ADC	1	0.31	DBACE	1	0.31
ADCB	1	0.31	DBCA	4	1.23
B	57	17.54	DBE	1	0.31
BA	1	0.31	DCA	1	0.31
BAC	2	0.62	DCAB	1	0.31
BACD	2	0.62	DCBA	6	1.85
BAD	1	0.31	DE	1	0.31
BC	5	1.54	E	8	2.46
BCD	3	0.92	EAB	4	1.23
BCDA	2	0.62	EAD	1	0.31
BD	16	4.92	总数	325	100

调查结果显示，选择保留中华文化的根的人占总人数的31.8%；选择和中国人做生意或是更好地找工作的占比分别是28.31%和23.08%，合计高达51.39%。由此可见，雅加达华人根源意识强，同时也重视华语的实用性。

六、华文媒体使用

媒体是传播信息的工具，同时兼具传播语言的使命。媒体也可以成为语言学习的平台、语言学习的动机，以及语言学习的挑战，有利于帮助学习者提高其语言水平。此项调查包括华语广播、华语影视、华文报刊书籍和华文网站的使用情况。

（一）华语广播

雅加达只有FM 98.3 Cakrawala一个广播台每天播送华语广播和华语歌曲。Cakrawala播放的节目内容多数都是华语歌曲、交通报告和宗教节目。其主要听众是驾车的人。

表7-20　雅加达华人收听华语广播的频率

频率	数量（人）	比例（%）
总是	19	5.85
经常	37	11.38
有时	92	28.31
很少	84	25.85
从不	93	28.62
总数	325	100

调查结果显示，雅加达华人较少收听华语广播。总是或经常收听华语广播的人合计仅有17.23%；从不收听的占比高达28.62%；偶尔收听（有时和很少）的占比合计过半。

（二）华语影视

雅加达没有专门的华语电视台，只有美都电视台每日早上九点半有用华语播报的美都新闻。此外，雅加达还有大爱电视台，时常播放来自中国台湾的华语连续剧。关于雅加达华人收看华语影视的频率调查结果如表7-21所示：

表 7 - 21　雅加达华人收看华语影视的频率

频率	数量（人）	比例（%）
总是	31	9.54
经常	60	18.46
有时	112	34.46
很少	51	15.69
从不	71	21.85
总数	325	100

调查结果显示，34.46% 的调查对象选择有时收看华语影视；总是和经常收看华语影视的仅占 28.00%；较少（很少和从不）收看华语影视的高达 37.54%。由此可见，雅加达华人有不定时收看华语影视的习惯。

（三）华文报刊书籍

调查结果显示，超过半数雅加达华人很少或从不看华文报刊书籍，因为他们觉得理解华文文章比较难。只有 11.07% 的华人有阅读华文报刊书籍的习惯。总体而言，雅加达华人没有阅读华文报刊的习惯。

表 7 - 22　雅加达华人阅读华文报刊书籍的频率

频率	数量（人）	比例（%）
总是	11	3.38
经常	25	7.69
有时	89	27.38
很少	87	26.77
从不	113	34.77
总数	325	100

（四）华文网站

调查结果显示，雅加达华人基本上没有浏览华文网站的习惯。仅有 13.85% 的调查对象总是或经常使用华文网站。

表 7 - 23 雅加达华人使用华文网站的频率

频率	数量（人）	比例（%）
总是	14	4.31
经常	31	9.54
有时	83	25.54
很少	61	18.77
从不	136	41.85
总数	325	100

（五）华文媒体来源

表 7 - 24 雅加达华文媒体来源（单选）

选项	来源	数量（人）	比例（%）
A	中国内地	84	25.85
B	中国台湾	63	19.38
C	中国香港	24	7.38
D	印尼	44	13.54
E	日本	2	0.62
F	新加坡	1	0.31
G	韩国	3	0.92
H	美国	16	4.92
I	其他国家	33	10.15
总数		270	83.08

表 7 - 25 雅加达华文媒体来源（多选，按选择顺序排列）

选项	数量（人）	比例（%）	选项	数量（人）	比例（%）
AG	1	0.31	BD	1	0.31
AB	8	2.46	BE	1	0.31
ABC	3	0.92	BJ	1	0.31
ABCD	2	0.62	BG	1	0.31

（续上表）

选项	数量（人）	比例（%）	选项	数量（人）	比例（%）
ABCDE	1	0.31	CA	1	0.31
ABE	1	0.31	CBA	2	0.62
AC	4	1.23	CD	1	0.31
ACB	2	0.62	DI	1	0.31
ACBD	1	0.31	DG	1	0.31
ACDB	1	0.31	DCAB	1	0.31
AD	2	0.62	DCB	2	0.62
ADCB	1	0.31	DE	5	1.54
BA	1	0.31	ECBAD	1	0.31
BC	3	0.92	ED	4	1.23
BCD	1	0.31	总数	55	16.92

调查结果显示，雅加达华人使用的华文媒体来源主要是中国内地、中国台湾和印尼。中国内地居首，单选和多选排序首位的综合起来占34.15%；中国台湾次之，占22.15%；印尼第三，占16.62%。

七、华文教育

（一）华文最难学的内容

表7-26　雅加达华人认为华文最难学的内容

内容	数量（人）	比例（%）
汉字	134	41.23
词汇	41	12.62
语法	79	24.31
发音	33	10.15
其他	38	11.69
总数	325	100

调查结果显示，雅加达华人认为汉字是最难学的，占比达41.23%；其次是

语法，占 24.31%。这是因为汉字是印尼本国语所没有的，且华语与印尼语不属同一语系，语法系统差别较大，所以雅加达华人认为这两者的难度大。

（二）最需要提高哪方面的华语能力

本项调查的重点是了解雅加达华人华语学习的重点，所以以下统计中会将单选和多选排序首位的综合在一起呈现，调查结果如表 7-27 所示：

表 7-27　雅加达华人认为最需要提高的华语能力（单选 + 多选排序首位）

能力	数量（人）	比例（%）
听力	81	24.92
口语	126	38.77
阅读	50	15.38
写作	68	20.92
总数	325	100

调查结果显示，雅加达华人主要希望提高的华语能力是口语，占 38.77%；其次是听力，占 24.92%；希望提高写作能力的华人人数也较多，占 20.92%。由此可见，雅加达华人总体华语水平不高，对基础的口语能力提高需求比较高；与此同时，也有部分汉语水平较高的华人，他们对于华语能力已经有了比较高的需求，希望提高写作能力。

第二节　泗水华语生活情况

一、概况

（一）华人历史概况

泗水是印尼第二大城市，约有 300 万人口，是印尼主要的贸易和商业城市之一。它位于印尼爪哇岛东北角，临马都拉海峡和泗水海峡，与马都拉岛相望，现为东爪哇的首府，是一个现代化的工业城市。泗水在印尼语中被称为 Surabaya，即鲨鱼与鳄鱼之城。据称当年在泗水河口有一条大白鲨和一只大鳄鱼交战，因而得名。如今，鲨鱼和鳄鱼成为泗水的标志，象征着勇气和果敢。在印尼，泗水城被誉为"英雄之城"，以纪念泗水战役在印尼独立中起到的联通印尼人民和国际支援的重大意义。泗水还是印尼最古老、最主要的通商口岸之一，是印尼华人最多的城市之一。

截至 2014 年 2 月，泗水市总人口达到 3 196 968。但对泗水华人人口并没有一个明确的统计数字。据估计，印尼泗水华人约有 100 万至 150 万人，占泗水总人口的 30%～40%。泗水华人分布在城市的各个地区。泗水华人的社会地位很高，许多行业的老板都是华人。据了解，泗水南区和西区华人人口最多。印尼泗水华人的祖籍地各不相同，他们大多数来自中国的南方省份，如福建、广东和海南，其中以闽南人为主，占华人总数的六成。印尼华人社会由三部分构成，根据他们的文化教育背景分为新客华人、土生华人和新生代华人。土生华人和新生代华人当地化程度深，他们接受印尼国民教育或西方教育，讲印尼语，生活方式当地化。后两部分华人占华人总数的三分之二。据调查显示，目前印尼泗水华人主要为第三代华人。

（二）华语概况

32 年的华文禁锢，阻断了泗水两代华人的华文教育。泗水华人不同苏门答腊岛、加里曼丹岛等外岛华人（泗水人称这些华人为外岛华人），后者由于远离首都，华语和汉语方言的传承使用并没有中断。目前，汉语方言主要存在于泗水第一代华人、年龄在 55 岁以上的老年人和移民到泗水的外岛华人中。泗水华人主要使用的汉语方言是福建话（闽南语、福清话等）；其次是客家话、粤语。据了解，泗水的第一代华人都会讲华语以及汉语方言，60 后华人都懂华语但绝大多数是华文文盲，70 后几乎不懂华语以及汉语方言，80 后、90 后因为这几年来华文教育迅速复苏和社会上的华语热，加上很多人有中国内地或中国台湾的留学经历，所以华语掌握情况有所改善，但总体情况不算太好。年青一代的泗水华人除了外岛年轻华人以外，几乎都不懂祖籍方言。

（三）调查时间

本调查的时间为 2013 年。

二、调查对象基本情况

（一）性别、年龄

调查结果显示，本次接受调查的调查对象共计 300 人，其中男女各 150 人，男女性别比为1：1。25 岁以下有 56 名；25～34 岁有 100 名；35～44 岁有 37 名；45 岁以上有 107 名。

（二）学历、职业

调查结果显示，泗水地区调查对象的最高学历为小学的有 10 人，初中的有41 人，高中的有 56 人，本科的有 177 人，硕士研究生的有 16 人。数据显示华人的学历普遍较高，这与泗水华人的经济基础普遍较好，重视教育有关。其中，教师 113 人，商业、企业从业人员 59 人，服务业从业人员 40 人，学生 36 人，媒体从业人员 20 人，其他 32 人。泗水华人往往因为工作或学习环境需要而使用华语，教师和商业、企业从业人员的华语使用率较高。因为前者从事华语教育工作，而后者与中国人做生意。

表 7 - 28　泗水华人的职业与学历

职业	数量（人）	最高学历	数量（人）
教师	113	小学	10
学生	36	初中	41
商人、企业从业人员	59	高中	56
服务业从业人员	40	本科	177
媒体从业人员	20	硕士研究生	16
其他	32		
总数	300	总数	300

（三）第几代移民

调查结果显示，泗水华人中属于第一代华人移民的有 53 人，第二代的有 75 人，第三代的有 121 人，第四代的有 36 人，第四代以上的有 15 人。

表 7 - 29　泗水华人是第几代移民

第几代移民	数量（人）	比例（%）
第一代	53	17.67
第二代	75	25.00
第三代	121	40.33
第四代	36	12.00
第四代以上	15	5.00
总数	300	100

（四）方言情况

祖籍方言为闽南语的泗水华人最多，有 173 人，占比达到 57.67%；其次为客家话的，有 63 人，占 21.00%；为粤语的占 10.67%；为其他方言的占

8.67%。闽南人移民印尼时间相对较长，他们使用的闽南语对其他汉语方言乃至印尼语都产生了很大的影响。印尼当地人都会大概懂一些闽南语的数字，方便买卖，例如最常听到和使用的"goceng"是5千的意思。其他祖籍方言包括海南方言等。还有部分泗水年轻华人不知道自己的祖籍方言。

现在泗水华人使用的汉语方言相比祖籍方言发生了一点变化：使用闽南话的有82人，占27.33%；客家话34人，占11.33%；粤语21人，占7.00%；其他151人，占50.33%。我们还发现福建裔华人后代不再以使用福建方言为主，而祖籍方言为客家话和粤语的华人的祖籍方言保持得相对较好。另外泗水华人关于现用方言选择最多的选项是"其他"，其主要是指泗水爪哇话，这反映出华人已深深融入当地文化中。

为了更进一步说明祖籍方言与现用方言的变化，我们将不同代数也作为考虑因素，具体如表7-30、表7-31所示：

表7-30　不同代数的泗水华人的祖籍方言

第几代移民	祖籍方言					
	粤语	闽南语	客家话	潮汕话	华语	其他
第一代（人）	4	36	6	0	1	2
第二代（人）	5	40	21	1	0	8
第三代（人）	16	68	26	2	1	8
第四代（人）	5	22	8	0	0	5
第四代以上（人）	2	7	2	0	1	3
总数（人）	32	173	63	3	3	26
比例（%）	10.67	57.67	21.00	1.00	1.00	8.67

表7-31　不同代数的泗水华人的现用方言

第几代移民	现用方言					
	粤语	闽南语	客家话	潮汕话	华语	其他
第一代（人）	4	36	4	0	1	4
第二代（人）	3	10	14	2	0	46
第三代（人）	10	29	10	1	4	67
第四代（人）	4	6	4	0	3	23

〔续上表〕

第几代移民	现用方言					
	粤语	闽南语	客家话	潮汕话	华语	其他
第四代以上（人）	0	1	2	0	1	11
总数（人）	21	82	34	3	9	151
比例（%）	7.00	27.33	11.33	1.00	3.00	50.33

对比两份数据我们发现，第一代华人的祖籍方言和现用方言变化不大，其他几代的华人方言变化较大。

三、华语习得

（一）小学阶段最主要的同学来源

调查结果显示，泗水华人的小学同学来源主要为：华人占 82.33%，本地人占 8.67%，外国人占 5.33%，其他占 3.67%。泗水华人喜欢与同族聚在一起，读书也相对比较集中。但如今的年轻人和小朋友大多数"不知道"什么是华人，他们称自己为"印尼人"。

表 7-32 泗水华人在小学阶段最主要的同学来源

来源	数量（人）	比例（%）
华人	247	82.33
本地人	26	8.67
外国人	16	5.33
其他	11	3.67
总数	300	100

（二）学习华语的时间

调查结果显示，泗水华人或多或少都学习过华语，学习过 1 年的占 5.33%，1~3 年的占 18.00%，4~7 年的占 30.00%，8~10 年的占 12.33%，10 年以上的占 34.33%。值得注意的是，学习华语时间为 10 年以上的调查对象不少是年龄在 60 岁以上的老人。

表 7 - 33　泗水华人学习华语的时间

时间	数量（人）	比例（%）
1 年	16	5.33
1～3 年	54	18.00
4～7 年	90	30.00
8～10 年	37	12.33
10 年以上	103	34.33
总数	300	100

为更进一步了解泗水华人学习华语的时长，我们辅以年龄段的统计，结果如下：

表 7 - 34　不同年龄段的泗水华人学习华语的时间

时间	年龄							
	25 岁以下（人）	比例（%）	25～34 岁（人）	比例（%）	35～44 岁（人）	比例（%）	45 岁以上（人）	比例（%）
1 年	1	1.79	12	12.00	3	8.11	0	0.00
1～3 年	17	30.36	21	21.00	12	32.43	4	3.74
4～7 年	28	50.00	38	38.00	9	24.32	15	14.02
8～10 年	5	8.93	13	13.00	5	13.51	14	13.08
10 年以上	5	8.93	16	16.00	8	21.62	74	69.16
总数	56	100	100	100	37	100	107	100

调查结果显示，35～44 岁的泗水华人学习华语的时间少于其他年龄段的华人；25～34 岁的泗水华人学习华语的时间开始增加；25 岁以下的泗水华人基本都有学习华语的意识，学习时间为 1 年的只有一个人。泗水华人学习华语的时间和年龄基本呈现出正态分布状态，这也说明泗水华人在华语学习上没有明显的断层。

（三）学习华语的途径

对华语学习途径的调查允许调查对象选择多个选项，选择以后，还需按照重要性进行排序。在此项调查中华语指汉语普通话，不包括汉语方言。在 1965 年华校关闭之前，泗水华人学习华语的途径就是华校，华校关闭后华人大多数靠补习班和去国外学校学习华语，也有华人通过自学学习华语。

表7-35　泗水华人学习华语的途径（单选）

选项	学习途径	数量（人）	比例（%）
A	当地华校	83	27.67
B	当地补习班	41	13.67
C	当地国民学校	9	3.00
D	国外学校	49	16.33
E	自学	14	4.67
F	其他	1	0.33
总数		197	65.67

表7-36　泗水华人学习华语的途径（多选，按选择顺序排列）

选项	数量（人）	比例（%）
AB	13	4.33
ABD	4	1.33
ABDE	9	3.00
AD	6	2.00
AE	7	2.33
BA	3	1.00
BC	1	0.33
BD	16	5.33
BDE	5	1.67
BE	12	4.00
CBE	1	0.33
DB	10	3.33
DBE	4	1.33
DE	12	4.00
合计	103	34.33

将单选和多选排序首位的综合起来，我们可以得到如表 7-37 所示的结果：

表 7-37　泗水华人学习华语的途径（单选＋多选排序首位）

选项	学习途径	数量（人）	比例（%）
A	当地华校	122	40.67
B	当地补习班	78	26.00
C	当地国民学校	10	3.33
D	国外学校	75	25.00
E	自学	14	4.67
F	其他	1	0.33
总数		300	100

调查结果显示，通过就读当地华校学习华语的泗水华人最多，占比高达 40.67%，且华校一般不作为第二选择；其次是当地补习班，占比为 26.00%，且通过其他渠道学习华语的华人基本都会选择当地补习班作为补充；泗水华人也倾向于出国留学学习华语，其占比达 25.00%。

四、华语运用

此项调查的目的是了解泗水华人在家庭里与长辈、平辈以及晚辈交流的华语运用情况。

（一）和长辈交流时使用的语言

调查结果显示，57.67% 的泗水华人与长辈交流时主要使用印尼语，仅使用华语或单一汉语方言的泗水华人占 41.66%。

表 7-38　泗水华人与长辈交流时使用的语言

语言	数量（人）	比例（%）
印尼语	173	57.67
华语	37	12.33
英语	2	0.67

（续上表）

语言		数量（人）	比例（%）
汉语方言	潮汕话	4	1.33
	福建话	51	17.00
	粤语	13	4.33
	海南话	2	0.67
	客家话	18	6.00
总数		300	100

泗水华人的语言使用在各年龄段也呈现出差异化，其中25~34岁的华人与长辈交流时使用印尼语的人数最多，比例最高；其次是25岁以下的。但总体上说，各年龄段都以印尼语作为与长辈交流的主要语言。

表7-39 不同年龄段泗水华人与长辈交流时使用的语言

语言		25岁以下		25~34岁		35~44岁		45岁以上	
		数量（人）	比例（%）	数量（人）	比例（%）	数量（人）	比例（%）	数量（人）	比例（%）
印尼语		47	15.67	75	25.00	24	8.00	27	9.00
华语		4	1.33	11	3.67	5	1.67	17	5.67
英语		2	0.67	0	0.00	0	0.00	0	0.00
汉语方言	潮汕话	1	0.33	1	0.33	1	0.33	1	0.33
	福建话	2	0.67	4	1.33	7	2.33	38	12.67
	粤语	0	0.00	4	1.33	0	0.00	9	3.00
	海南话	0	0.00	0	0.00	0	0.00	2	0.67
	客家话	0	0.00	5	1.67	0	0.00	13	4.33
总数		56	18.67	100	33.33	37	12.33	107	35.67

（二）和平辈交流时使用的语言

调查结果显示，75.00%的泗水华人与平辈交流时主要使用印尼语，而使用华语或单一汉语方言的华人合计仅占22.34%。

表7-40　泗水华人和平辈交流时使用的语言

语言		数量（人）	比例（%）
印尼语		225	75.00
华语		29	9.67
英语		8	2.67
汉语方言	福建话	24	8.00
	粤语	5	1.67
	客家话	9	3.00
总数		300	100

　　与和长辈交流时使用语言的选择类似，泗水华人与平辈交流时首先选择的依然是印尼语，其中25～34岁的人数依然最多，占比最高；其他的年龄段数量和比例均相仿。

表7-41　不同年龄段泗水华人与平辈交流时使用的语言

语言		25岁以下		25～34岁		35～44岁		45岁以上	
		数量（人）	比例（%）	数量（人）	比例（%）	数量（人）	比例（%）	数量（人）	比例（%）
印尼语		47	15.67	96	32.00	37	12.33	45	15.00
华语		2	0.67	3	1.00	0	0.00	24	8.00
英语		7	2.33	1	0.33	0	0.00	0	0.00
汉语方言	潮汕话	0	0.00	0	0.00	0	0.00	0	0.00
	福建话	0	0.00	0	0.00	0	0.00	24	8.00
	粤语	0	0.00	0	0.00	0	0.00	5	1.67
	客家话	0	0.00	0	0.00	0	0.00	9	3.00
总数		56	18.67	100	33.33	37	12.33	107	35.67

（三）和晚辈交流时使用的语言

　　调查结果显示，88.00%的泗水华人与晚辈交流时主要使用印尼语，而使用华语或单一汉语方言的合计仅占8.33%。

表7-42　泗水华人和晚辈交流时使用的语言

语言		数量（人）	比例（%）
印尼语		264	88.00
华语		17	5.67
英语		11	3.67
汉语方言	福建话	1	0.33
	粤语	1	0.33
	客家话	6	2.00
总数		300	100

　　与和长辈、平辈交流时的语言选择不同，泗水各年龄段华人在与晚辈交流时的语言选择有明显不同，即45岁以上的人在与晚辈交流时选择印尼语的比例明显上升，人数明显增加。可见目前泗水的华人中老年群体普遍选择印尼语作为与下一代沟通的语言。

表7-43　不同年龄段泗水华人与晚辈交流时使用的语言

语言		25岁以下		25~34岁		35~44岁		45岁以上	
		数量（人）	比例（%）	数量（人）	比例（%）	数量（人）	比例（%）	数量（人）	比例（%）
印尼语		47	15.67	92	30.67	30	10.00	95	31.67
华语		3	1.00	2	0.67	6	2.00	6	2.00
英语		6	2.00	4	1.33	1	0.33	0	0.00
汉语方言	潮汕话	0	0.00	0	0.00	0	0.00	0	0.00
	福建话	0	0.00	1	0.33	0	0.00	0	0.00
	粤语	0	0.00	1	0.33	0	0.00	0	0.00
	客家话	0	0.00	0	0.00	0	0.00	6	2.00
总数		56	18.67	100	33.33	37	12.33	107	35.67

五、华语态度

　　华语使用态度主要考察的是泗水华人认为使用华语以及汉语方言的难度、对华语以及汉语方言的优势评价以及对子女学习华语的态度。

（一）使用华语交流时的难度

调查结果显示泗水华人对自己的华语水平比较有自信，58.67%的调查对象认为基本上没有困难，10.67%的认为不太困难，23.33%的认为有一些困难，7.33%的认为很困难。具体分析如下：首先，选择了"基本上没有困难"的调查对象，在年龄分类上大多数是60岁以上和25～34岁的华人；在工作分类上大多数是教师和商业、企业从业人员；在文化程度分类上大多数是本科毕业的；在华语学习时间分类上多为学习10年以上的和学习4～7年的。其次，选择了"有一些困难"的调查对象在按年龄分类上大多数是25岁以下的和25～34岁的华人，45岁以上的也有一部分；在工作分类上分布平均，各个行业均占一部分；在文化程度分类上多为本科毕业的；在华语学习时间分类上以4～7年的和1～3年的为主。另外，选择了"不太困难"的调查对象在年龄分类上比较多的是45岁以上的；在工作分类上多是教师、学生和退休人员；在文化程度分类上大学、初中、高中毕业的各占一部分；在学习华语时间分类上是学习4～7年的最多。最后，选择了"很困难"的调查对象在年龄分类上大多数是年龄在35～44岁、25岁以下和25～34岁的；在工作分类上大多是服务业从业人员、商业从业人员、学生；在华语学习时间分类上大多数是1年和1～3年的。综上所述，会说华语的泗水华人大体而言对自己华语的水平是相当自信的，他们觉得自己的华语已达到日常交流水平。但也有华人觉得有点困难或不太困难，这些一般是学习华语时间比较短的华人，或者是老年华人比较谦虚。选择了有一些困难的华人主要认为他们很多时候无法用华语"百分百"地表达出他们的想法，而用印尼语则可以。觉得很困难的调查对象一般是学习华语时间比较短的年轻人或中年人，他们接触华语非常少。

表7-44　泗水华人认为使用华语交流时的难度

难度	数量（人）	比例（%）
很困难	22	7.33
不太困难	32	10.67
有一些困难	70	23.33
基本上没有困难	176	58.67
总数	300	100

（二）对华语优势的评价

调查结果显示，泗水华人对华语的评价为：66.33%的人认为华语有用；11.00%的人认为华语有社会影响；11.67%的人认为华语好听；9.67%的人认为华语亲切；1.33%选择其他（按单选和多选排序首位统计）。数据显示在泗水华人眼里华语在很多方面是有用的。这些华人了解学习华语的重要性和必要性，因此华人逐渐开始学习华语。其次随着中国的崛起，很多泗水华人也看到华语对社会的重大影响。泗水华人喜爱华语歌曲，因此觉得华语好听。而不少老一代的华人觉得华语格外亲切，因为这些华人抱有强烈的根源意识。

表 7-45　泗水华人对华语的评价（单选＋多选，按选择顺序排列）

选项	数量（人）	比例（%）	选项	数量（人）	比例（%）
A	6	2.00	CB	16	5.33
AB	6	2.00	CBA	6	2.00
ABC	9	3.00	CD	12	4.00
AC	2	0.67	CA	1	0.33
AD	1	0.33	CABD	1	0.33
ABCD	8	2.67	CAD	3	1.00
ACD	2	0.67	CBDA	2	0.67
AD	1	0.33	CD	7	2.33
B	13	4.33	CDAB	1	0.33
BA	2	0.67	CDBA	2	0.67
BAC	3	1.00	D	28	9.33
BC	7	2.33	DACB	1	0.33
BD	1	0.33	DBCA	1	0.33
BAD	1	0.33	DCAB	2	0.67
BCD	2	0.67	DCBA	1	0.33
C	146	48.67	其他	4	1.33
CA	2	0.67	总数	300	100

（三）学习华语的好处

调查结果显示，68.33%的泗水华人认为学华文最大的诱因是"保留中华文化的根"，选择此项的人数最多，他们希望中华文化在自己的后代身上延续下去。其次是经济诱因，这几年来泗水华人与中国生意往来也越来越多，学习华语的现实需求不断涌现。另有 8.33% 的人选择了"更好地找工作"，他们认为在工作招聘中掌握英语和华语是占优势的，被聘用的概率也会较高。而选择"方便日常交流"的人较少，这说明华语在日常生活中是不常用的，泗水华人大多数在日常生活中还是用印尼语作为交流的语言。

问卷中给出了 5 个选项：A. 保留中华文化的根；B. 和中国人做生意；C. 方便日常交流；D. 更好地找工作；E. 其他，并进行排序。具体的调查结果如表 7-46 所示：

表 7-46　泗水华人认为学习华语的好处（单选＋多选，按选择顺序排列）

选项	数量（人）	比例（%）	选项	数量（人）	比例（%）
A	130	43.33	BC	3	1.00
AB	24	8.00	BCD	3	1.00
ABC	11	3.67	BD	7	2.33
ABCD	5	1.67	C	15	5.00
ABD	2	0.67	CA	1	0.33
AC	12	4.00	CABD	1	0.33
ACBD	4	1.33	CDAB	1	0.33
ACD	4	1.33	CDB	1	0.33
ACDB	1	0.33	CDBA	3	1.00
AD	10	3.33	D	22	7.33
ADB	1	0.33	DCAB	2	0.67
ADBC	1	0.33	DCBA	1	0.33
B	30	10.00	其他	2	0.67
BA	3	1.00	总数	300	100

（四）对子女的期望

本项调查针对的是已有家庭的调查者，因此设计为可选答题。300 份问卷中共有 273 个人给出了答案，27 个人没有给答案。

调查结果显示，55.01% 的泗水华人希望自己的子女会说华语普通话。印尼泗水华人渴望自己的子女会讲华语普通话的主要原因是保留中华文化的根。由于政治因素，1965 年后印尼华人被禁止使用华语，连名字都必须使用印尼语，老一辈的华人把他们的"华语梦"寄托在子女或晚辈身上，华人家庭认为华人应该学会说华语。这表明泗水华人在对子女的语言期望上有强烈的根源意识。希望子女说印尼语的占 20.00%，说明部分华人已充分融入印尼社会的生活，在工作和生活中会说一口流利的印尼话是必须的。希望子女说英语的占 15.00%，而希望子女说汉语方言的仅有 1.00%。

表 7 - 47　泗水华人对子女（或未来子女）语言使用的期望

选项	语言	数量（人）	比例（%）
A	印尼语	6	2.00
B	华语	85	28.33
C	英语	4	1.33
D	汉语方言	2	0.67
总数		97	32.33

表 7 - 48　泗水华人对子女（或未来子女）语言使用的期望（多选，按选择顺序排列）

选项	数量（人）	比例（%）	选项	数量（人）	比例（%）
AB	7	2.33	BCA	24	8.00
ABC	24	8.00	BCAD	2	0.67
ABCD	10	3.33	BCD	2	0.67
ACB	11	3.67	BCDA	2	0.67
ACBD	2	0.67	BDC	1	0.33
BA	6	2.00	CAB	2	0.67
BAC	6	2.00	CB	19	6.33
BACD	2	0.67	CBA	10	3.33
BAD	2	0.67	CBAD	8	2.67
BADC	1	0.33	CBDA	2	0.67
BC	32	10.67	DABC	1	0.33

六、华文媒体使用

媒体是传播信息的工具，同时兼具语言传播的使命。媒体也可以成为语言学习的平台、语言学习的动机，以及语言学习的挑战，有利于学习者提高其语言水平。此项调查包括华语广播、华语影视、华文报刊书籍和华文网站的使用情况。

（一）华语广播

调查泗水华人听华语广播习惯的结果显示：选择总是的占 23.67%；选择经常的占 25.00%；选择有时的占 37.00%；选择很少的占 13.33%；选择从不的占1.00%。以上数据显示泗水华人总体来说喜欢听华语广播，但因为种种原因大多数华人只能有时收听华语广播。总是或经常收听华语广播的主要是中老年华人，他们非常爱听华语老歌和经典歌曲。很少或从不收听华语广播的调查对象主要是因为工作非常忙或更喜欢使用新一代的传播媒体。

表 7-49　泗水华人收听华语广播的频率

频率	数量（人）	比例（%）
总是	71	23.67
经常	75	25.00
有时	111	37.00
很少	40	13.33
从不	3	1.00
总数	300	100

（二）华语影视

调查结果显示，泗水华人经常收看华语影视节目。其中总是看华语影视的占26.00%；41.67%的人经常收看；23.00%的人有时收看；8.33%的人很少收看；仅1.00%的人从不收看。可见泗水华人非常喜爱收看华语影视。据调查员了解，泗水华人最爱看的华语影视包括动作片、古装武侠片、华语文化传播类节目、爱情连续剧、喜剧等。例如：成龙的动作喜剧片、中国台湾的爱情连续剧《流星花园》《下一站幸福》、中国内地的《汉语桥》《爸爸去哪儿》《汉字英雄》等影视节目。

表7-50　泗水华人收看华语影视的频率

频率	数量（人）	比例（%）
总是	78	26.00
经常	125	41.67
有时	69	23.00
很少	25	8.33
从不	3	1.00
总数	300	100

（三）华文报刊书籍

调查结果显示，泗水华人阅读华文报刊书籍的情况如下：12.33%的人选择了总是；15.67%的人选择了经常；25.67%的人选择了有时；42.67%的人选择了很少；3.67%的人选择了从不。数据显示近半数泗水华人较少阅读华文报刊书籍。其原因包括华文报刊书籍的内容无法吸引到读者，华人华语水平不高且对阅读有一种"恐惧感"。但仍有不少华人有读华文报刊书籍的习惯，主要是华语基础较好的老年人或是从事华文教育事业的教育工作者。

表7-51　泗水华人阅读华文报刊的频率

频率	数量（人）	比例（%）
总是	37	12.33
经常	47	15.67
有时	77	25.67
很少	128	42.67
从不	11	3.67
总数	300	100

（四）华文网站

泗水华人使用华文网站的比例为：选择总是的占7.33%；选择经常的占28.67%；选择有时的占22.00%；选择很少的占24.00%；选择从不的占18.00%。从调查结果我们发现，超过半数泗水华人会相对熟练地使用华文网站。据了解，最常用的华文网站为百度和搜狗，也有不少华人使用QQ和微信作为交友平台。那些很少或从不上华文网站的华人较少使用华文网站的原因包括年龄大不懂上网，或习惯浏览 Google 和 YouTube 等英语网站。

表7-52　泗水华人使用华文网站的频率

频率	数量（人）	比例（%）
总是	22	7.33
经常	86	28.67
有时	66	22.00
很少	72	24.00
从不	54	18.00
总数	300	100

（五）华文媒体来源

调查结果显示，泗水华人单一地选择来自中国内地的华文媒体者占绝大多数，占比高达79.33%；其他国家的华文媒体大多作为第二或者更后的选择。综合来看，喜欢来自中国内地的华文媒体的人占89.66%；中国台湾的占5.66%；所在国的占2.67%；其他国家的占2%。从以上数据我们可以确认，泗水华人总体来说更喜欢来自中国内地的华文媒体。而有些华人选择了来自中国台湾的华文媒体，吸引他们的主要是中国台湾的连续剧、影星和歌星。另外有少部分华人喜欢来自所在国和其他国家或地区的华文媒体。

表7-53　泗水华文媒体来源（单选）

选项	媒体来源	数量（人）	比例（%）
A	中国内地	238	79.33
B	中国台湾	9	3.00
C	所在国	2	0.67
D	其他国家	2	0.67
	总数	251	83.67

表 7 - 54　泗水华文媒体来源（多选，按选择顺序排列）

选项	数量（人）	比例（%）	选项	数量（人）	比例（%）
AB	20	6.67	BAC	1	0.33
ABC	3	1.00	CAD	3	1.00
ABCD	3	1.00	CB	2	0.67
ABD	1	0.33	CBAD	1	0.33
AC	2	0.67	DAB	1	0.33
AD	1	0.33	DABC	2	0.67
ADC	1	0.33	DACB	1	0.33
BA	7	2.33	总数	49	16.33

七、华文教育

（一）华文最难学的内容

考虑到本项调查的重点是要了解泗水华人学习华语的普遍难点，所以以下统计中会将单选和多选排序首位的结果综合在一起呈现。调查结果显示，泗水华人觉得华文最难学的是汉字，占 37.33%；选择语法的占 29.33%；选择拼音的占 19.00%；选择词汇的占 10.67%；选择其他（包括语音）的占 3.67%。调查结果如表 7 - 55 所示：

表 7 - 55　泗水华人认为华文最难学的内容（单选 + 多选排序首位）

内容	数量（人）	比例（%）
汉字	112	37.33
词汇	32	10.67
语法	88	29.33
拼音	57	19.00
其他	11	3.67
总数	300	100

（二）最需要提高哪方面的华语能力

调查结果显示，泗水华人想提高的华语能力为："听力"占 11.33%；"说话"占 28.00%;"阅读"占 9.00%;"写作"占 34.33%;"其他"占 17.33%。随着华语学习的深入,交际层次的提高,这些学习者对"写"的需求呈明显的上升趋势。而说话是一种交际能力,在印尼华语被禁锢 32 年,泗水华人已一定程度上"失去"了他们华语交际能力,因此华语解禁后,泗水华人非常渴望会说一口流利标准的华语。

表 7 - 56 泗水华人认为需要提高的华语能力(单选 + 多选排序首位)

能力	数量(人)	比例(%)
听力	34	11.33
说话	84	28.00
阅读	27	9.00
写作	103	34.33
其他	52	17.33
总数	300	100

第三节 棉兰华语生活情况

一、概况

(一)华人历史概况

棉兰是印尼的第三大城市,仅次于雅加达与泗水。棉兰位于印尼的西北部,是印尼西北部的大门。棉兰有大量外来移民,因吸收了外来的多元文化,成为印尼最重要的城市之一。19 世纪中叶,随着农场经济在殖民地迅速扩张,劳动力需求剧增,棉兰从中国厦门、汕头大量引进劳动力。但是在 1880 年前后,荷兰农场停止雇用来自中国的劳动力,转而引入了大量来自爪哇岛的爪哇人,曾经在农场劳动的华人转而在城市里开展商业贸易。1909 年,棉兰成为爪哇岛以外的一个重要城市,尤其是在荷兰扩张农业种植庄园以后更是如此。1905 年,棉兰的人口约 13 000 人,其中华人约 6 400 人,占棉兰城市人口的一半;欧洲人约950 人;土著 2 000 人;印尼人、阿拉伯人和马来人等 3 700 人(杨宏云,2011)。1918 年,棉兰的人口约为 43 826 人,其中有 8 269 人是华侨华人;35 009人是印尼本地人;409 人来自欧洲国家;其余的 139 人来自其他东方国家。1930 年棉兰人口共 7 万余人,其中华侨人口较 1918 年增加了两倍多,共约

27 000人，约占总人口的三分之一（刘焕然，1930）。

华侨华人移民到棉兰的主要目的是务工和经商，他们主要来自广东的潮汕、嘉应、广肇和福建的漳州、泉州、厦门等地。以日里为例，当地各方言群在1930年的比例是：福建人约占24.3%，潮汕人约占21.8%，广府人约占21.1%，而客家人约占8.7%（Anthony Reid，1970）。按地域和职业的分工，苏岛东部的农垦区一般是潮州人先到，客家人继之。两者占整个农垦区华人的大多数，而后续到来的福建人则主要做日用品贩卖生意。

（二）华语概况

尽管印尼政府禁止中华文化的传播，但是在实行政策的过程中存在一些漏洞。禁止华文的政策只有在印尼的首都雅加达执行得比较严格，而且政府无法禁止华人在家里使用华语。这就是为什么到现在在棉兰华人家庭里以及棉兰的华人圈里，人与人之间仍然使用汉语方言，尤其是使用棉兰福建话进行交流。

据调查，棉兰华人所使用的语言现象有以下特点：

（1）棉兰华人在公共场合，如买菜、买东西、聊天、询问等情况下的交流多数以棉兰福建话为主，客家人与广府人在市场买菜时也使用福建话。

（2）同一个民族，尤其是掌握同一种汉语方言的棉兰华人进行交际时多数是以其方言进行交流，如掌握客家话的客家人与客家人交流时使用客家话。

（3）在家里与家庭成员说话时，在学校与华语老师或者跟会说华语的朋友说话时，有一些棉兰华人会使用华语。但是说话人在交际过程中，如果碰到一些词语不能用华语表达，他们会采用汉语方言或者印尼语来代替或者解释。

虽然现在的棉兰华人通用"棉兰福建话"，但是因为过去印尼政府限制华语的使用，也因为时代与人群不断更替，新一代的华人所掌握的福建话词语不像第一代或者第二代的那么多。为了保持家乡话的传承，华人在交际当中只有在不知道怎样用福建话表达某个词语时，才会用其他语言或印尼语替代。

棉兰的福建话也因此变得比较特殊。这里所说的棉兰福建话是指棉兰华人普遍使用的闽南语，而这种闽南话只有棉兰华人，或者曾经在棉兰生活过的华人才能听懂，来自中国掌握闽南语的人几乎完全听不懂。

（三）调查时间

本调查的时间为2013年。

二、调查对象基本情况

（一）性别、居住区、年龄

调查结果显示，调查对象中有83人是男性，203人是女性；生活在城市的有233人，郊区的有31人，乡下的有22人；25岁以下的有220人，25～34岁的有

43 人，35~44 岁的有 14 人，45 岁以上的有 9 人。

（二）职业、学历

调查结果显示，调查对象大多数都是学生。其中学生 139 人、工作人员 63 人、教师 59 人、商人 17 人、家庭主妇 8 人。最高学历大多数为高中，共 172 人，此外还有小学 11 人、初中 20 人、本科 80 人、硕士研究生 3 人。

表 7－57　棉兰华人的职业与学历

职业	数量（人）	最高学历	数量（人）
教师	59	小学	11
学生	139	初中	20
商人	17	高中	172
工作人员	63	本科	80
家庭主妇	8	硕士研究生	3
总数	286	总数	286

（三）第几代移民

华人自开始移民印尼起，就逐渐在棉兰开枝散叶，目前华人在棉兰的人数也比较多。特别是 20 世纪 90 年代后印尼还流行"孩子越多，家庭越幸福"的说法。

调查结果显示，调查对象大多数都是第四代以上的华人，共 128 人，此外还有第四代华人 63 人，第三代华人 83 人，第二代华人 12 人。

表 7－58　棉兰华人属于第几代移民

第几代移民	数量（人）	比例（%）
第二代	12	4.20
第三代	83	29.02
第四代	63	22.03
第四代以上	128	44.76
总数	286	100

（四）方言

棉兰华人以前来自中国各地，掌握各种各样的汉语方言。根据 286 位调查对象的资料显示，有196人的祖籍方言是福建话，27人是粤语，28人是客家话，13人是潮汕话，9人是兴化话，7人是海丰话，陆丰话、海南话、福州话、龙岩话各1人，此外，还有2人没有祖籍方言，在统计中以华语普通话处理。

随着棉兰华人社会的发展，这些祖籍方言不一的调查对象现在掌握的汉语方言已与其祖籍方言有所不同。在286位调查对象中，有部分人只使用或大量使用华语普通话，在统计时单独列出。统计显示有249人现在使用的汉语方言是福建话，8人混合使用福建话和客家话，6人使用粤语，6人使用客家话，5人混合使用福建话和粤语，4人使用华语，3人混合使用福建话和华语，混合使用客家话和华语、海南话、海陆丰话、潮汕话、印尼语的各有1人。为了更进一步说明祖籍方言与现在语言使用的变化，我们将不同代数的华人祖籍方言和现用方言综合起来，具体如表7-59、表7-60所示：

表7-59　不同代数棉兰华人祖籍方言

第几代居民	祖籍方言										
	粤语	福建话	客家话	潮汕话	兴化话	龙岩话	华语	海三话	海南话	陆丰话	福州话
第二代（人）		11		1							
第三代（人）	8	62	6	2	1	1	1	2			
第四代（人）	7	37	8	6	2			2	1		
第四代以上（人）	12	86	14	4	6		1	3		1	1
总数（人）	27	196	28	13	9	1	2	7	1	1	1
比例（%）	9.44	68.53	9.79	4.55	3.15	0.35	0.70	2.45	0.35	0.35	0.35

表7-60　不同代数棉兰华人现用方言

第几代居民	现用方言						
	粤语	福建话	客家话	潮汕话	华语	印尼话	海陆丰话
第二代（人）	0	11	0	1	0	0	0
第三代（人）	4	74	4	0	1	0	0
第四代（人）	4	57	1	0	1	0	0
第四代以上（人）	2	117	4	1	2	1	1
总数（人）	10	259	9	2	4	1	1
比例（%）	3.50	90.56	3.15	0.70	1.40	0.35	0.35

人类具有很强的应变能力，当一个人不能改变环境的时候，他只能适应环境。同理，人类学习并且掌握一种语言也是为了适应环境。虽然棉兰华人以前来自中国各个地区，掌握各种汉语方言，但是因为福建人在棉兰人数较多，福建话在棉兰华人社会中占优势，因此其他方言群的华人也不得不学习并且掌握福建话。

根据以上数据，我们可以知道：

（1）不管在第几代移民中，棉兰华人使用方言的变化都是转向学习福建话。只有少数华人还保持使用原来的祖籍方言或者混用自己的祖籍方言和福建话，但是没有出现学习其他汉语方言的现象。

（2）有不少华人原来的祖籍方言是福建话、粤语、客家话，但现在开始学习使用华语了。

三、华语习得

（一）小学阶段最主要的同学来源

调查结果显示，有179人在小学学习时候的朋友是华人、86人的小学阶段主要同学混合本地人与华人，为本地人的有19个，为外国人的有2个。

表7-61　棉兰华人在小学阶段最主要的同学来源

来源	数量（人）	比例（％）
华人	179	62.59
本地人	19	6.64
外国人	2	0.70
本地人和华人混合	86	30.07
总数	286	100

从以上数据可以看到，棉兰华人在小学阶段，所接触的朋友更多的是棉兰华人，只有少数与本地人接触。

（二）学习华语的时间

印尼政府自2001年开放华文教育以来，在印尼各个地区的学校也开设了华语教育或汉语专业。对于棉兰华人曾经学习华语时间的调查（此处华语仅指华语普通话）结果如表7-62所示：

表 7 - 62　棉兰华人学习华语的时间

时间	数量（人）	比例（%）
1 年	35	12.24
1~3 年	70	24.48
4~7 年	78	27.27
8~10 年	40	13.99
10 年以上	52	18.18
没有学过	11	3.85
总数	286	100

　　调查结果显示，棉兰华人整体的华语学习时间都比较长，只有极少数人没有学过华语，他们可能习得的是汉语方言。为更进一步了解棉兰华人的华语学习时间，我们将年龄段的因素加入考虑，其统计结果如表 7 - 63 所示：

表 7 - 63　不同年龄段的棉兰华人学习华语的时间

时间	年龄							
	25 岁以下	比例（%）	25~34 岁	比例（%）	35~44 岁	比例（%）	45 岁以上	比例（%）
1 年	20	9.09	7	16.28	5	35.71	3	33.33
1~3 年	53	24.09	14	32.56	1	7.14	2	22.22
4~7 年	66	30.00	6	13.95	5	35.71	1	11.11
8~10 年	34	15.45	3	6.98	1	7.14	2	22.22
10 年以上	43	19.55	8	18.60	1	7.14	0	0.00
没有学过	4	1.82	5	11.63	1	7.14	1	11.11
总人数	220	100	43	100	14	100	9	100

　　调查结果显示，25 岁以下的华人接受华语教育的比例最高，达 98.18%；其次是年龄段在 35~44 岁的，达 92.86%；第三是 45 岁以上的，达 88.89%；最后是 25~34 岁的，达 88.37%。各年龄段中，学习过华语的人群比例均高于 80%，由此可见，各个年龄段的棉兰华人大多数都接受过华语教育，越年轻越普遍。

（三）学习华语的途径

2000 年，自从印尼第四任总统瓦希德取消了 1967 年第 14 号总统令，印尼华人从此脱离了印尼对中华文化的束缚，从此可以呼吸"新鲜"的空气，自由地庆祝春节、学习华语。印尼一度出现汉语热的情况，华文教育机构、补习班纷纷出现，棉兰也不例外。

学习华语的主要途径的调查允许调查对象选择多个选项，选择以后，还需按照重要性进行排序。调查结果显示，被调查者学习华语的途径主要有私立学校和补习学校。下面将首先列出单选的结果再列出多选的调查结果，如表 7-64、表 7-65 所示。

表 7-64　棉兰华人学习华语的主要途径（单选）

选项	学习途径	数量（人）	比例（%）
A	私立学校	70	24.48
B	补习学校	85	29.72
C	公立学校	3	1.05
D	外国学校	6	2.10
E	自学	18	6.29
F	父母	6	2.10
G	大学	2	0.70
H	没有学习过	9	3.15
	总数	199	69.58

表 7-65　棉兰华人学习华语的主要途径（多选，按选择顺序排列）

选项	数量（人）	比例（%）	选项	数量（人）	比例（%）	选项	数量（人）	比例（%）
AB	28	9.79	BAE	3	1.05	EB	2	0.70
ABC	1	0.35	BAD	1	0.35	EAB	1	0.35
ABCE	1	0.35	BD	1	0.35	EABCD	1	0.35
ABE	6	2.10	BDACE	1	0.35	EBA	1	0.35
ABEG	1	0.35	BDE	1	0.35	EBDCA	1	0.35
ABGE	1	0.35	BE	6	2.10	EF	1	0.35

（续上表）

选项	数量（人）	比例（%）	选项	数量（人）	比例（%）	选项	数量（人）	比例（%）
AE	3	1.05	BED	1	0.35	FB	2	0.70
AEB	1	0.35	BH	1	0.35	FBEACD	1	0.35
AF	1	0.35	CB	5	1.75	GBA	1	0.35
BA	12	4.20	CF	1	0.35	总数	87	30.42

将单选和多选排序首位的结果综合起来，我们可以得到如下的结果：

表7-66 棉兰华人学习华语的主要途径（单选+多选排列首位结果）

选项	学习途径	数量（人）	比例（%）
A	私立学校	113	39.51
B	补习学校	112	39.16
C	公立学校	9	3.15
D	外国学校	6	2.10
E	自学	25	8.74
F	父母	9	3.15
G	大学	3	1.05
H	没有学习过	9	3.15
总数		286	100

从单选的情况来看，调查对象通过补习学校学习华语的比例最高，在199人中有85人选择此项，占总数的29.72%；排名第二的是私立学校，共有70人选择此项，占24.48%；排名第三的是自学，共有18人选择，占6.29%。

从综合排序的情况来看，棉兰华人学习华语的主要途径为私立学校，共有113人选择此项，占总数的39.51%；排名第二的是补习学校，共有112个人选择此项，占39.16%，它的比例与私立学校相比只差0.35%。

综上所述，私立学校与补习学校是华文教育的重要阵地。根据印尼教育部的规定，在学校里学习外语的时间不能超过四个课时。① 正因为在学校里学习华语的机会有限，很多人学习华语的主要途径是补习学校。

四、华语运用

华语运用调查的是棉兰华人在家庭里与长辈、平辈以及晚辈交流时的华语运用情况。选项包括印尼语、华语、英语、汉语方言（需填写具体方言）。在此，华语指的是华语普通话，而福建话指的是印尼棉兰福建话。调查中发现有的调查对象会选择两三种语言，笔者以其在家庭里与家庭成员说话时，会切换或者"混用"两三种不同的语言处理。

（一）和长辈交流时使用的语言

一个人的成长首先离不开父母的教育和教养。因此在一个人的成长过程中，父母的影响很大，包括语言的使用。关于棉兰华人与长辈交流时使用的语言，调查结果如表7－67所示：

表7－67　棉兰华人和长辈交流时使用的语言

语言		数量（人）	比例（%）
印尼语		14	5.49
华语		32	12.55
英语		3	1.18
汉语方言	福建话	178	69.80
	客家话	6	2.35
	粤语	6	2.35
	潮汕话	3	1.18
	海陆丰话	1	0.39
	海南话	1	0.39
混合语言	客家话、福建话	1	0.39
	粤语、福建话	1	0.39
	福建话、客家话	1	0.39
	华语、福建话、客家话	1	0.39

---

① 曹云华. 棉兰华人印象［J］. 东南亚研究，2010（1）：70－78.

（续上表）

语言		数量（人）	比例（%）
混合语言	印尼语、华语	1	0.39
	印尼语、福建话	2	0.78
	华语、英语	1	0.39
	福建话、印尼语	2	0.78
	福建话、华语、英语	1	0.39
总数		255	100

　　调查结果显示，棉兰华人在家庭里与长辈交流时，使用福建话的比例最高，共有 178 人选择此项，占总数的 69.80% 。其他的比例明显较低，选择华语的共有 32 人，占 12.55% ；选择印尼语的共 14 人，占 5.49% 。

　　同时我们也可以看出，晚辈与长辈说话时存在混用两三种不同语言的现象。最明显的现象是，很多不同的语言都会与福建话混用。共有 9 人（3.53%）的混合语言或混合汉语方言中包括福建话。以下综合被调查者年龄段考察其与长辈交流时所使用的语言情况。

表 7-68　不同年龄段棉兰华人与长辈交流时使用的语言

语言	25 岁以下		25~34 岁		35~44 岁		45 岁以上	
	数量（人）	比例（%）	数量（人）	比例（%）	数量（人）	比例（%）	数量（人）	比例（%）
印尼语	11	5.64	2	5.26	1	7.14	2	25
华语	21	10.77	6	15.79	3	21.43		
福建话	142	72.82	25	65.79	8	57.14	3	37.50
粤语	4	2.05	1	2.63	1	7.14		
客家话	5	2.56					1	12.50
英语	2	1.03					1	12.50
潮汕话	1	0.51			1	7.14	1	12.50
海陆丰话	1	0.51						
海南	1	0.51						
印尼语、华语	1	0.51						

（续上表）

语言	25 岁以下		25~34 岁		35~44 岁		45 岁以上	
	数量（人）	比例（%）	数量（人）	比例（%）	数量（人）	比例（%）	数量（人）	比例（%）
印尼语、福建话	1	0.51	1	2.63				
福建话、印尼语	2	1.03						
福建话、客家话	1	0.51						
福建话、华语、英语	1	0.51						
客家话、福建话	1	0.51						
华语、英语			1	2.63				
华语、福建话、客家话			1	2.63				
粤语、福建话			1	2.63				
总数	195	100	38	100	14	100	8	100

统计结果显示，不管在什么年龄段，福建话的比例总是最高，其次才是华语普通话。我们把两种语言的使用现象用图标显示，就可以得到如图 7-3 所示的使用趋势图：

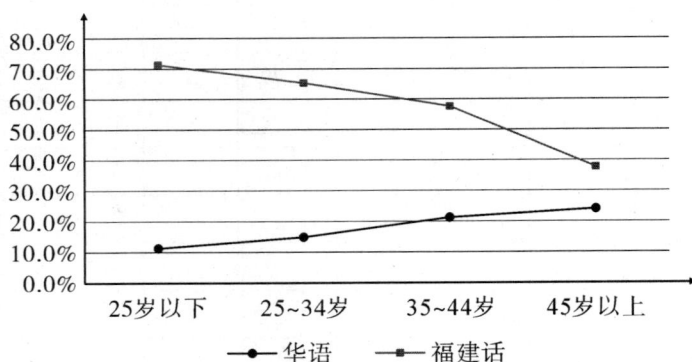

图 7-3　棉兰华人与长辈交流时华语与福建话使用比例趋势

由图 7-3 可知，年龄在 25 岁以下的棉兰华人在家庭里与长辈交流时，使用福建话的比例处在最顶峰，但是年纪越大，福建话的使用趋势越往下降。相反，华语的使用在 25 岁的年龄段最小，但是年龄越大的，使用华语的趋势越往上升。

综上可知，晚辈与长辈说话时，混用两三种语言的现象只出现在 25 岁以下与 25~34 岁这两个年龄段的调查对象中。35~44 岁以及 45 岁以上的调查对象中不会出现语言混用的现象。

棉兰福建话和华语使用出现两种完全不一样的趋势，其原因可从以下 4 个方面探究：

（1）1967 年印尼政府实行的禁华政策，规定印尼华人不能学习华文，华文完全不能出现在印尼社会当中。自此，棉兰华人也不能学习华文。但是这种政策只有在首都执行得比较严格，而在首都以外的城市比较宽松。因此，棉兰华人会在华人社会圈里或者在自己家庭里使用华语或者汉语方言。

（2）政府禁止华文教育，导致身处印尼的华人不能学习祖籍国的语言与文化传统，中华文化在印尼很长一段时间内基本处于一个封闭静止自我发酵的状态。棉兰华人为了保持中华文化，在家庭里保持使用华语或汉语方言。但是因为家庭不能提供足够的语言教育和语言使用场景，印尼华人开始在具体交流中混用与夹杂其他方言或者语言的词语和表达。

（3）对于年龄段在 25 岁以下以及 25~34 岁的华人来说，因为在他们出生的时代，禁止中华文化的政策已经实行了十几年的时间了，所以他们使用华语或者福建话的时候，混用两三种语言的现象明显多于其他年龄段的华人。

（4）45 岁以上的华人没有混用两种语言的现象，这是因为在他们生活的时代，国家还没有限制华文的使用，因此他们与父母说话时多数使用汉语普通话或者汉语方言。

（二）和平辈交流时使用的语言

针对与平辈交流使用的语言，设计的问题是调查对象与夫妻或者兄弟姐妹说话时所使用的语言。调查对象中有 207 个人给出了答案，其他的因为与实际情况不一致或实际情况更为复杂，因此不回答。调查结果如表 7-69 所示：

表 7-69 棉兰华人与平辈交流时使用的语言

语言	数量（人）	比例（%）
印尼语	14	6.76
华语	32	15.46
英语	1	0.48

（续上表）

语言	数量（人）	比例（%）
福建话	132	63.77
客家话	2	0.97
潮汕话	2	0.97
龙岩话	1	0.48
粤语	4	1.93
印尼语、福建话	5	2.42
华语、福建话	8	3.86
英语、印尼语	1	0.48
福建话、英语、华语	1	0.48
客家话、福建话	1	0.48
粤语、福建话	1	0.48
福建话、英语、印尼语	1	0.48
福建话、英语	1	0.48
总数	207	100

　　调查结果显示，棉兰华人与平辈交流时，使用率排名第一的是福建话，占63.77%；第二是华语，占15.46%；第三是印尼语，占6.76%。还有一些人使用其他语言或者混用两种甚至三种不同的语言。

　　为了能更清楚地了解不同年龄段的棉兰华人与平辈交流时使用的语言情况，以下综合调查对象的年龄段考察其与平辈交流时所使用的语言情况。统计结果如表7-70所示：

表7-70　不同年龄段棉兰华人与平辈交流时使用的语言

语言	25岁以下		25~34岁		35~44岁		45岁以上	
	数量（人）	比例（%）	数量（人）	比例（%）	数量（人）	比例（%）	数量（人）	比例（%）
印尼语	14	9.09						
华语	21	13.64	4	12.90	5	38.46	2	22.22

（续上表）

语言	25岁以下		25~34岁		35~44岁		45岁以上	
	数量（人）	比例（%）	数量（人）	比例（%）	数量（人）	比例（%）	数量（人）	比例（%）
福建话	101	65.58	19	61.29	8	61.53	4	44.44
粤语	3	1.95	1	3.23				
客家话	1	0.65					1	11.11
英语	1	0.65						
华语、福建话	5	3.25	3	9.67				
龙岩话	1	0.65						
印尼语、福建话	5	3.25						
福建话、英语、华语	1	0.65						
客家话、福建话	1	0.65						
潮汕话							2	22.22
英语、印尼语			1	3.23				
粤语、福建话			1	3.23				
福建话、英语、印尼语			1	3.23				
福建话、英语			1	3.23				
总数	154	100	31	100	13	100	9	100

　　统计结果显示，只有两种语言的使用比较突出，就是华语和福建话。但是这两种语言使用的现象显示两种不同的趋势。以下将以折线图的方式显示这两种语言使用的趋势。

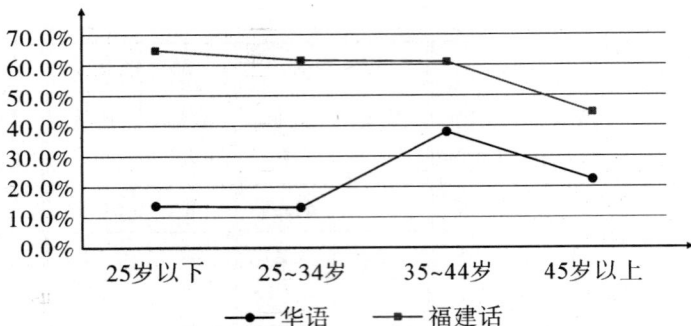

图7-4　棉兰华人与平辈交流时华语与福建话使用比例趋势

　　根据以上的资料我们可以看出，在各个年龄段，福建话的使用比例最高。但是年龄越大，福建话的使用比例越往下降，尤其是对于年龄在45岁以上的人（见图7-4）。出现这种现象与他们年轻时印尼政府的政策以及长辈给他们的语言教育有关系。

　　年青一代的（25岁以下以及25～34岁）棉兰华人出生时，华文禁止政策已经实行了很久，棉兰华人为了保留中华文化，教育下一代华语以及汉语方言知识。但是因为这些语言上一代传授得不是很全面，年青一代华人对于不知道怎样用华语或者汉语方言表达的内容，就会使用其他语言来替换，加上平辈之间交流较为自然，且年轻人所掌握语言的种类也较长辈更多，所以与平辈交流时使用的语言种类繁多，但是其语言使用仍然更倾向于福建话。

　　对于年龄段在35～44岁和45岁以上的华人，他们与平辈交流时，使用的语言种类较少，只限于华语或者汉语方言。在使用的汉语方言中，方言的种类也较多，没有年轻人当中那种集中于福建话的倾向。可以说年龄段在35～44岁以及45岁以上的棉兰华人与平辈交流时，还保留了原来的华语，包括汉语方言的使用。

（三）和晚辈交流时使用的语言

　　长辈在家庭里是晚辈的学习模样及榜样，长辈的语言使用会影响到晚辈以及下一代。此项调查结果可以显示不同年代的华人教育下一辈时的语言使用倾向，调查结果如表7-71所示：

表7-71　棉兰华人与晚辈交流时使用的语言

语言	数量（人）	比例（%）
印尼语	8	8.60

（续上表）

语言	数量（人）	比例（％）
华语	22	23.66
英语	4	4.30
福建话	51	54.84
粤语	2	2.15
潮汕话	1	1.08
华语、英语	1	1.08
华语、英语、福建话	1	1.08
华语、福建话	1	1.08
福建话、华语	1	1.08
福建话、华语、英语	1	1.08
总数	93	100

　　此调查设计为可选答的题目，即有晚辈的调查对象才需要作答，在本次调查中，共有93个人符合相应条件。调查结果显示，与晚辈交流时，福建话的使用排名第一，有51个人选择此项，占54.84％；第二是华语，共22人，占23.66％。还有一些人使用其他语言或者混用两种甚至三种不同的语言。为进一步了解棉兰华人跟晚辈交流时使用语言的趋势，以下综合年龄段考察棉兰华人与晚辈说话时所使用的语言情况。统计结果如表7-72所示：

表7-72　不同年龄段棉兰华人与晚辈交流时使用的语言

语言	25岁以下		25~34岁		35~44岁		45岁以上	
	数量（人）	比例（％）	数量（人）	比例（％）	数量（人）	比例（％）	数量（人）	比例（％）
印尼语	8	13.56						
华语	11	18.64	3	20.00	6	50.00	2	28.57
英语	2	3.39	2	13.33				
福建话	35	59.32	7	46.67	5	41.67	4	57.14
粤语	1	1.69			1	8.33		
潮汕话							1	14.29

（续上表）

语言	25 岁以下		25～34 岁		35～44 岁		45 岁以上	
	数量（人）	比例（%）	数量（人）	比例（%）	数量（人）	比例（%）	数量（人）	比例（%）
华语、福建话	1	1.69						
福建话、华语	1	1.69						
华语、英语			1	6.67				
华语、英语、福建话			1	6.67				
福建话、华语、英语			1	6.67				
总数	59	100	15	100	12	100	7	100

统计结果显示，不同年龄段的棉兰华人与晚辈交流时使用的语言情况总体差别不大，主要使用华语和福建话，但是年轻的华人混合使用语言的情况更多。华语和福建话在不同年龄段的华人中使用的趋势也有明显的区别。

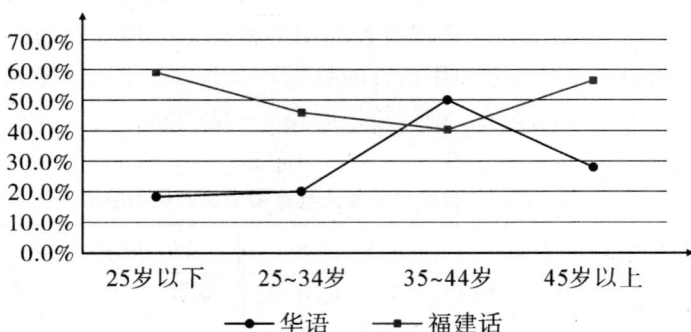

图 7-5 棉兰华人与晚辈交流时华语和福建话使用比例趋势

由图 7-5 可见，从 25 岁至 44 岁，棉兰华人在家里与晚辈使用福建话的比例呈随年龄增加而上升趋势。相反，在这三个年龄段，华语的使用比例随年龄增加而呈下降趋势。可见，现在棉兰青年华人的华语使用倾向性明显，而中老年一代还保持使用福建话。

五、华语态度

华语使用态度主要考察棉兰华人对使用华语以及汉语方言的难度、华语、汉语方言的优势以及对子女学习华语的看法。

（一）使用华语交际时的难度

因为中华文化曾在印尼受到限制，所以棉兰华人在日常生活中更倾向于使用棉兰福建话，导致现在很多棉兰华人对华语很陌生。只有少数华人会华语。

棉兰华人在社会上交际时，主要使用福建话。在这样的语言环境下，想与棉兰华人使用华语交流有可能会遇到一定的困难。对棉兰华人认为使用华语的难度进行调查，其结果如表7-73所示：

表7-73　棉兰华人认为使用华语交流的难度

难度	数量（人）	比例（%）
很困难	61	21.33
有一些困难	132	46.15
基本上没有困难	71	24.83
完全没有困难	22	7.69
总数	286	100

调查结果显示，棉兰华人大多数还是认为与别人使用华语交际存在困难。其中61人（21.33%）觉得很困难，132人（46.15%）觉得有一些困难。这两个数据合计达到67.48%，比基本上没有困难和完全没有困难合计的比例高34.96%（基本上没有困难为24.83%，完全没有困难为7.69%，共32.52%）。

（二）对华语的看法

此项调查的主要目的是想了解棉兰华人对华语的看法及个人感觉。本题提供的选项有4个，分别为：A. 好听；B. 亲切；C. 有用；D. 时髦。然后让被调查者排序。本项调查有效的调查结果共有279份，具体的调查结果如表7-74所示：

表7-74　棉兰华人对华语的看法（单选＋多选，按选择顺序排列）

选项	数量（人）	比例（%）	选项	数量（人）	比例（%）	选项	数量（人）	比例（%）
A	25	8.96	BCDA	2	0.72	CBA	5	1.79

（续上表）

选项	数量（人）	比例（%）	选项	数量（人）	比例（%）	选项	数量（人）	比例（%）
AB	5	1.79	BCA	1	0.36	CBAD	8	2.87
ABC	3	1.08	BCAD	2	0.72	CBD	2	0.72
ABCD	11	3.94	BD	2	0.72	CBDA	2	0.72
AC	6	2.15	BDA	1	0.36	CD	4	1.43
ACBD	2	0.72	C	120	43.01	CDA	1	0.36
ACD	1	0.36	CA	6	2.15	CDAB	1	0.36
ACDB	1	0.36	CAB	1	0.36	D	16	5.73
B	30	10.75	CABD	1	0.36	DA	1	0.36
BADC	2	0.72	CADB	2	0.72	DCAB	1	0.36
BC	4	1.43	CB	9	3.23	DCBA	1	0.36

调查结果显示，觉得华语有用的棉兰华人共有 162 人，占总数的 58.06%；觉得华语好听的有 54 人，占 19.35%；觉得亲切的有 44 人，占 15.77%；觉得时髦的有 19 人，占 6.81%。从以上的调查结果可以看出，现在的棉兰华人对于华语的看法主要是实用性的。

（三）学习华语的好处

此项调查的主要目的是想了解棉兰华人对学习华语的好处的看法。本题的选项有 4 个，分别为：A. 保留中华文化的根；B. 和中国人做生意；C. 方便日常交流；D. 更好地找工作；E. 用处太多/对未来有用。然后让调查对象排序。本项调查的有效结果共有 278 份。具体的调查结果如表 7-75 所示：

表 7-75　棉兰华人认为学习华语的好处（单选＋多选，按选择顺序排列）

选项	数量（人）	比例（%）	选项	数量（人）	比例（%）	选项	数量（人）	比例（%）
A	44	15.38	B	35	12.24	C	22	7.69
AB	8	2.80	BA	2	0.70	CA	1	0.35
ABC	1	0.35	BAC	1	0.35	CABD	2	0.70

（续上表）

选项	数量（人）	比例（%）	选项	数量（人）	比例（%）	选项	数量（人）	比例（%）
ABCD	12	4.20	BAD	1	0.35	CADB	4	1.40
ABD	5	1.75	BCDA	4	1.40	D	48	16.78
ABDC	2	0.70	BCAD	1	0.35	DAC	1	0.35
AC	1	0.35	BD	5	1.75	DACB	3	1.05
ACBD	4	1.40	BDA	3	1.05	DB	6	2.10
ACD	1	0.35	BDAC	2	0.70	DBA	2	0.70
ACDB	4	1.40	BDCA	1	0.35	DBAC	7	2.45
AD	7	2.45	CBA	2	0.70	DBCA	5	1.75
ADB	1	0.35	CBAD	1	0.35	DC	1	0.35
ADBC	2	0.70	CBDA	2	0.70	DCBA	2	0.70
ADC	1	0.35	CD	1	0.35	E	3	1.05
ADCB	1	0.35	CDAB	1	0.35	EBD	1	0.35
BADC	1	0.35	CDB	1	0.35	ECBD	2	0.70
BCD	2	0.70	CDBA	6	2.10	EDCAB	1	0.35

调查结果显示，棉兰华人中选择保留中华文化的根的比例最高，达33.81%；排名第二的是更好地找工作，达26.98%；第三是和中国人做生意，为20.86%；方便日常交流为15.47%；用处很多/对未来有用为2.52%。

棉兰与中国的距离虽然很远，棉兰华人生活在印尼的时间也很久，但是这并不能磨灭生活在棉兰的华人对祖籍国文化的记忆和情感。根据以上调查结果可见，对于棉兰华人来说，学习华语主要就是为了保留中华文化的根。棉兰华人虽然久处异国他乡，但是仍然忘不了自己的根。

现在中国在各个方面的快速发展，意味着学习华语对印尼华人未来的发展必然会带来一定的帮助。因此棉兰华人也意识到掌握华语除了可以保留中华文化的根以外，还会给他们带来很多其他的好处，比如更好地找工作、方便与中国人做生意等。

（四）对子女的期望

本项调查针对的是已有家庭的调查对象，因此本项调查设计为可选答题。最后共有215个人给出了答案。

表7-76 棉兰华人对子女（或未来子女）语言使用的期望（单选）

选项	语言	数量（人）	比例（%）
A	印尼语	8	3.72
B	华语	36	16.74
C	英语	21	9.76
D	福建话	17	7.90
E	其他汉语方言	0	0
F	各个国家的语言	1	0.47
	总数	83	38.60

表7-77 棉兰华人对子女（或未来子女）语言使用的期望（多选，按选择顺序排列）

选项	数量（人）	比例（%）	选项	数量（人）	比例（%）	选项	数量（人）	比例（%）
ABC	1	0.47	BCA	1	0.47	CDA	1	0.47
ABCD	5	2.33	BCAD	6	2.79	CDBA	4	1.86
AC	1	0.47	BD	3	1.40	CBF	1	0.47
ACBD	2	0.93	BDA	1	0.47	DABC	2	0.93
ACDB	1	0.47	BDC	3	1.40	DACB	4	1.86
ADBC	1	0.47	BDCA	7	3.26	DB	1	0.47
ADCB	3	1.40	CABD	2	0.93	DBAC	1	0.47
BAC	1	0.47	CB	6	2.79	DBC	1	0.47
BACD	2	0.93	CBA	2	0.93	DBCA	7	3.26
BC	10	4.65	CBAD	3	1.40	DCB	1	0.47
BCD	4	1.86	CBD	1	0.47	DCBA	5	2.32
BCDA	21	9.77	CBDA	16	7.44	EBD	1	0.47

调查结果显示，希望子女说华语的人最多，达95人，占44.19%；英语排在第二，有57人，占26.51%；福建话与印尼语排在第三（39人，占18.14%）和第四（22人，占10.23%）。

六、华文媒体使用

媒体是传播信息的工具，同时兼具传播语言的使命。媒体可以成为语言学习的平台、语言学习的动机以及学习语言的挑战，有利于帮助学习者提高其语言水平。对华文媒体使用情况的调查包括华语广播、华语影视、华文报刊和华文网站使用情况的调查。

（一）华语广播

在棉兰，华语广播只有两个，95.9 City Radio 和 90.8 Mix Fm。这两个广播电台差不多每天早上 10 点都有华语节目，如 95.9 City Radio 每个星期一到星期四上午 10 点都会播放各种各样的华语节目，到了星期六上午 10 点还会播放城市排行榜节目。90.8 Mix Fm 每天早上也都有华语节目。棉兰当地有华语广播节目，关于当地华人收听这些节目的调查结果如表 7 - 78 所示：

表 7 - 78 棉兰华人收听华语广播的频率

频率	数量（人）	比例（%）
总是	14	4.90
经常	35	12.24
有时	109	38.11
很少	61	21.33
从不	67	23.43
总数	286	100

根据以上的调查结果我们可以看，棉兰华人收听华语广播电台的情况较为普遍，但是收听的频率不高。有 109 人（38.11%）有时收听华语广播电台，总体上占比最高；很少听的共 61 人（21.33%）；从来不听的有 67 人（23.43%）；经常听的只有 35 人（12.24%）；而总是听华语广播电台的人数最少，只有 14 人（4.90%）。

（二）华语影视

在棉兰可以收看的印尼电视台共有 15 个，分别属于 3 个不同的股份公司。其中有 2 个棉兰当地电视台，1 个印尼政府电视台，12 个国内私立电视台。这 15 个电视台有两个电视台播放华语节目，即美都电视台和大爱电视台。

美都电视台自 2001 年 5 月 1 日起，开设了一个使用汉语播放的新闻节目叫作美都新闻。美都新闻是印尼第一个播放汉语新闻的电视节目。开始时，每天从上午 11：00 播到 11：30，但是现在只在每周六 11：00 到 11：30 播放。新闻内容主要是有关印尼华人的，如经济、娱乐、教育、社会、文化、国际新闻等内容。

大爱电视台是由慈济传播人文志业基金会所经营的电视台，原名慈济大爱电视台，创立于 1999 年 8 月 17 日，为慈济基金会所属之非营利事业。大爱电视台为一家不接受托播商业广告的电视台。在印尼，大爱电视台主要播放慈善主题内容，如怎样对不同国家、民族、宗教等保持慈爱。大爱电视台每天 5：30 到 24：00 播放节目，内容有新闻、中国台湾连续剧（原音）、讨论等。

在印尼除了通过这两个电视台收看华语节目外，也可以通过卫星收到来自外国的电视台，如来自马来西亚、新加坡、中国等的电视台。关于棉兰华人收看华语影视的频率调查结果如表 7 – 79 所示：

表 7 – 79　棉兰华人收看华语影视的频率

频率	数量（人）	比例（%）
总是	29	10.14
经常	59	20.63
有时	116	40.56
很少	43	15.03
从不	39	13.64
总数	286	100

调查结果显示，棉兰华人收看华语影视的比例比收听华语电台的比例更高。选择有时收看的共 116 人，占 40.56%；经常收看的共 59 人，占 20.63%，总是收看的共 29 人，占 10.14%；而很少收看的共 43 人，占 15.03%；从不收看的共 39 人，占 13.64%。由此可见，棉兰华人收看华语影视的频率比较高。将总是、经常和有时收看的人数加在一起，得到的占比是 71.33%，也就是说大部分棉兰华人在一个星期之内肯定至少会收看两三次华语电视。

（三）华文报刊书籍

随着印尼政府对华文传播的解禁，棉兰也有了华文报纸，《讯报》就是其中一份。印度尼西亚《讯报》于 2007 年 5 月 21 日创刊，每日出版 24 版，分为新闻 8 版、财经 8 版与副刊 8 版三个部分，如广告增加，出版页数也随之增加，《讯报》是印度尼西亚首份全彩印刷的华文日报。《讯报》在创刊时每日皆刊出儿童版，并于 2010 年 2 月 4 日扩展为适合小学中学生阅读的《青讯报》，每周一至周五出版，每天出版 8 版，殖《讯报》免费附送，出版《青讯报》的目的是希望培养下一代华人学习华文的兴趣。关于棉兰华人阅读华文报刊的频率的调查结果如表 7－80 所示：

表 7－80　棉兰华人阅读华文报刊书籍的频率

频率	数量（人）	比例（%）
总是	18	6.29
经常	34	11.89
有时	91	31.82
很少	59	20.63
从不	84	29.37
总数	286	100

调查结果显示，棉兰华人中有时阅读华文报刊书籍的最多，达 91 人，占 31.82%；排名第二的是从不阅读的，共 84 人，占 29.37%；很少阅读的有 59 人，占 20.63%；经常阅读的 34 人，占 11.89%；总是阅读的只有 18 人，占 6.29%。总体上看，棉兰华人阅读华文报刊的频率比较低。

（四）华文网站

互联网是现代人生活离不开的一种方式。通过互联网，我们可以知道世界上最新的消息。关于棉兰华人使用华文网站的频率的调查结果如表 7－81 所示：

表 7－81　棉兰华人使用华文网站的频率

频率	数量（人）	比例（%）
总是	18	6.29
经常	35	12.24
有时	79	27.62
很少	43	15.03
从不	111	38.81
总数	286	100

调查结果显示，棉兰华人使用华文网站的情况较少。最多人选择从不使用，共 111 人，占 38.81%；选择有时的有 79 人，占 27.62%；选择很少的有 43 人，

占 15.03% 。

出现这种情况的原因主要是华文网站的使用比较复杂，棉兰华人在使用中有三个障碍：第一，起码要会读会写汉字才可以顺利地使用华文网站；第二，电脑需要安装汉字输入法之后，才可以输入汉字；第三，华文网站很少提供有关印尼的消息，在华文网站一般只能看到有关中国的消息。

（五）华文媒体来源

虽然华文传播在印尼解禁已有 20 年，从上文也可看出印尼本土诞生了各类华文媒体，此处加入全球华文媒体，综合考察棉兰华人使用的华文媒体来源情况，调查结果如表 7 - 82、7 - 83 所示：

表 7 - 82　棉兰华人使用的华文媒体来源（单选）

选项	来源	数量（人）	比例（%）
A	中国内地	43	15.87
B	中国台湾	93	34.32
C	中国香港	26	9.60
D	印尼	28	10.33
E1	新加坡	4	1.48
E2	韩国	5	1.85
E3	西方国家	2	0.74
E4	英国	2	0.74
E5	美国	1	0.37
	总数	204	75.28

表 7 - 83　棉兰华人使用的华文媒体来源（多选，按选择顺序排序）

选项	数量（人）	比例（%）	选项	数量（人）	比例（%）	选项	数量（人）	比例（%）
AB	7	2.58	BAD	3	1.11	CBD	1	0.37
ABC	7	2.58	BC	2	0.74	CD	2	0.74
ABCD	9	3.32	BCD	1	0.37	DA	1	0.37
ABD	1	0.37	BCDA	1	0.37	DB	1	0.37
ACBD	2	0.74	BCA	4	1.48	DBAC	1	0.37

（续上表）

选项	数量（人）	比例（%）	选项	数量（人）	比例（%）	选项	数量（人）	比例（%）
AD	1	0.37	BCAD	2	0.74	DCB	1	0.37
ABFCD	1	0.37	BCEAD	1	0.37	DI	2	0.74
BA	3	1.11	BF	1	0.37	DIB	1	0.37
BAC	2	0.74	CABD	1	0.37	EAB	1	0.37
BACD	3	1.11	CB	4	1.48	总数	67	24.72

　　调查结果显示，一般情况下棉兰华人选择的华文媒体来源比较单一，只选择了一个来源的有204人，占75.28%。下面综合单选和多选排序首位的数据：

表7-84　棉兰的华文媒体来源（单选＋多选排序首位）

选项	来源	数量（人）	比例（%）
A	中国内地	71	26.20
B	中国台湾	116	42.80
C	中国香港	34	12.55
D	印尼	35	12.92
E1	新加坡	5	1.85
E2	韩国	5	1.85
E3	西方国家	2	0.74
E4	英国	2	0.74
E5	美国	1	0.37
总数		271	100

　　调查结果显示，选择中国台湾的人最多，有116人，占42.80%；其次是中国内地，达71人，占26.20%；第三是印尼，有35人，占12.92%；第四是中国香港，有34人，占12.55%。其他如新加坡、韩国、西方国家、英国、美国，选择的人数非常少，可暂时忽略。

　　根据以上的调查结果我们可以看出，很多棉兰华人选择的华文媒体来源是中国台湾，也有不少棉兰华人选择的媒体来源是印尼。我们知道，在中国台湾大多数人都能使用闽南话,因此台湾制作的影视作品多数都会有一些闽南话口音;在印尼可以观看的有声有色媒体只有两种:美都电视台的美都新闻(是以华语普通话为准)和大爱电视的连续剧、讲佛经节目及其他讨论题目的电视节目。从播放频率来看,大爱电视播放的节目最频繁。不管来自中国台湾的还是印尼的大爱电视,这两个电视台播放的汉语节目总会带一些闽南话口音,而棉兰福建话与台湾的闽南话是相似的。可见,棉兰华人使用的方言与其喜爱收看的华文媒体之间存在关联。

七、华文教育

(一) 华文最难学的内容

在任何语言的学习过程中,学习者肯定会遇到一两次困难。华语对于棉兰华人来说是祖籍语,且棉兰的汉语方言保护工作做得很好,在这种情况下,棉兰华人学习华语的难点具体表现在哪个方面呢?考虑到本项调查的重点是要了解棉兰华人学习华语的普遍难点,所以以下会将单选和多选排序首位综合在一起呈现,调查结果如表7-85所示:

表7-85 棉兰华人认为华文最难学的内容(单选+多选排列首位)

内容	数量(人)	比例(%)
汉字	91	31.82
词汇	36	12.59
语法	84	29.37
拼音	35	12.24
发音	32	11.19
没有困难	1	0.35
没有回答	7	2.45
总数	286	100

调查结果显示,棉兰华人选择最多的是汉字,共91人选择,占31.82%;选择语法的共84人,占29.37%;选择词汇、拼音和发音的比例差不多。由此可见,汉字和语法是棉兰华人学习华语的主要难点。

(二) 需要提高哪方面的华语能力

通过以上调查我们已经了解了棉兰华人认为学习华语困难的地方。以下我们将调查棉兰华人认为需要提高的汉语能力。考虑到本项调查的重点是要了解棉兰华人华语学习的重点，所以以下会将单选和多选排序首位的答案综合在一起呈现，调查结果如表7-86所示：

表7-86　棉兰华人认为需要提高的华语能力（单选+多选排序首位）

能力	数量（人）	比例（%）
听力	59	20.63
口语	133	46.50
阅读	30	10.49
写作	64	22.38
总数	286	100

调查结果显示，选择提高口语能力的人最多，共133人，占46.50%；其次是写作和听力，两者分别有64人（22.38%）和59人（20.63%）选择，这两个选项的比例比较接近；最后是阅读，共30人，占比仅10.49%。由此可见，对于棉兰华人来说，听说能力是他们试图重点提高的华语能力。

第四节　坤甸华语生活情况

一、概况

（一）华人历史概况

坤甸市（印尼语：Kota Pontianak，别称：Kota Khatulistiwa）是印度尼西亚西加里曼丹岛的首府，建立于1771年10月23日，位于赤道线上，横跨卡普阿斯河（印尼语：Sungai Kapuas）两岸。坤甸市是西加里曼丹省的经济、政治中心和最大的省会。根据2000年印尼中央统计机构的人口调查，坤甸市共有55万人口。主要种族为华族（31.2%）、马来族（26.1%）、布吉族（13.1%）、爪哇族（11.7%）、达雅族（11.5%）和马都拉族（6.4%）。华人人口占三分之一。由于居住于坤甸市的华人很多，当地人除了使用印尼语之外，通常还会用潮汕话或客家话来沟通。以卡普阿斯河为分水岭，南部市区为老埠头，以讲潮汕话为主（主要是揭阳口音）；北部市区为新埠头，以讲客家话为主（主要是梅县口音）。

据历史记载，早在4世纪，中国的佛教翻译家法显（377—422年）就曾经到印尼爪哇岛研究当地的佛教文化。到了 7 世纪，唐代的高僧、著名的佛经翻译家义净（635—713 年）有一段时间在印尼爪哇岛学梵语并研究当地的佛经。后来中国和印尼渐渐建立了贸易交往。到了 15 世纪，当郑和下西洋到了印尼之后，华族就开始迁居到印尼爪哇岛。

华族迁移到印尼加里曼丹岛是 17 世纪才开始的。这一代华族大部分来自中国南方地区，包括潮汕地区、客家地区、福建地区等。他们来到加里曼丹岛主要从事采矿和种植工作。据历史记载，华族第一次到加里曼丹岛时落足在 Monterado 地区（西加里曼丹省西部），然后再分散到各个地方。因此，西加省的华族人数比其他加里曼丹岛的其他省份多。

坤甸市始建于 1771 年。之前坤甸只是稻田耕种的地区，华人因此而给它取名为"坤甸"。当时坤甸的人口很少，但华人（主要是潮汕人）早已在此定居。坤甸市建立之前没分南北部，后来由于人口增长，外地人越来越多，坤甸地区就被逐渐扩大。如今分为南部和北部，南部被华人称为"老埠头"，而北部被称为"新埠头"。

居住于坤甸市南部的华人大多数是潮汕人，印尼当地人称他们为"Cina"（中国人）或"Orang Tiociu"（潮州人）。也有少部分客家人住在坤甸市的西部，当地人称其为"Orang Khek"（客人）或"Orang Hakka"（客家人）。潮汕人和客家人虽然是同属华族，但因为语言不相通，就被分成两个族群。由于坤甸市的核心位于南部，经济发展中心也在坤甸南部，因此潮汕人的文化习俗对坤甸市的影响非常大。

（二）华语概况

在苏哈托总统时代（1967—1998 年）出现排华现象，印尼政府限制甚至禁止中华文化以及华族的活动。这个事件对华族来说是非常不公平的，损害了中华文化在华族中的传承。在此情况下，坤甸华人不能自由地传承发展自己的文化。语言文字被禁止，使华人不得不放弃了汉字，不在公共场所讲华语。中华传统节日也被限制，使人们不能自由地过节日。此外，道教及儒家文化也被政府严格控制。

面临印尼政府对华族的限制，坤甸华人仍然偷偷保留中华文化，他们在家里都还讲方言。受限于条件，汉字就保留得就没那么好，很多中文书都被印尼政府烧掉，早期建立的华校也被政府查封。由于印尼政府对华语的限制，因此，除了年龄比较大的，坤甸华人大都看不懂汉字了。华人的姓氏和祠堂之类的，在与印尼政府多次磋商后得以保留。

1998 年苏哈托卸任之后，情况逐渐好转。到了瓦希德总统时代，政府就不再限制中华文化并给予华族公平的待遇。中华文化及华文教育慢慢恢复发展起来。

坤甸的第一所华语补习机构——"希望"补习班成立于 2002 年，初建于坤甸陈氏公所。据了解，刚成立不久，就有上百人报名，而当时的华文教师严重不足。这一现象说明坤甸华人长久以来都很怀念华语和中华文化。随着需求不断增多，坤甸的华文补习机构也越来越多了，从事华文教育职业的人也越来越多。目前，坤甸市约有几十所华语补习学校。

（三）调查时间

本调查的时间为 2014 年。

二、调查对象基本情况

（一）性别、居住区、年龄

调查结果显示，参与者中有 172 人是男性，98 人是女性；生活在城市的有 254 人，郊区的有 5 人，乡下的有 11 人；25 岁以下的 88 人，25～34 岁的有 54 人，35～44 岁的有 67 人，45 岁以上的有 61 人。

（二）职业、学历

调查结果显示，调查对象的职业比较平均，其中教师 11 人，学生 80 人，政府工作人员 1 人，商业、企业从业人员 57 人，服务业从业人员 70 人，家庭主妇 32 人，其他 19 人。最高学历为硕士的有 2 人，本科的有 84 人，高中的有 68 人，初中的有 91 人，小学的有 19 人，没有学历的有 6 人。

表 7-87 坤甸华人的职业与学历

职业	数量（人）	最高学历	数量（人）
教师	11	没有学历	6
学生	80	小学	19
政府工作人员	1	初中	91
商业、企业从业人员	57	高中	68
服务业从业人员	70	本科	84
家庭主妇	32	硕士	2
其他	19		
总数	270	总数	270

（三）第几代移民

调查结果显示，调查对象大多数都是第四代以上的华人，达 118 人，第四代 81 人、第三代 64 人、第二代 7 人。

表7-88 坤甸华人是第几代移民

第几代移民	数量（人）	比例（%）
第二代	7	2.59
第三代	64	23.70
第四代	81	30.00
第四代以上	118	43.70
总数	270	100

（四）方言概况

坤甸的华人可以分成两个大组，第一组是潮汕人，主要居住于坤甸南部和市中心；第二组是客家人，主要居住于坤甸市北部。除了这两大方言群体，其他方言群体的人寥寥无几。由于坤甸潮汕人比较多，调查时接触和调查的以潮汕话为祖籍方言者也比较多。调查结果显示，祖籍方言为潮汕话的人是最多的，有181人，占调查总人数的67.04%；其次是客家话，有86人，占31.85%。出乎意外的是，有两个参与者填写了潮汕话和客家话，这有可能是参与者的父母有不同的祖籍方言。

经过长时间的融合，调查对象现用方言较祖籍方言发生了一些变化。在270位调查对象中，潮汕话的使用人数仍然最多，而且增加到189人，占比上升到70.00%；客家话的使用人数下降至75人，占27.78%；有2人仅使用华语普通话，不再使用方言。为了更进一步说明祖籍方言与现用方言的变化，我们将不同代数的坤甸华人的祖籍方言和现使用方言综合起来，具体如表7-89、7-90所示：

表7-89 不同代数的坤甸华人的祖籍方言

第几代移民	祖籍方言				
	潮汕话	客家话	双语	不知道	总数
第二代（人）	5	2			7
第三代（人）	47	17			64
第四代（人）	57	24			81
第四代以上（人）	72	43	2	1	118
总数（人）	181	86	2	1	270
比例（%）	67.04	31.85	0.74	0.37	100

表7-90　不同代数的坤甸华人的现用方言

| 第几代移民 | 现用方言 | | | | |
	潮汕话	客家话	双语	华语	总数
第二代（人）	5	2			7
第三代（人）	49	15			64
第四代（人）	58	20	2	1	81
第四代以上（人）	77	38	2	1	118
总数（人）	189	75	4	2	270
比例（%）	70.00	27.78	1.48	0.74	100

调查结果显示，潮汕人和客家人在保留方言方面做得很好，只有少部分客家人将潮汕话作为现在所用的方言。其原因可从以下几方面探究：

（1）潮汕人和客家人不完全生活在一起，潮汕人多生活在南部，客家人在北部。

（2）生活在潮汕人主导范围内的客家人一般都会讲潮汕话，但这不意味着他们丢掉了客家话，很多情况是客家人在外面讲潮汕话，在家里就讲客家话了。反过来，生活在客家人主导范围内的潮汕人，在外面讲客家话，在家里讲潮汕话。

（3）坤甸华人具有很强的文化保护意识，潮汕和客家人各自都保留和传承自己的文化，包括方言。所以在坤甸有这样的说法："你讲你的，我讲我的；你听你的，我听我的。"

三、华语习得

（一）小学阶段最主要的同学来源

坤甸华人更倾向于与华人接触，调查结果也证实了这一点。调查结果显示有217位被调查者在小学时的主要同学是华人，有32人选择混合（华人和本地人）、15人选择跟本地人接触得比较多。

表7-91　坤甸华人在小学阶段最主要的同学来源

来源	数量（人）	比例（%）
华人	217	80.37
当地人	15	5.56

（续上表）

来源	数量（人）	比例（%）
外国人	0	0.00
华人与本地人混合	32	11.85
没上过学	6	2.22
总数	270	100

从表 7-91 的数据可以看出，坤甸华人在小学阶段的同学更多的是华人，只有少数与本地人接触。

（二）学习华语的时间

自从印尼第四任总统瓦西德取消对华人活动的禁止政策之后，印尼华文教育迅速恢复。坤甸的第一个汉语补习机构，"希望"华语补习机构成立于 2002 年，起初位于坤甸陈家姓氏公所总会，现在已经搬到坤甸的 Teuku Umar 路。自 2004 年华文成为私立学校的课程以来，坤甸正式的华文教育已经有 17 年的历史。关于坤甸华人的华语学习时间调查结果如表 7-92 所示：

表 7-92　坤甸华人学习华语的时间

时间	数量（人）	比例（%）
1 年	13	4.81
1~3 年	66	24.44
4~7 年	67	24.81
8~10 年	14	5.19
10 年以上	52	19.26
没学过	58	21.48
总数	270	100

调查结果显示，在 270 位调查对象中，有 58 人没学过华语。据了解，老年人和中年人因为当年华文教育被禁止，无法学习华语，华语解禁后，这些人的年龄已经不小了，而且已经有工作了，他们就不学华语了。为更进一步了解坤甸华人学习华语的时长，我们将年龄段作为考虑因素加入统计，结果如表 7-93 所示：

表7-93　不同年龄段的坤甸华人学习华语时间

时间	年龄							
	25 岁以下（人）	比例（%）	25~34 岁（人）	比例（%）	35~44 岁（人）	比例（%）	45 岁以上（人）	比例（%）
1 年	0	0	0	0	6	8.96	7	10.45
1~3 年	22	25.00	17	35.42	21	31.34	6	8.96
4~7 年	45	51.14	15	31.25	3	4.48	4	5.97
8~10 年	10	11.36	4	8.33	0	0.00	0	0
10 年以上	11	12.50	5	12.50	8	11.94	27	40.30
没学过	0	0	6	12.50	29	43.28	23	34.33
总数	88	100	48	100	67	100	67	100

调查结果显示，45 岁以上的坤甸华人学习华语在 10 年以上的人最多，占 40.30%，而 25 岁以下的华人接受过华语教育的比例最高，达 100%。总体来看，坤甸华人越年轻，接受华文教育的比例越高，学习华语时间在 7~10 年的人数普遍偏少。

（三）学习华语的途径

本项调查允许调查对象选择多个选项，选择以后，还需按照优先度进行排序。此处华语仅指汉语普通话，不包括汉语方言。调查结果显示，调查对象的学习华语的途径主要有私立学校和补习学校。

将单选和多选排序首位的综合起来，我们可以得到表7-94：

表7-94　坤甸华人学习华语的途径（单选＋多选排序首位）

选项	学习途径	数量（人）	比例（%）
A	私立学校	45	16.67
B	华语补习机构	130	48.15
C	国民学校	0	0
D	国外学校	7	2.59
E	自学	13	4.81
F	其他方法	17	6.30
G	没学过	58	21.48
	总数	270	100

从单选的情况来看，通过华语补习机构学习华语的人最多，占31.48%；选择私立学校的排名第二，占5.54%；选择其他途径的很少，基本可以忽略。

从综合排序的情况来看，通过补习机构学习华语的人最多，占48.15%；通过私立学校的有16.67%。这说明补习机构对坤甸华人来说是非常重要且可靠的华语学习途径。私立学校也很重要。据了解，一般的私立学校每周至少有两节华语课，最多的一周有四节华语课。显然这些课程并不够多，因此人们就选择去补习班上课。

自从2002年第一个华语补习机构成立后，随着社会发展，从事华文教育工作的人越来越多，华语补习机构渐渐地发展起来。目前，坤甸的华语补习机构已经很普遍，各街各巷都能见到华语补习班的招牌，华语家教也特别多。所以，人们想找华语补习班是很方便的事。这也是很多坤甸人去华语补习机构学习华语的原因之一。除了方便之外，补习班学习时间也比较灵活，不会影响到工作或上学时间。

四、华语运用

本项调查的目的是了解坤甸华人在家庭里与长辈、平辈以及晚辈交流的华语运用情况。答案的选择为印尼语、华语、英语、汉语方言，并填写具体方言。在此，华语指的是汉语普通话，而福建话指的是印尼棉兰福建话。调查中发现有的被调查者选择两三种的语言，这里理解为在家庭里与家庭成员说话时，会切换或者"混用"两三种不同的语言。

（一）和长辈交流时使用的语言

父母是家庭教育中最关键的教育者，孩子的成长离不开父母的教育和培养，包括使用的语言。坤甸华人与长辈交流时使用的语言的调查结果如表7-95所示：

表7-95　坤甸华人和长辈交流时使用的语言

语言		数量（人）	比例（%）
印尼语		17	6.30
华语		3	1.11
汉语方言	潮汕话	163	60.37
	客家话	74	27.41
混合语言	印尼语、华语、潮汕话	6	2.22

（续上表）

语言		数量（人）	比例（%）
混合方言	华语、潮汕话	4	1.48
	潮汕话、客家话	3	1.11
总数		270	100

调查结果显示，调查对象与长辈交流时主要使用汉语方言，87.78%的人选择了此项；其次是印尼语，6.30%的人选择了此项。几乎每个坤甸华人家庭都以汉语方言作为主要交流语言。以下综合调查对象年龄段考察其与长辈交流时所使用的语言情况。

表7-96 不同年龄段的坤甸华人与长辈交流时使用的语言

年龄	语言			
	印尼语	华语	英语	汉语方言
25岁以下	17	1	0	70
25~34岁	0	0	0	54
35~44岁	0	0	0	67
45岁以上	0	2	0	59
总数	17	3	0	250

调查结果显示，与长辈交流时使用印尼语的有17人，这些调查对象主要出生在2000年后。25岁以下的华人使用印尼语的比例比较高。各年龄段使用方言与长辈交流的情况比较平均，没有明显的代际变化。

（二）和平辈交流时使用的语言

调查对象中有两位是未婚独生子女，所以没有作答。具体调查结果如表7-97所示：

表7-97 坤甸华人与平辈交流时使用的语言

语言	数量（人）	比例（%）
印尼语	23	8.58
华语	0	0.00

（续上表）

语言		数量（人）	比例（%）
英语		0	0.00
汉语方言	潮汕话	162	60.45
	客家话	75	27.99
混合语言	潮汕话、客家话	6	2.24
	印尼语、汉语方言	2	0.75
总数		268	100

调查结果显示，使用方言的比例最高，达 88.44%，汉语方言中潮汕话有明显优势；其次是印尼语，占 8.58%；华语和英语的比例为零。汉语方言的统治地位明显，此外有 2.99% 使用混合语言，却没有人使用华语和英语。

为了能更清楚地了解不同年龄段的华人与平辈交流时使用语言情况，以下综合调查对象年龄段考察其与平辈交流时所使用的语言。统计结果如表 7 - 98 所示：

表 7 - 98　不同年龄段的坤甸华人与平辈交流时使用的语言

年龄	语言			
	印尼语	华语	英语	汉语方言
25 岁以下	27	0	0	59
25～34 岁	1	0	0	53
35～44 岁	1	0	0	66
45 岁以上	0	0	0	61
总数	29	0	0	239

统计结果显示，25 岁以下的调查对象使用印尼语比较多。目前，不少青年华人都习惯使用印尼语了，甚至有些完全将印尼语当作第一语言。但是相较于汉语方言，印尼语的使用率仍然很低。

（三）和晚辈交流时使用的语言

长辈在家庭里是晚辈的学习榜样，长辈的语言使用会影响到晚辈以及下一代的语言使用。此调查中调查对象的身份和与长辈交流时使用的语言一题相比有所变化。通过此项调查可以看出不同年代的华人教育下一辈的语言使用倾向，调查结果如表 7-99 所示：

表 7-99 坤甸华人与晚辈交流时使用的语言

语言		数量（人）	比例（%）
印尼语		30	22.39
华语		1	0.75
英语		0	0.00
方言	潮汕话	60	44.78
	客家话	25	18.66
混合语言	印尼语、华语、汉语方言	3	2.24
	印尼语、汉语方言	10	7.46
	华语、汉语方言	4	2.99
	汉语方言、华语	1	0.75
总数		134	100

此调查仅针对有子女晚辈的调查对象，共 134 人。调查结果显示，与晚辈交流时汉语方言的使用率最高，有 85 人，占 63.44%，其中潮汕话优势明显，占比比客家话高 26.12%；第二是印尼语，共 30 人，占 22.39%。其余的调查对象使用其他语言或者混用两种甚至三种不同的语言。为进一步了解坤甸华人跟晚辈交流时语言使用的趋势，以下综合调查对象的年龄段考察其与晚辈说话时所使用的语言情况。统计结果如表 7-100：

表 7-100 不同年龄段的坤甸华人与晚辈交流时使用的语言

语言	25~34 岁（人）	比例（%）	35~44 岁（人）	比例（%）	44 岁以上（人）	比例（%）
印尼语	3	33.33	33	51.56	7	11.48
华语	1	11.11	1	1.56	3	4.92
英语	0	0	0	0	0	0
汉语方言	5	55.56	30	46.88	51	83.61
总数	9	100	64	100	61	100

统计结果显示，不同年龄段的坤甸华人与晚辈交流时使用的语言差别比较明显，方言和印尼语的竞争关系明显。我们把两种语言的使用现象用折线图表示，就可以得到以下的使用趋势图。

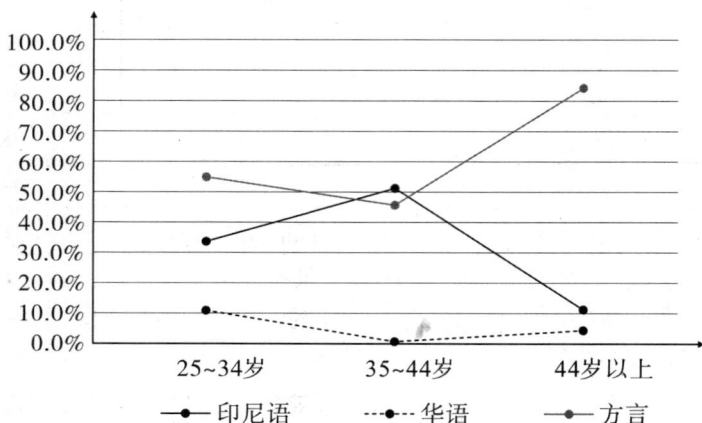

图 7 - 6　坤甸华人与晚辈交流时语言使用趋势图

由图 7 - 6 可见，华语在各年龄段的使用率一直很低，印尼语和汉语方言均以 35 ~ 44 岁年龄段为中心，呈现出两种完全不同的变化趋势，35 ~ 44 岁的华人使用印尼语的比例是最高的；45 岁以上的华人，则更倾向于使用汉语方言与下一代交流。从之前的调查分析可以看出，35 ~ 44 岁的华人跟父母交流时主要使用汉语方言，随着教育方法的改变，不少家庭由于担心孩子无法融入印尼社会而先教孩子印尼语再教汉语方言，所以印尼语的使用比例会比较高。

五、华语态度

本项调查主要考察坤甸华人对使用华语交流的难度、华语以及汉语方言的优势和对子女学习华语的看法。

（一）对自己华语能力的评价

目前，学习华语的人越来越多，坤甸的华文教育需求也越来越多。由前文已知大部分坤甸华人都学过华语，但是华语在华人日常交流过程中的使用率并不高。因此我们对坤甸华人认为使用华语交际的难度进行调查。具体的调查结果如表 7 - 101 所示：

表7-101　坤甸华人认为使用华语交流的难度

难度	数量（人）	比例（%）
很困难	89	32.96
有一些困难	91	33.70
基本上没有困难	72	26.67
完全没有困难	18	6.67
总数	270	100

　　调查结果显示，坤甸华人在使用华语交际时，认为难度特别高的占32.96%；觉得有一些困难的占33.70%；觉得基本上没有任何困难的占26.67%；认为完全没有困难的只有6.67%。可以说超过一半的华人都认为使用华语交际比较难。

（二）对华语的看法

　　此项调查的主要目的是想了解坤甸华人对华语的看法。提供的选项有4个：A. 好听；B. 亲切；C. 有用；D. 时髦。本题可以选择多个选项，并对其排序。具体的调查结果如表7-102所示：

表7-102　坤甸华人对华语的看法（单选＋多选，按选择顺序排列）

选项	数量（人）	比例（%）	选项	数量（人）	比例（%）	选项	数量（人）	比例（%）
A	28	10.37	BC	3	1.11	CD	5	1.85
ABC	1	0.37	BCA	1	0.37	CDA	7	2.59
ABCD	2	0.74	BD	1	0.37	CDAB	1	0.37
AC	23	8.52	BDCA	1	0.37	CDBA	1	0.37
ACD	8	2.96	C	146	54.07	D	5	1.85
AD	2	0.74	CA	12	4.44	DA	4	1.48
ADC	4	1.48	CAD	5	1.85	DC	2	0.74
B	2	0.74	CB	1	0.37	DCBA	1	0.37
BA	2	0.74	CBA	2	0.74	总数	270	100

　　调查结果显示，调查对象中有180人认为华语有用，占66.67%；68人觉得华语好听，占25.19%；觉得华语时髦的占4.44%；觉得说华语亲切的只占

3.70%。调查结果说明大部分坤甸华人都觉得华语有用而好听。

（三）学习华语的好处

此项调查的主要目的是想了解坤甸华人学习华语的目的。提供的选项有4个，分别为 A. 保留中华文化的根；B. 和中国人做生意；C. 方便日常交流；D. 更好地找工作。本题允许调查对象选择多个选项，并要求对其排序。具体的调查结果如表7－103所示：

表7－103　坤甸华人认为学习华语的好处（单选＋多选，按选择顺序排列）

选项	数量（人）	比例（％）	选项	数量（人）	比例（％）	选项	数量（人）	比例（％）
A	41	15.19	BAC	1	0.37	CBAD	1	0.37
AB	8	2.96	BAD	4	1.48	CBDA	2	0.74
ABC	1	0.37	BC	2	0.74	CD	2	0.74
ABCD	13	4.81	BCA	1	0.37	CDA	2	0.74
ABCDE	1	0.37	BCDA	1	0.37	CDBA	6	2.22
ABD	15	5.56	BD	15	5.56	CDE	1	0.37
ABDC	3	1.11	BDA	8	2.96	CE	1	0.37
AC	3	1.11	BDAC	3	1.11	D	35	12.96
ACBD	2	0.74	BDCA	2	0.74	DA	7	2.59
ACD	2	0.74	BDE	1	0.37	DAB	2	0.74
AD	10	3.70	BE	1	0.37	DB	12	4.44
ADB	5	1.85	C	5	1.85	DBA	11	4.07
ADBC	2	0.74	CA	1	0.37	DBAC	3	1.11
ADE	1	0.37	CABD	1	0.37	DBC	1	0.37
AE	1	0.37	CAD	1	0.37	DBCA	2	0.74
B	19	7.04	CADB	2	0.74	DCAB	1	0.37
BA	1	0.37	CAE	1	0.37	DCBA	3	1.11

调查结果显示，选择学习华语是为了保留中华文化的根的人最多，达108人，占40.00%；认为学华语能和中国人做生意的有59人，占21.85%，认为学华语能更好地找工作的有77人，占28.52%；认为能方便日常交流的只有26人，

占9.63%。这说明坤甸华人意识到学习华语确实很有好处，且主要是从保存中华文化的根的角度考虑，同时也注意到学习华语的实用价值。

（四）对子女使用语言的期望

本项调查针对已有子女或对未来子女有所打算的调查对象，因此设计为可选答。共有270人填写了答案。调查结果如表7-104、7-105所示：

表7-104　坤甸华人对子女（或未来的子女）使用语言的期望（单选）

选项	语言	数量（人）	比例（%）
A	印尼语	0	0
B	华语	80	29.63
C	英语	19	7.04
D1	潮汕话	1	0.37
D2	客家话	5	1.85
总数		105	38.89

表7-105　坤甸华人对子女（或未来的子女）使用语言的期望（多选，按选择顺序排列）

选项	数量（人）	比例（%）	选项	数量（人）	比例（%）	选项	数量（人）	比例（%）
ABC	1	0.37	BC	43	15.93	DA	1	0.37
ABCD	4	1.48	BCA	2	0.74	DAB	1	0.37
ACB	2	0.74	BCAD	7	2.59	DAC	1	0.37
CAB	2	0.74	BCD	11	4.07	DB	6	2.22
CADB	1	0.37	BCDA	7	2.59	DBC	3	1.11
CB	14	5.19	BCD	8	2.96	DBCA	4	1.48
CBA	1	0.37	BD	5	1.85	DCAB	1	0.37
CBAD	4	1.48	BDAC	1	0.37	DCB	1	0.37
CBD	9	3.33	BDC	5	1.85	DCBA	2	0.74
CBDA	5	1.85	BDCA	4	1.48	DABC	1	0.37
BA	1	0.37	BD	4	1.48	DBA	1	0.37
BADC	1	0.37	BDA	1	0.37			

　　调查结果显示，坤甸华人希望子女能说汉语的比例最高，达 66.67%；第二是英语，占 20.37%；第三是汉语方言，占 10.37%；选择印尼语的只占 2.59%。调查结果说明了坤甸华人比较重视华语，也希望自己的子女能掌握华语，但是英语的地位已经明显超越了汉语方言。

六、华文媒体使用

　　媒体是传播信息的工具，同时兼具传播语言的使命。媒体也可以成为语言学习的平台、语言学习的动机，以及语言学习的挑战，有利于帮助学习者提高其语言水平。此项调查包括坤甸华人在华语广播、华语影视、华文报刊和华文网站上的使用情况。

（一）华语广播

　　坤甸市的主要华语广播共有三个：第一个是 Sonora 广播电台，每晚 8 点半都会播放华语节目；第二个是 Suara Pontianak 广播电台，每周日早上 10 点到 12 点播放华语节目；第三个是 Akcaya 广播电台，每周四、周五晚上 9 点到 11 点播放潮汕话节目。据作者了解，随着媒体的发展，现在收听广播的人不是很多。但这并不意味着广播已经被现代媒体淘汰了。对于坤甸华人收听华语广播情况的调查结果如表 7 - 106 所示：

表 7 - 106　坤甸华人收听华语广播的频率

频率	数量（人）	比例（%）
总是	7	2.59
经常	35	12.96
有时	74	27.41
很少	67	24.81
从不	87	32.22
总数	270	100

　　从表 7 - 106 我们可以看到共有 87 人从不收听华语广播，占比达 32.22%；有时收听的占比为 27.41%；很少或偶尔收听的占比为 24.81%；经常收听的占比为 12.96%；最后，总是收听的占比只有 2.59%。结果说明坤甸的华人基本上不怎么收听华语广播。广播已被视为落后的媒体，现在很少人还在收听广播，大部分人都更喜欢从电视机或电脑上获取信息。坤甸华人知晓华语广播节目的渠道也有限，这些都会影响华语广播的收听率。

（二）华语影视

据了解，坤甸目前共能收看到 13 个电视台，其中只有一个电视台即美都电视台播放华语节目，它每周六中午 11 点到 11 点半播放华语新闻。不少坤甸华人家庭都会选择使用卫星电视收看华语电视台。关于坤甸华人收看华语影视频率的调查结果如表 7 - 107 所示：

表 7 - 107　坤甸华人收看华语影视的频率

频率	数量（人）	比例（%）
总是	18	6.67
经常	59	21.85
有时	105	38.89
很少	41	15.19
从不	47	17.41
总数	270	100

从调查结果可知，共有 38.89% 的坤甸华人有时收看华语电视台；经常收看的占 21.85%；从不收看的占 17.41%；很少收看的占 15.19%；总是收看的只占 6.67%。这说明坤甸华人偶尔会收看华语电视台。有的人家里没有卫星电视，收不到华语电视台，这也会影响华语影视节目的收视率。

（三）华文报刊书籍

据了解，坤甸目前只有三家华语日报，第一家是《坤甸日报》，使用简体字；第二家是《人民日报（海外版）》，使用简体字；第三家是《国际日报》，使用繁体字。然而，华文杂志比较罕见了，在坤甸基本上见不到华文杂志。关于坤甸华人阅读华文报刊书籍的频率的调查结果如表 7 - 108 所示：

表 7 - 108　坤甸华人阅读华文报刊书籍的频率

频率	数量（人）	比例（%）
总是	8	2.96
经常	22	8.15
有时	49	18.15
很少	69	25.56

（续上表）

频率	数量（人）	比例（%）
从不	122	45.19
总数	270	100

调查结果显示，有122人从来不看华文报刊书籍，占45.19%；有69人很少看，占25.56%；选择有时候看的占18.15%；经常看的占8.15%；总是看的只有2.96%。可见坤甸华人基本上不怎么阅读华文报刊书籍。

（四）华文网站

在现代社会里，随着科技发展，人们现在随时可以上网获得信息。在日常生活中，我们经常见到很多人通过电脑或手机上网获知今日消息。关于坤甸华人使用华文网站的频率的调查结果如表7-109所示：

表7-109　坤甸华人使用华文网站的频率

频率	数量（人）	比例（%）
总是	1	0.37
经常	10	3.70
有时	22	8.15
很少	48	17.78
从不	189	70.00
总数	270	100

调查结果显示，从来不使用华文网站的人最多，共有189人，占比高达70.00%；其次是很少使用的，有48人，占比17.78%；有8.15%的人有时使用华文网站；经常使用华文网站的只占了3.70%；总是使用华文网站的只有1个人，仅占0.37%。由此可见，坤甸华人基本不使用华文网站，这一来是因为语言的问题，二来是华文网站的资讯内容并不是坤甸华人最需要的。

七、华文教育

（一）华文最难学的内容

根据上面的调查结果，有一半华人认为华语很难学。那么，华语的难度到底体现在哪个方面？具体调查结果如表7-110所示：

表7-110　坤甸华人认为华文最难学的内容（单选＋多选排列首位）

内容	数量（人）	比例（％）
汉字	191	70.74
词汇	17	6.30
语法	39	14.44
拼音	2	0.74
发音	19	7.04
书面语	1	0.37
不填	1	0.37
总数	270	100

调查结果显示，选择汉字的人最多，共有191人，占比达70.74%；选择语法的共有39人，占14.44%；选择发音的共有19人，占7.04%；选择词汇的占6.30%；认为拼音最难学的只有2个人。汉字被坤甸华人普遍视为最难学的内容，可能是因为汉字的构造比较难掌握，而且很容易写错。

（二）最需要提高哪方面的华语能力

坤甸华人的华语水平参差不齐，有的华语水平比较高，有的比较差，有的学习时间比较长，有的只学了一两年。每个人对自己的语言能力要求都不一样，有的听力很好但是口语表达能力不怎么样，有的听说能力很不错但是阅读技能还不足，所以每个人要提高的能力不同。上面我们调查了坤甸华人认为华语最难学的地方。为了了解坤甸华人需要提高哪个方面的语言技能，在统计中会将单选和多选排序首位的综合在一起呈现，调查结果如表7-111所示：

表7-111　坤甸华人认为需要提高的华语能力（单选＋多选排序首位）

能力	数量（人）	比例（％）
听力	80	29.63
口语	132	48.89
阅读	34	12.59
写作	22	8.15
不填	2	0.74
总数	270	100

调查结果显示，选择口语能力的人最多，共 132 人，占 48.89%；其次是选择听力的，有 80 人，占 29.63%；再次是选择阅读能力的，有 34 人，占 12.59%；最后是认为需要提高写作的有 22 人，占 8.15%。由此可见，有近一半人认为自己的口语不怎么样或者认为口语能力是最重要的。

第五节　巴淡华语生活情况

一、概况

（一）华人历史概况

巴淡岛是印尼廖内群岛中的一个岛屿，位于苏门答腊岛以东，在马六甲海峡的东南入口，隔新加坡海峡同新加坡相望，离新加坡仅有 20 公里的距离。巴淡岛面积约 715 平方公里，人口 100 万人左右，是一座华人较为集中的岛屿，本来整个岛屿上只有原住民，现在华人占总人口的 15%。巴淡市内使用印尼语，而华人则使用潮汕话，近年来因为廖内群岛其他岛屿的华人搬迁来到巴淡岛，因此除了潮汕话之外也有使用福建话的，不过现在的年轻华人多数都使用华语沟通。巴淡岛从 20 世纪 60 年代开始，就被政府开发为特别发展区，后列入新马印三国经济开发区（新柔廖区，Sijori Growth Triangle）内，进一步开发为自由贸易区，后来也开发为工业区，吸引了不少外资流入，这也是促使外岛人民涌入巴淡岛打工定居的原因之一，华人从原先 5% 增加至现在的 15%。巴淡岛的印尼语名称为Batam，来自 Batu（石头）与 Ampa（是一种石头的名称）合称。据了解，Batam一名源于当时住在巴淡岛的马来族群里的一个民族典故 Badang 与 Tumasik 公主的故事。巴淡岛也称为 Batang（枝干），当然这也另有民族典故，而最让人认同的是 Ampa 石头之典故。巴淡岛的淡水海鲜最多，所以也被称为淡水海鲜之都。

（二）华语概况

至 2010 年，印尼巴淡岛总人口达到 1 153 860。据估计，印尼巴淡岛华人约15 万人左右，占巴淡岛总人口的 15%。因为人口普查采用自我认同的方法，那些拒绝认同自己是华人，或曾自认为是其他民族的身份，被记录为非华人。还有一些华人因 1998 年排华事件隐藏自己的华人身份。

如今印尼巴淡岛居住着 15 万名华人，主要分布在巴淡岛的北部市区与郊区（市区边缘与乡村结合的地方）。巴淡岛华人的地位很高，各个行业的老板几乎都是华人，全市 70% 的经济掌控在华人手上。据了解，巴淡岛市中心的华人人口最多。印尼巴淡岛华人有着不同的祖籍地，例如福建、广东、海南，以原籍为潮州的最多，后因近年陆续有其他岛屿的华人移民过来，原籍福建的也越来越多。印尼华人社会由三部分构成，即新客华人、土生华人和新生代华人。土生华人和新生代华人当地化程度深，他们接受印尼国民教育或西方教育，讲印尼话，生活方式当地化。土生华人和新生代华人约占华人总人数的3/4。据调查显示，目前巴淡岛华人主要为第三代移民。

印尼华人曾被禁止使用华语，甚至连名字都提倡换成印尼语。但自从瓦希德总统上台以后，华人的生活越来越好。另外，中国与印尼关系日趋友好加上中国的崛起，以及近年来印尼政府承认华族是印尼民族大家庭的一员，都使华人的处境越来越好。最令印尼华侨华人开心的是在 2014 年 3 月 12 日，被印尼华人社会普遍认为带有歧视意味的 1967 年第 14 号政府通告，即把中国和中国人、华人的称呼由 Tiongkok 和 Tionghoa（中华）改成具有歧视性 Cina 的历史决定，被总统苏西洛宣布废除，这意味着印尼华人不再受到歧视。

（三）调查时间

本调查的时间为 2014 年。

二、调查对象基本情况

（一）性别、年龄、居住地方

调查结果显示，调查对象中有 135 人是男性，168 人是女性；生活在城市的有 262 人，生活在郊区的有 35 人，生活在乡村的仅 6 人；25 岁以下的有 154 人；25 岁~34 岁的有 29 人；35 岁~45 岁的有 86 人；45 岁以上的有 34 人。

（二）学历、职业

调查结果显示，调查对象以学生为主，其中学生 123 人，教师 34 人，商业、企业从业人员 80 人，政府工作人员 6 人，家庭主妇 31 人，服务业从业人员 15 人，媒体从业人员 1 人，其他 13 人。最高学历大多数为高中，共 129 人，本科 47 人，初中 88 人，小学 31 人，硕士研究生 4 人。

表 7 - 112　巴淡华人的职业与学历

职业	数量（人）	最高学历	数量（人）
教师	34	小学	31
学生	123	初中	88
商业、企业从业人员	80	高中	129
政府工作人员	6	本科	47

（续上表）

职业	数量（人）	最高学历	数量（人）
家庭主妇	31	硕士研究生	4
服务业从业人员	15	没有学历	4
媒体从业人员	1		
其他	13		
总数	303	总数	303

（三）第几代移民

调查对象中以第三代移民最多，有133人，第二代30人，第四代77人，第四代以上63人。第三代华人最多的原因是1840年至1949年这百余年间是中国历史上海外移民规模最大的时期。这些人出国的原因有二：一是当时中国社会的内部矛盾加剧；二是殖民地国家和新兴资本主义国家在开发过程中形成吸引中国劳动力的强大磁场。

表7-113　巴淡华人属于第几代移民

第几代移民	数量（人）	比例（%）
第二代	30	9.90
第三代	133	43.89
第四代	77	25.41
第四代以上	63	20.79
总数	303	100

（四）方言情况

因为印尼华人绝大多数是闽、粤两地移民，所以闽、粤方言在印尼华人中具有很大的使用范围和较高的频率。在印尼巴淡岛，华人祖籍方言为闽南语与潮汕话的最多，但闽南语族群以外来客（其他岛屿移民过来的）居多，巴淡岛最原始的主要方言属潮汕话。

表 7 - 114　不同代数的巴淡华人的祖籍方言

第几代移民	祖籍方言					
	粤语	闽南语	客家话	潮汕话	海南话	其他
第二代（人）	1	20	2	7	0	
第三代（人）	7	74	18	25	5	4
第四代（人）	1	54	9	13		
第四代以上（人）	0	37	14	11	0	1
总数（人）	9	185	43	56	5	5
比例（%）	2.97	61.06	14.19	18.48	1.65	1.65

表 7 - 115　不同代数的巴淡华人的现用方言

第几代移民	现用方言					
	粤语	闽南语	客家话	潮汕话	海南话	其他
第二代（人）	1	16	2	7	0	4
第三代（人）	2	77	12	28	3	11
第四代（人）	0	42	6	17	0	12
第四代以上（人）	0	30	10	11	0	12
总数（人）	3	165	30	63	3	39
比例（%）	0.99	54.46	9.90	20.79	0.99	12.87

　　统计结果显示，祖籍方言为闽南语的人数最多，有 185 人，占 61.06%；其次为潮汕话和客家话，分别有 56 人（18.48%）和 43 人（14.19%）；其他方言占比较少。闽南语使用人数最多、影响最大，因为这些闽南人移民印尼时间相对较长，所以他们使用的闽南语对其他汉语方言甚至印尼语都产生了很大的影响。在巴淡岛，由于潮汕话与闽南语相差不大，所以外来居民很容易就能融入这原属于潮汕人主导的社会，这种情况很快导致了一种新趋势，就是方言大混杂。不管是福建人还是潮州人或是客家人，都能听得懂甚至能说数种方言，就连印尼当地人也略懂并会运用一些闽南语或潮汕话的数字来进行买卖，如 "ngopek"（五百的意思，已经混杂了福建与潮州的音调）。

　　在现用方言中，使用闽南语的人数仍是最多的，有 165 人，占 54.46%；其次是潮汕话，有 63 人，占 20.79%；其他方言或语言使用人数较少。从中我们可以得知，闽南语与潮汕话都保留得非常好，各年龄段的华人都会说闽南语或潮汕话。但汉语普通话和印尼语的占比也在提升，这一点可从其他的占比上升了十多个百分点中看出来。

三、华语习得

（一）小学阶段最主要的同学来源

调查结果显示，有 137 人在小学时的同学主要是华人，162 人小学阶段的同学主要是印尼本地人，是外国人的有 2 人。

表 7 - 116　巴淡华人在小学阶段最主要的同学来源

来源	数量（人）	比例（%）
华人	137	45.51
本地人	162	53.82
外国人	2	0.66
总数	301	100

印尼巴淡岛会说华语的华人不管年龄的大小，多数比较传统，而父母们多数也喜欢把自己的子女送至华人学生较多的学校就读，原因在于 1998 年的排华事件，导致印尼华人对印尼当地的人有种非常排斥和恐惧的心理，这些华人还在担忧再次发生排华事件。所以，虽然从 1966 年华文被封闭后的这 30 余年间，政府不断向印尼华人灌输印尼国民思想，这种思想禁锢却因 1998 年的事件不攻自破。印尼华人对自身的身份（国籍）还是有一定的畏惧，从而有部分华人的身份认同感丧失了。且因巴淡外来移民居多，许多来自印尼其他较小的城市，他们中大部分就读的是国民学校，所以小学同学多是印尼本地人。

（二）学习华语的时间

自印尼政府 2001 年开放华文教育以来，印尼各个地区的学校都逐渐开设了华语教育或华语专业。对于巴淡华人曾经学习华语时间的调查结果如表 7 - 117：

表 7 - 117　巴淡华人学习华语的时间

时间	数量（人）	比例（%）
1 年以内	73	24.09
2~3 年	43	14.19

（续上表）

时间	数量（人）	比例（%）
4～7年	30	9.90
8～10年	55	18.15
10年以上	73	24.09
没有学过	29	9.57
总数	303	100

调查结果显示，巴淡华人整体学习华语的时间都比较长，只有极少数人没有学过华语，他们可能习得的是汉语方言。为更进一步了解巴淡华人学习华语的时长，我们辅以调查对象的年龄段进行统计，结果如表7-118：

表7-118　不同年龄段的巴淡华人的学习华语的时间

时间	年龄							
	25岁以内（人）	比例（%）	25～34岁（人）	比例（%）	35～44岁（人）	比例（%）	45岁以上（人）	比例（%）
1年以内	44	28.57	9	31.03	12	16.00	8	17.78
2～3年	13	8.44	6	20.69	17	22.67	7	15.56
4～7年	12	7.79	5	17.24	6	8.00	7	15.56
8～10年	45	29.22	1	3.45	4	5.33	5	11.11
10年以上	39	25.32	7	24.14	19	25.33	8	17.78
没有学过	1	0.65	1	3.45	17	22.67	10	22.22
总数	154	100	29	100	75	100	45	100

调查显示，不同年龄段的巴淡华人学习华语的时间差异明显，25岁以内的华人中有两极分化的现象，学习时间在8年以上的占半数以上，学习时间在一年以内的也占近三成；年龄在25～34岁的巴淡华人，学习华语时间在三年以内的占半数以上，十年以上的不到四分之一；年龄在35～44岁的巴淡华人，没有学过华语的占比接近四分之一，学习华语在三年以内的占接近40%；年龄在45岁以上的华人学习华语时间分布均匀。总体上看，年轻一辈的华人学习华语更为普遍。

（三）学习华语的途径

对于华语学习途径的调查允许调查对象选择多个选项，但要按照优先度进行排序。在此，华语的意思是指华语普通话，不包括汉语方言。调查结果显示，调查对象学习华语的主要途径是私立学校和补习学校。

表 7 - 119　巴淡华人学习华语的途径（单选 + 多选排列首位结果）

学习途径	数量（人）	比例（%）
当地华校	77	25.41
当地补习班	99	32.67
当地国民学校	12	3.96
国外学校	4	1.32
自学	83	27.39
其他	28	9.24
总数	303	100

调查结果显示，巴淡华人选择最多的是当地补习班，占 32.67%。自从 1966 年华校被关闭之后，华人就私底下偷偷补习华语。华语解禁后，巴淡岛的私立学校（包含慈容学校与所有有华语课程的私立学校或三语学校）建立之前，华人都是在补习班学习华语的。到私立学校开设了华语课程以后，学生们除了在学校学习华语外，仍在补习班学习华语。选择第二多的是自学，占 27.39%，华语被禁时，华人想学习华语可是又怕被政府抓，只好自学，这当中有些是通过华语电台（新加坡）、华语广播电台（新加坡）、华语片（港台地区）与华文报刊（新马）而自学得来的。第三就是当地华校，占 25.41%。当地华校排第三的主要原因是大部分 50 岁以上的调查对象都在华校就读过，加上现在年轻一代在慈容学校就读的学生（这里的华校被巴淡华人理解成是有华语课程的学校，所以慈容学校与所有有华语课程的私立学校或三语学校都被他们认为是华校）。其他占 9.24%，这部分人主要是华语被禁时没有机会学习华语的以及通过佛堂学习华语的。在国外学校学习华语的占 1.32%，这些都是高中毕业后到国外上大学的华人。

四、华语运用

本项调查的目的是了解巴淡华人在家庭里与长辈、平辈以及晚辈交流时使用华语的情况。

（一） 和长辈交流时使用的语言

在一个人的成长过程中，父母的影响很大，包括其使用的语言。因此我们首先了解的是巴淡华人与长辈交流时使用的语言。调查结果如表7-120：

表7-120 巴淡华人与长辈交流时使用的语言

语言	数量（人）	比例（%）
印尼语	79	26.07
华语	37	12.21
英语	1	0.33
其他	186	61.39
总数	303	100

调查结果显示，调查对象在家里与长辈交流时，使用"其他"也就是汉语方言的比例最高，达61.39%，且方言中以闽南话、粤语、客家话为主；印尼语的使用比例高于华语；英语基本没有人使用。以下将调查对象的年龄段加入统计：

表7-121 不同年龄段的巴淡华人与长辈交流时使用的语言

语言	25岁以下		25~34岁		35~44岁		45岁以上	
	数量（人）	比例（%）	数量（人）	比例（%）	数量（人）	比例（%）	数量（人）	比例（%）
印尼语	54	35.06	9	31.03	10	13.33	6	13.33
华语	24	15.58	1	3.45	8	10.67	4	8.89
英语	1	0.65	0	0.00	0	0.00	0	0.00
其他	75	48.70	19	65.52	57	76.00	35	77.78
总数	154	100	29	100	75	100	45	100

统计结果显示，35岁以下的巴淡华人与长辈交流时使用印尼语的比例比较高，超过三成；各年龄段的巴淡华人与长辈交流时使用汉语方言的比例均比较高，25岁以下的使用比例最低，也达到了48.70%；25岁以下的华人与长辈交流使用华语和汉语方言的比例最高。

（二）和平辈交流时使用的语言

此项调查结果如表7－122：

表7－122　巴淡华人和平辈交流时使用的语言

语言	数量（人）	比例（％）
印尼语	98	32.34
华语	41	13.53
英语	3	0.99
其他	161	53.14
总数	303	100

调查结果显示，调查对象在家与平辈交流时，使用"其他"，也就是汉语方言的比例最高，达53.14％，且方言中以闽南话、粤语、客家话为主；印尼语的使用比例第二，比华语高18.81％；英语基本没有人使用，但是相比与长辈交流时增加了两个人。以下将调查对象的年龄段加入统计：

表7－123　不同年龄段的巴淡华人与长辈交流时使用的语言

语言	25岁以下		25~34岁		35~44岁		45岁以上	
	数量（人）	比例（％）	数量（人）	比例（％）	数量（人）	比例（％）	数量（人）	比例（％）
印尼语	68	44.16	9	30.00	14	18.67	7	15.56
华语	24	15.58	2	6.67	9	12.00	6	13.33
英语	1	0.65	1	3.33	0	0.00	1	2.22
其他	61	39.61	18	60.00	52	69.33	31	68.89
总数	154	100	30	100	75	100	45	100

统计结果显示，年龄越小，使用印尼语的比例越高，25岁以下的巴淡华人与平辈交流时使用印尼语的比例高达44.16％；各年龄段的巴淡华人与平辈交流时使用汉语方言的比例均比较高，25岁以下的使用比例最低，也达到了39.61％；25岁以下的华人与平辈交流时使用华语的比例也比其他高。

（三）和晚辈交流时使用的语言

长辈在家庭里是晚辈的学习榜样，长辈的语言使用会影响到晚辈的语言使用。由于一些调查对象没有子女晚辈，所以此题没有作答。共有 113 人回答了本题。调查结果如表 7 - 124：

表 7 - 124　巴淡华人和晚辈交流时使用的语言

语言	数量（人）	比例（%）
印尼语	39	34.51
华语	37	32.74
英语	7	6.19
其他	30	26.55
总数	113	100

调查结果显示，巴淡华人在家庭里与晚辈交流时，使用印尼语和华语的比例大致相当，使用汉语方言（其他）的稍少，但差距不大。在与晚辈交流时，印尼语和华语的使用比例有所升高。为进一步了解巴淡华人跟晚辈交流时语言使用的趋势，以下综合被调查者年龄段考察其与晚辈交流时所使用的语言情况。统计结果如下：

表 7 - 125　不同年龄段的巴淡华人与晚辈交流时使用的语言

语言	25 岁以下		25～34 岁		35～44 岁		45 岁以上	
	数量（人）	比列（%）	数量（人）	比例（%）	数量（人）	比例（%）	数量（人）	比例（%）
印尼语	0	0.00	0	30.00	26	40.00	13	30.23
华语	1	100	2	50.00	18	27.69	16	37.21
英语	0	0.00	1	25.00	4	6.15	2	4.65
其他	0	0.00	1	25.00	17	26.15	12	27.91
总数	1	100	4	100	65	100	43	100

统计结果显示，45 岁以上的巴淡华人更倾向于跟晚辈使用华语，25～34 岁的巴淡华人更偏爱华语而不是汉语方言，35～44 岁的巴淡华人更倾向于使用印尼语；华语的使用比例并没有随着年龄变小而升高，反而有降低的趋势。

五、华语态度

本项调查主要考察巴淡华人对使用华语交际的难度、使用华语时的看法及个人感受的优势以及对学习华语的好处的看法。

（一）对自己华语能力的评价

从上面的调查可见，华语的使用在年轻人中慢慢普及起来，35 岁以上的父母也注意与孩子交流时多用华语。虽然如此，华语的使用比例仍然低于汉语方言，甚至有被印尼语赶超的迹象。因此此处对巴淡华人认为使用华语交际的难度进行调查，其结果如表 7 – 126：

表 7 – 126　巴淡华人认为使用华语交流的难度

难度	数量（人）	比例（%）
很困难	29	9.57
比较困难	39	12.87
有一点困难	104	34.32
基本上没有困难	91	30.03
完全没有困难	40	13.20
总数	303	100

调查结果显示，认为使用华语交际有一点困难和基本没有困难的人数最多，占比都超三成。认为用华语交流有一点困难的人最多，是因为调查对象学习华语的时间主要在 3 ~ 8 年，他们虽然在读写上没有问题，但是因为在日常生活中没有机会使用华语，不能学以致用，因此使用华语交流时会觉得不顺畅。认为基本上没有困难的调查对象多半是学习华语达 8 ~ 10 年的华人，他们在生活上、工作上、交际上都会使用华语。认为完全没有困难的调查对象占比第三，他们学习华语都超过 10 年以上，他们对华语非常有兴趣，从华语被禁到解禁都不曾放弃华语。认为比较困难的人数比认为完全没有困难的稍少，这部分人大部分只学习了 1 ~ 3 年华语，他们还没有掌握华语而且习惯使用闽南语交流。选择的人最少的是很困难，这部分人大多数是刚刚学习华语的华人或者一些老年人，后者虽然以前学习过华语但是随着年龄的增加和很多年没有接触华语，都已经忘记了。

（二）对华语的看法

此项调查的主要目的是想了解巴淡华人对华语的看法。本题提供的选项有 5 个，即 A. 好听；B. 亲切；C. 有用；D. 时髦；E. 其他。调查对象可选择多个选项并排序。具体的调查结果如表7-127：

表7-127 巴淡华人对华语的看法（单选＋多选，按选择顺序排列）

选项	数量（人）	比例（%）	选项	数量（人）	比例（%）	选项	数量（人）	比例（%）
A	21	6.93	BC	7	2.31	CADB	2	0.66
AB	6	1.98	BCA	3	0.99	CB	8	2.64
ABC	19	6.27	BCAD	4	1.32	CBA	6	1.98
ABCD	5	1.65	BCD	2	0.66	CBAD	2	0.66
AC	9	2.97	BCDA	1	0.33	CBDA	1	0.33
ACB	4	1.32	BDAC	1	0.33	CD	1	0.33
ACE	1	0.33	C	133	43.89	CDA	1	0.33
AD	1	0.33	CA	12	3.96	CDAB	1	0.33
B	24	7.92	CAB	4	1.32	CDBA	2	0.66
BA	9	2.97	CABD	2	0.66	D	2	0.66
BAC	2	0.66	CAD	2	0.66	E	5	1.65

学习华语的巴淡华人日益增多，华人对华语也有各种各样的评价。调查结果显示，58.42%的人认为华语有用；21.78%的人认为华语好听；17.49%的人认为华语亲切；1.65%的人选择了其他；0.66%的人认为华语时髦。可见，在巴淡华人眼里，华语主要是有用的。也有许多人觉得华语好听，笔者了解到巴淡华人不管什么年龄段的，都比较喜爱华语歌曲。另外也有不少华人觉得华语格外亲切，因为老一辈的华人抱有强烈的衣锦还乡、落叶归根的意愿，眷恋"祖国"中国；而中年的华人则因印尼历年来的排华事件而对自己是否被印尼当地政府认同产生了疑虑，因而对祖籍国有了一种归属感；而青少年们则因受父母们的影响而对华语有种亲切感与认同感。

（三）学习华语的好处

此项调查的主要目的是想了解巴淡华人对华语作用的看法。提供的答案有5个，分别为：A. 保留中华文化的根；B. 和中国人做生意；C. 方便日常交流；D. 更好地找工作；E. 其他。本题允许选择多个选项并排序。具体的调查结果如下：

表 7 - 128　巴淡华人认为学习华语的好处（单选 + 多选按顺序排列）

选项	数量（人）	比例（%）	选项	数量（人）	比例（%）	选项	数量（人）	比例（%）
A	67	22.11	CAB	1	0.33	BCE	1	0.33
AB	4	1.32	CAD	5	1.65	BD	3	0.99
ABC	2	0.66	CADB	1	0.33	BDCA	1	0.33
ABCD	1	0.33	CBA	4	1.32	D	48	15.84
ABD	1	0.33	CD	14	4.62	DA	7	2.31
AC	13	4.29	CDA	6	1.98	DAC	3	0.99
ACB	3	0.99	CDAB	1	0.33	DB	7	2.31
ACBD	1	0.33	CDBA	2	0.66	DBC	1	0.33
ACD	6	1.98	B	6	1.98	DBCA	2	0.66
ACDB	3	0.99	BA	2	0.66	DC	1	0.33
AD	10	3.30	BAC	1	0.33	DCA	2	0.66
ADC	1	0.33	BC	3	0.99	DCB	1	0.33
C	59	19.47	BCA	2	0.66	DE	1	0.33
CA	3	0.99	BCDA	1	0.33	E	2	0.66

调查结果显示，36.96%的巴淡华人认为学习华语的好处是保留中华文化的根，换句话说，华人之所以重视后代的华文学习，很大程度上并不只是为了掌握语言工具，更重要的是他们希望自己的后代能够把文化的根留住，使中华文化在后代身上延续下去，因此华语学习不只是一种语言工具的学习。除了传承文化以外，华语的经济价值和商业价值在印尼华人的眼里也很重要。巴淡华人为了让子女尽早掌握华语，不少人都经常用华语交流，此外，上华语课的时候也要用华语交流，因此选择方便日常交流的占 31.68%。认为可以更好地找工作的占 24.09%，这是因为掌握华语在找工作方面是有益的，例如：很多工作招聘里会优先考虑会英语和华语的。还有 6.60% 的人选了为了和中国人做生意，因为近年来从中国来的商人与投资者越来越多，而去中国进行贸易的印尼华人也与日俱增，所以巴淡华人与中国人做生意的需求也逐渐增加。还有仅占 0.66% 的选项"其他"，选择的人认为学习汉语可以获得另类的知识。

（四）对子女的期望

本项调查针对的是已有子女或者对未来子女有所期望的调查对象，本调查的

303 位调查对象全部可答了此题。提供的答案有 4 个，即 A. 印尼语；B. 华语；C. 英语；D. 汉语方言。然后对所选选项进行排序。

表 7－129　巴淡华人希望子女（或未来子女）使用的语言（单选＋多选，按选择顺序排列）

选项	数量（人）	比例（%）	选项	数量（人）	比例（%）	选项	数量（人）	比例（%）
A	6	1.98	BCDA	7	2.31	DAC	2	0.66
AB	5	1.65	BD	14	4.62	DB	2	0.66
ABC	14	4.62	BDA	2	0.66	DBA	3	0.99
ABCD	21	6.93	BDC	4	1.32	DBAC	3	0.99
ABDC	1	0.33	BDAC	2	0.66	DBC	1	0.33
ACB	2	0.66	BDCA	1	0.33	DBCA	3	0.99
ACBD	1	0.33	C	6	1.98	DC	1	0.33
ACD	2	0.66	CA	2	0.66	DCAB	1	0.33
ADBC	3	0.99	CAB	10	3.30	DCB	1	0.33
B	44	14.52	CABD	1	0.33	DAB	1	0.33
BA	1	0.33	CB	10	3.30	DABC	1	0.33
BAC	8	2.64	CBA	14	4.62	DACB	3	0.99
BACD	3	0.99	CBAD	7	2.31	DBCA	1	0.33
BAD	1	0.33	CBD	2	0.66	DCA	1	0.33
BADC	2	0.66	CBDA	6	1.98	DCBA	1	0.33
BC	29	9.57	CD	3	0.99	DAB	1	0.33
BCA	7	2.31	CDB	2	0.66	DCBA	1	0.33
BCAD	12	3.96	D	6	1.98			
BCD	13	4.29	DABC	2	0.66			

　　调查结果显示，49.50% 的巴淡华人希望自己的子女会说华语，可见巴淡华人对子女讲华语有较强的渴望，其主要原因是为了保留中华文化的根，从调查对象中我们还得知，由于从 1965 年开始印度尼西亚华人被禁止使用华语，连名字都必须使用印尼语，因此很多中老年华人想把他们的"华语梦"寄托在子女或晚辈身上。而 1998 年的排华事件也让印尼华人对印尼某些党派的掌权者包括政

府官员们失去了信心，再加上中国的崛起，让这些华人家庭坚信"是华人就应该学习华语，会说华语"。英语占 20.79% 是因为英语是目前世界上唯一被认同的国际语言，掌握英语对以后出国留学有很大的帮助。印尼语占 18.15% 是因为这些华人认为他们毕竟在印尼生活，会说一口流利的印尼话是必须的。方言占 11.55%，巴淡华人还是相对重视保留祖籍方言的，他们希望子女还是要会一些祖籍方言，不然久而久之，这些方言就会消失了。

六、华文媒体使用

媒体是传播信息的工具，同时兼具传播语言的使命。媒体也可以成为语言学习的平台、语言学习的动机、以及语言学习的挑战，有利于帮助学习者提高其语言水平。此项调查包括华语广播、华语影视、华文报刊和华文网站的使用情况。

（一）华语广播

目前印尼没有完全使用华语的广播电台。当地华人主要收听的华语广播电台是新加坡的 Y. E. S. 933 顶尖流行音乐电台，其节目包括《全球华语歌曲排行榜》《醉心龙虎榜》《宁可听一听》《歌多话少，不受干扰》。新加坡的其他华语广播电台还有：慧宝典、972 最爱频道。来自马来西亚的 My Fm，其节目包括《MY-ASTRO 至尊流行榜》《全球流行音乐金榜》《My Fm My Music》《My Fm 艺人特辑》。巴淡华人收听广播的频率统计如表 7 - 130：

表 7 - 130　巴淡华人收听华语广播的频率

频率	数量（人）	比例（%）
总是	41	13.53
经常	58	19.14
有时	79	26.07
很少	82	27.06
从不	43	14.19
总数	303	100

调查结果显示，选择总是的占 13.53%；经常的占 19.14%；有时的占 26.07%；很少的占 27.06%；从不的占 14.19%。以上数据可证明巴淡华人总体来说不喜欢听华语广播，只是心血来潮时偶尔听一下。当然，这其中也有巴淡岛的地理位置靠近新马一带的原因。另外，很少或从不收听华语广播的多是那些年轻的上班族与中年的生意人士，或是一些"时髦"的华人，他们更喜欢用手机

上网查询。而总是或经常收听华语广播的是那些相对传统的华人。

（二）华语影视

目前印尼当地只有两家电视台播放华语节目：美都电视台和大爱电视台。美都电视台的华语节目是美都新闻，只从早上10：30到11：05播放约半小时的华语新闻，而其他节目都是英语或印尼语的。大爱电视台是中国台湾人在印尼开办的电视台，有比较多的华语节目，例如：电视剧《麻豆小镇》、儿童节目《地球的孩子》、新闻类《亚洲大爱温情》《大爱与你分享》等。尽管当地只有两个电视台播出华语节目，但现在巴淡华人都会使用卫星和付费卫星平台Skynet观看中国内地、中国香港和中国台湾的节目。此外还可以接收到新加坡的电视频道如8频道和U频道，马来西亚电视台频道如八度空间。关于巴淡华人收看华语影视频率的调查结果如下：

表7－131　巴淡华人收看华语影视的频率

频率	数量（人）	比例（％）
总是	81	26.73
经常	104	34.32
有时	75	24.75
很少	37	12.21
从不	6	1.98
总数	303	100

华语影视主要来自中国内地、中国香港、中国台湾、新加坡和马来西亚等地区。华语影视在国际市场上非常受欢迎，在印尼也不例外。统计结果显示，巴淡华人大体上离不开华语影视，有26.73％的人选择了总是；34.32％的人选择了经常；24.75％的人选择了有时；12.21％的人选择了很少；1.98％的人选择了从不。从以上结果我们可以肯定大部分巴淡华人都非常爱收看华语影视。华语影视的多样化、生动性和丰富性，在收看渠道的不断扩大下，受到了越来越多印尼华人以及印尼人的喜爱。据了解，巴淡华人最爱看的华语影视包括动作片、古装武侠片、爱情连续剧、喜剧。例如中国香港的成龙的动作喜剧片与周星驰的喜剧片，台湾的爱情连续剧《海豚湾恋人》《青蛙王子》《命中注定我爱你》《醉后决定爱上你》《必娶女人》，中国内地的《华人世界》《花千骨》《旋风少女》《中国好声音》，还有近期的《爸爸去哪儿》等。另外值得一提的是现在华人社会中有一股韩剧热，有些中国台湾配音（配上华语）的韩剧也是让大家爱上华语的

催化剂。

（三）华文报刊书籍

据统计，印尼的华文报纸由解禁前的只有一家官方报纸《印度尼西亚日报》迅速发展到今天的9家，包括《世界日报》《国际日报》《和平日报》《印度尼西亚商报》《新生报》《千岛日报》《讯报》和 *Koran Sindo Batam*。据了解，巴淡华人大部分都看印尼文的报纸，例如 *Batam Pos* 和 *Riau Pos* 以及 *Tribun*，只有一小部分看华文报纸，他们看的主要是《国际日报》与 *Koran Sindo Batam*。关于巴淡华人阅读华文报刊书籍的频率调查结果如表7－132：

表7－132　巴淡华人阅读华文报刊书籍的频率

频率	数量（人）	比例（%）
总是	4	1.32
经常	25	8.25
有时	75	24.75
很少	102	33.66
从不	97	32.01
总数	303	100

调查结果显示，巴淡华人阅读华文报刊书籍的情况是：1.32%的人选择总是；8.25%的人选择经常；24.75%的人选择有时；33.66%的人选择很少；32.01%的人选择从不。可见巴淡华人基本没有阅读华文报刊书籍的习惯，其原因一方面是这些华文报刊书籍没有吸引读者的内容，另一方面是华文书籍报刊在巴淡岛不易买到。相对来说，中老年人比年轻人更经常看华文报刊书籍。

（四）华文网站

目前巴淡并没有广泛使用的华文网站，更没有本土的华文网站。巴淡华人使用华文网站的频率调查结果如下：

表7－133　巴淡华人使用华文网站的频率

频率	数量（人）	比例（%）
总是	6	1.98
经常	35	11.55
有时	66	21.78

（续上表）

频率	数量（人）	比例（%）
很少	88	29.04
从不	108	35.64
总数	303	100

　　调查结果显示，巴淡华人使用华文网站频率情况为：选择总是的占 1.98%；选择经常的占 11.55%；选择有时的占 21.78%；选择很少的占 29.04%；选择从不的占 35.64%。可见，巴淡华人大体而言不使用华文网站，这是因为大部分的年轻人习惯使用印尼语在 Google 找资料和在 YouTube 娱乐，而老年人大都不懂如何上网。另外，选择有时、经常和总是使用华文网站的调查对象中有不少人是为了工作和查一些使用印尼文查不到的资讯才使用华文网站的。据了解，最常用的华文网站为百度、腾讯和搜狗等网站。

（五）华文媒体来源

　　华文传播在印尼已解禁 20 多年，印尼本土也诞生了各类华文媒体。巴淡华人对全球华文媒体的选择情况如表 7 - 134：

表 7 - 134　巴淡华文媒体来源（单选）

选项	来源	数量（人）	比例（%）
A	中国内地	54	17.82
B	中国台湾	88	29.04
C	中国香港	14	4.62
D	所在国	42	13.86
E	其他	46	15.18
	总数	244	80.53

　　调查结果显示，巴淡华人使用的华语媒体来源比较单一，只选择一个选项的有 244 人，占 80.53%。下面综合单选和多选排序首位的数据：

表7-135　巴淡华人华语媒体来源（单选＋多选，按选择顺序排列）

选项	数量（人）	比例（%）	选项	数量（人）	比例（%）	选项	数量（人）	比例（%）
A	54	17.82	AD	1	0.33	BCE	2	0.66
AB	10	3.30	ADE	1	0.33	BD	2	0.66
ABC	3	0.99	AE	7	2.31	BDE	1	0.33
ABCD	4	1.32	B	88	29.04	C	14	4.62
ABCDE	1	0.33	BA	2	0.66	CAB	1	0.33
ABD	2	0.66	BC	2	0.66	CE	1	0.33
ABDE	1	0.33	BCA	1	0.33	D	42	13.86
ABE	1	0.33	BCAD	1	0.33	DAB	1	0.33
AC	3	0.99	BCAE	1	0.33	DE	5	1.65
ACD	2	0.66	BCD	3	0.99	E	46	15.58

　　调查结果显示，巴淡华人中，喜欢来自中国台湾的华语媒体的占33.99%；喜欢印尼的占15.84%；喜欢中国内地的占29.70%；喜欢中国香港的占5.28%；喜欢其他国家和地区的占15.58%。可见，巴淡华人总体来说更喜欢来自中国台湾的华语媒体，这是因为老年华人喜欢看以闽南语播出的台湾乡土剧，年轻人则爱看台湾的偶像剧与综艺节目，喜欢台湾影星和歌星。部分华人选择印尼的原因是他们关心本国的情况及其对他们生意的影响；而年轻人选择的原因则是受学校教育的影响。另外有一部分华人仍然喜欢来自中国内地的华语媒体，主要是受卫星电视与巴淡岛华文教育的推动所影响；而有一部分的老年人则是因为这些华语媒体可以让他们稍微疏解对祖国的相思之苦。只有一小部分华人喜欢来自中国香港和其他国家的华语媒体。至于另外一部分的选择其他是因为巴淡岛的地理位置靠近新加坡，所以在那15.84%的其他部分里有一大部分选择的是新加坡。

七、华文教育

（一）华文最难学的内容

　　学习任何新的语言，对于学习者来说肯定会有困难。不同的人会遇到不同的困难。华语对于巴淡华人来说是祖籍语。考虑到本调查的重点是要了解巴淡华人学习华语的普遍难点，所以以下统计中会将单选和多选排序首位的综合在一起呈现，调查结果如下：

表 7 - 136　巴淡华人认为华文最难学的内容（单选 + 多选排序首位）

选项	内容	数量（人）	比例（%）
A	汉字	154	50.83
B	词汇	41	13.53
C	语法	77	25.41
D	拼音	20	6.60
E	其他	11	3.63
总数		303	100

调查结果显示，巴淡华人觉得汉字难的占 50.83%，觉得发音难的占 6.6%，觉得语法难的占 25.41%，觉得词汇难的占 13.53%，选择其他的占 3.63%。原因分析如下：

巴淡华人大多数认为汉字最难学。对于巴淡岛华人来说汉字难学既有其客观原因，也有教学方面的主观原因。从客观方面来看，汉字有数量众多、结构复杂、笔画繁多（平均 12.8 画）、形近字多等难点。但更为关键的是教学不当：教师对汉字的性质、汉字在华语汉语教学中的地位、字与词的关系、字与词的网络系统缺乏正确的认识；教学思路不明确；对学习者的汉字认知、习得过程和学习策略认识不足；教学方法单调等，都是汉字教学滞后的原因。另外印尼华人接触最多的是字母，对大多数年轻华人们来说汉字就是一幅画或者是一团理不清头绪的线条，看不出从哪儿开始，也不知道在哪儿结束，因此增加了汉字学习的难度。

巴岛华人认为语法第二难学。众所周知，任何语言都有自己的语法规律，使用某种语言的人必须遵守它的语法，而华语语法跟印尼语语法有所不同，因此语法学习过程中语法结构分析容易让学习者糊涂。另外，汉语语法的性质、特点、单位，特别是词类非常复杂，使得印尼华人学习语法更加困难。

再次是词汇，华语词汇的词义与印尼文的词义差异较大。另外，华语词汇中的多音字、多义词、近义词非常多，且华语词汇中丰富的感情色彩、语法功能、词语搭配和虚词的使用都是巴淡华人觉得词汇难学的原因。

最后就是发音，发音包括声调、声母和韵母。声母方面：送气和不送气声母（b 与 p，d 与 t，g 与 k，j 与 q），舌尖前音和舌尖后音（z，c，s，zh，ch，sh），以及舌面音"x"为最难掌握。韵母方面：撮口呼"ü"，齐齿呼"iou"习惯读成"iu"，印尼华人受方言口音影响，习惯于在音节最后加"k"，例如"七 qī 读成 qīk"。声调也是一大难题，因为印尼语没有声调，最容易出错的声调是第三和第二声，特别是连读的时候，例如"演员""海洋"，变调也是难点之一。

（二）最需要提高哪方面的华语能力

从上面的统计已知巴淡华人认为华语最难学的内容。下面我们将调查巴淡华人认为需要提高的华语能力。考虑到本项调查的目的是要了解巴淡华人学习华语的重点，所以统计中将单选和多选排序首位的综合在一起呈现，调查结果如表7－137：

表7－137　巴淡华人认为最需要提高的华语能力（单选＋多选排序首位）

能力	数量（人）	比例（%）
听力	44	14.52
口语	92	30.36
阅读	51	16.83
写作	116	38.28
总数	303	100

调查结果显示，巴淡华人认为需要提高的华语能力为：写作占38.28%；口语占30.36%；阅读占16.83%；听力占14.52%。综合来看，巴淡华人最想提高的华语能力是写作，其次是口语。原因在于，书面表达能力是考量学习者华语水平的最终考核，从写作能力中能看出学习者的华语基础综合运用能力。也因为汉字的难学与难写，理解汉语的重要性的学习者们都希望自己能够拥有更高的写作能力与水平。而随着华语交际层次的提高，学习者对"说"的需求又有明显的上升趋势。口语是一种交际能力，印尼华语受到了32年的禁锢，巴淡华人可以说已"失去"了华语交际能力。因此华语被解禁以后，巴淡华人非常渴望能说一口流利标准的华语，但可惜的是目前的语言环境仍然不够理想。阅读方面则是由于缺乏合适的环境，在巴淡难以买到华文报刊书籍，因此大家对其要求也就不高。

第八章　印度尼西亚华人社区华语口语生活状况①

印尼华人社区华语口语使用情况的调查分为个人华语口语和家庭华语口语两部分。本书选取了棉兰、雅加达、坤甸、巴淡、泗水五个华人聚集的印尼城市进行调查。

第一节　印尼华人个人华语口语使用情况调查

一、个人华语口语调查对象

本调查共选取 18 位发音人，老中青三代平均分配。18 位发音人首先分别用华语独自讲述一个话题，其次进行多人对话的录音。发音人的具体信息如下：

表 8 - 1　个人华语口语发音人信息

编号	姓名	性别	年龄	第几代华人	方言	学历	职业	居住地
1	陈女士 1	女	64	1	B	D	D	A
2	姚女士	女	55	1	D	B	D	A
3	谢女士	女	38	2	D	E	A	A
4	陈女士 2	女	34	2	D	E	G	A
5	吴女士 1	女	23	3	D	E	A	A
6	蒋女士	女	18	3	D	D	B	A
7	陈女士 3	女	72	2	D	D	H	A
8	姚先生	男	63	2	B	F	E	A
9	叶先生	男	42	3	D	E	D	B
10	彭女士	女	35	4	D	E	E	A

---

① 本章内容由印度尼西亚当地华侨华人撰写，仅作必要修改，使其让读者易于理解的同时保留了原汁原味，这些文字内容本身就是华语生活的重要组成部分。

（续上表）

编号	姓名	性别	年龄	第几代华人	方言	学历	职业	居住地
11	洪女士	女	34	4	B	E	A	A
12	梁女士	女	35	4	A	E	A	A
13	陈女士4	女	23	5	B	E	A	A
14	黎女士	女	23	5	C	E	B	B
15	江女士	女	21	4	B	E	B	B
16	黄女士	女	21	5	B	E	B	A
17	吴女士2	女	18	5	B	E	B	B
18	陈女士5	女	18	5	B	E	B	A

注：姓名：如果发音人不愿意使用真实姓名，可以"f＋序号"代替。

祖籍方言：以第一代华人说的方言为准。例如，您爷爷从福建来到印尼定居，爷爷定居印尼之前说的是福建话，那么您的祖籍地方言就是福建话。

现用方言：A. 粤语（广东话、广州话、白话）；B. 闽南语（福建话、福州话）；C. 客家话；D. 潮汕话；E. 其他（请填写）。

学历：A. 未上学；B. 小学；C 初中；D. 高中；E. 专/本科；F. 研究生。

职业：A. 教师；B. 学生；C. 政府工作人员；D. 商业、企业从业人员；E. 服务业从业人员；F. 媒体从业人员；G. 家庭主妇；H. 其他（请填写）。

居住地：A. 市区；B. 郊区（市区边缘与乡村结合的地方）；C. 乡村。①

二、调查结果分析

根据收集到的录音访谈资料，我们发现印尼华人使用华语时，有几个比较特殊的语言现象。因录音内容较多，时间较长，我们在具体讨论时只列举部分发音人的特色案例，对特殊发音现象不作穷尽性列举。

（一）声母的特色

我们从录音资料里发现，发音人的舌尖后音（r）的发音不固定，会随着后面的韵母发生改变。比如，第一组的江女士和第三组的劳先生发 r 音的时候，如果 r 的后面跟着的是 u，比如"如"，他们会把应该读成舌尖后音的 r 读成印尼语的舌尖前音 j，即把"ru"读成"ju"。而劳先生的叔叔在发 r 音的时候，如果后面跟着的是 ong，如"容"，他会把"rong"读成"long"。

---

① 本章表格中的选项与此表所注相同，故后文不再列出。

（二）韵母的特色

由于受印尼语和闽南方言的负迁移作用的影响，发音人圆唇元音发音不准，普遍将 ü 发成 i，把"学""语"读成"xie""yi"。在 6 个发音人当中有 3 个发音人出现以上情况；发音人还有给原音韵母加上辅音韵尾 k 的习惯，比如劳先生读六十五岁时将"六"发成"liuk"的音；发音人还有将 e 读成浊音的特色，一些词语中的 e 本不应该读成浊音，但是被发音人读成浊音，这种情况出现在 e 作韵母和声母的场合，在录音资料里，只有劳先生出现这种发音特色。发音人中还有当 e 与 g、h 拼合或者在 er 中，将 e 发成 o 的情况；此外，当韵母的韵头为 u 时，发音人一般将其直接省略，其中以将"多"读成"do"最为普遍。

（三）声调的特色

发音人中有将第一声和第四声混淆的情况，比如江女士说"我的家有五个，五口。我的妈妈、我的哥哥、妹妹、弟弟和我"时，将"妈"发成了第四声；江女士说"他会告诉他的妈妈爸爸的"时，将"告"发成了第一声。从录音资料里可以发现，当发音人与对方说话并出现上述特殊发音现象时，对方也能明白其意思，而且对方也有同样的发音现象。这说明，这种特殊现象已经被认可。除此之外，虽然华语使用出现差异，但只要还是围绕着一个范围，华人与华人之间使用华语不会发生误差或者交流不畅。

发音人中有将第二声和第一声混淆的情况。比如江女士说"我的学生汉语，啊……还不错"时，将"学"发成了第一声；陈女士说"有时候星期三，啊……五点到九点"时，将"期"发成了第二声。

发音人中有将第二声读成第四声的情况。比如陈女士说"福建莆田啊"时，将"福"发成了第四声。

发音人中有将第四声读成第三声的情况。比如劳先生说"只是在仓库那边，跟那个送货的全部是印尼人"时，将两个"那"发成了第三声。但是这种现象仅出现在这两个词语（"那边""那个"）中，单独使用"那"的时候没有错误。

发音人中有将第二声和第三声混淆的情况。比如黄女士说"如果你们要补习的话呢，有一个学姐会帮你们的"时，"学姐"二字均发第三声；黄女士说"连拼音不知道第几声调，半年以后呢，我就读它的意思，他们就会自己主动地写汉字和拼音"时，将"连"发成了第三声。

发音人中有不会发轻声的情况。比如吴女士说"苏北大学我学到很多东西"时，"西"没有发轻声；黄女士说"我跟我的舅舅"时，最后一个"舅"没有发轻声。

（四）华语表达的特色

前文提到，有一些棉兰华人使用华语时也混用印尼语或者华语方言。录音资料再次证实了这种情况，而且这种情况较常发生在第四代华人身上。

（1）华语中夹杂印尼语。

如黄女士说："哦，我的学生呢，从一开始学习呢，啊……他们，啊……他们，最 paling bermasalah utama（印尼语：最主要的问题）他们最有问题的是，啊，怎么读，就是他的（悄悄的）拼音吗？pelafalan 啊（印尼语：发音啊）。"

（2）华语中夹杂福建话。

如江女士说："他会告诉他的妈妈爸爸的：'哦，老师，他们叫我 hami（福建话：什么）。'这样这样这样略。"

（3）华语中夹杂英语名称。

如陈女士说："我的姐姐是在棉兰，棉兰，读大学，在那个 IBBI。"

（五）华语语言组织的特点

由于受汉语方言语法负迁移作用影响，发音人有代词或时间词重叠现象。比如江女士说的"小学生，这样这样略。从小学到高中呢，是不同教学到高中"；祖利说的"我的目的是，啊……今年的年轻人，我认为他们没有做那个以前以前的生日。以前以前的生日，生日。他们不知道有那个有什么意思。我写就这样略，是什么意思。嗯，你呢？你呢"。

由于受印尼语语法负迁移作用影响，发音人有如下语言现象：黄女士说的"那，你在家里平常是用什么跟，啊，跟妈妈或者跟家人用什么语言"；江女士说的"我教书什么"；江女士说的"有准备论文了，但是我觉得这个论文很乱七八糟"；陈女士说的"啊，那个，如果夏令营的好像有十天。如果冬令营的，好像有一个月，好像"。

第二节　印尼华人家庭华语口语使用情况调查

一、家庭华语口语调查对象

我们选取了 11 个家庭进行调查，尽量实现老中青三代平均分配。发音人具体信息如下：

表 8-2　华人家庭 1 主要发音人概况

姓名	性别	年龄	方言	学历	职业	居住地
黄女士	女	78	D	A	E	A
谭女士 1	女	49	D	D	F	A

（续上表）

姓名	性别	年龄	方言	学历	职业	居住地
谭女士2	女	36	D	D	F	A
林女士1	女	23	D	A	B	A
林女士2	女	11				
林女士3	女	9				
林女士4	女	7				

表8-3　华人家庭2主要发音人概况

姓名	性别	年龄	方言	学历	职业	居住地
林先生1	男	67	D	D	E	A
吴女士	女	47	D	D	D	A
林先生2	男	22	D	D	B	A
林女士	女	20	D	D	C	A
陈先生	男	24	D	E	B	A

表8-4　华人家庭3主要发音人概况

姓名	性别	年龄	方言	学历	职业	居住地
李女士	女	29	B	E	F	A
黄女士	女	50	B	A	F	B
郭女士	女	29	B	E	F	C

表8-5　华人家庭4主要发音人概况

姓名	性别	年龄	方言	学历	职业	居住地
蒋女士1	女	53	B	D	D	A
吴女士	女	75	B	C	G	A
蒋女士2	女	23	B	E	A	A
蒋女士3	女	22	B	E	A	A

表8-6 华人家庭5主要发音人概况

姓名	性别	年龄	方言	学历	职业	居住地
钟先生	男	52	B	E	D	B
杨女士	女	42	B	E	A	B
女儿	女	15	B	D	B	B

表8-7 华人家庭6主要发音人概况

姓名	性别	年龄	方言	学历	职业	居住地
李先生	男	46	D	E	D	A
林女士	女	45	D	E	D	A
李爷爷	男	76	D	C	G	A
李奶奶	女	74	D	C	F	A
孙女	女	10	D	B	B	A

表8-8 华人家庭7主要发音人概况

姓名	性别	年龄	方言	学历	职业	居住地
李先生	男	37	B	E	E	A
李女士	女	37	B	E	D	A
大女儿	女	10	B	B	B	A
小女儿	女	6	B	B	B	A

表8-9 华人家庭8主要发音人概况

姓名	性别	年龄	方言	学历	职业	居住地
陈先生	男	34	B	E	D	A
彭女士	女	34	B	E	D	A
儿子	男	6	B	E	D	A
陈奶奶	女	64	B	B	D	A

表 8-10　华人家庭 9 主要发音人概况

姓名	性别	年龄	方言	学历	职业	居住地
陈先生 1	男	48	D	B	D	A
刘女士 1	女	48	D	B	D	A
刘先生	男	37	D	C	D	A
刘女士 2	女	42	D	D	E	A
林先生	男	54	D	D	E	A
陈先生 2	男	24	D	E	A	A

表 8-11　华人家庭 10 主要发音人概况

姓名	性别	年龄	方言	学历	职业	居住地
郭女士	女	25	B	E	A	A
郭妈妈	女	不详	D	A	F	A
郭姐姐	女	25	B	E	A	A

表 8-12　华人家庭 11 主要发音人概况

姓名	性别	年龄	方言	学历	职业	居住地
李女士	女	29	B	E	F	A
黄女士	女	50	B	B	F	B
郭女士	女	29	B	E	F	A

二、调查结果分析

（一）华语及方言使用情况

调查中大部分家庭混合使用华语方言和印尼语进行交流，在使用华语的客人到访时会使用部分华语与其进行交流。

（二）华语能力情况

调查的大部分家庭使用华语时说的都是短句子，没有长句子，只有第 7 个家庭使用的句子较为完整。总体而言，爷爷辈和奶奶辈的是第二代华人，语速比较快；大部分家庭的华语发音带有比较重的方言口音；且年龄越小的家庭成员越倾向于使用印尼语进行交流。

（三）语言混用在词汇上的体现

调查发现，大部分华人以潮汕话和闽南话为主要的现用汉语方言，第三代及以上华人受英语影响比较大。印尼历史上三十年的华文教育冰冻期，导致印尼华人在使用华语时混用多种方言或外语词汇，其中以名词为主。具体统计如下：

（1）动词。

动词包括：suka（喜欢）、titip（代替/放）、tukar（换）、balik（回）、pasti（肯定）、sekalian（顺便）、heran（奇怪）、ingat（记得）、rasa（认为/感觉）、periksa（检查）、isi（装）、potong（切）、cabut（拔掉）、operasi（做手术）、makan（吃）、tiup（吹）、coba（试一下）、setel（调音）、mandi（洗澡）、iringi（给别人伴奏）、rekam（录音）、sambung-sambung（连在一起）、korupsi（贪官）、cas（充电）。

（2）名词。

名词包括：hape/handphone（手机）、pipet（吸管）、cake（蛋糕）、pompa（泵器）、tangki（蓄水罐）、sumbu（绳子）、lilin（蜡烛）、tumor（肿瘤）、sama sekali（完全）、ice cream（冰激凌）、minion（小黄人）、TK（幼儿园）、balon（气球）、tempat（地方）、mainan（玩意儿）、Nasi kuning（印尼黄姜饭）、gitar（吉他）、musik（音乐）、internet（网络）、arab（阿拉伯）、bakat（才能）、pemusik（音乐家）、pengiring（伴奏者）、parabola（卫星电视）、rock（摇滚）、acara（节目）、organ（电子琴）、selisih（差别）、masuk（开头）、variasi（多样化）、jazz（爵士音乐）、kunci（音调）、YouTube（视频网站名称）、dangdut（印尼本地音乐）、pilot（航空）、mandarin（汉语普通话）、klasik（古典）、jabatan（地位）、hukum（法律）、KPK（印尼消除贪官机构）、tersangka（被怀疑者）、Jokowi（印尼总统名字）、Kampung Kawai（印尼电视节目名称）、gempa（地震）、tamat（结束）、game（游戏）、Bengawan Solo（印尼歌曲）、loko（印尼扑克牌）、sambal indofood（印尼辣椒酱）、kerupuk（炸的食物）、kilo（千克）、sesat（迷路）、jaket（外套）、apel（苹果）、Deru-debu（印尼电视剧节目名称）、Islam（伊斯兰教）、Kawin sirih（非正式婚姻）、kampong（乡村）、coca-cola（可口可乐）。

（3）形容词。

形容词包括：kemarok（像农村人一样）、geli（恶心）、lengket（黏）、Sayang（可惜）、kan（表示是）、enak（好吃）、ramairamai（集体/一起）、bekas（被用过）。

（4）词组。

词组包括：selamat ulang tahun（祝你生日快乐）、bahasa ingris（英语）、oiya（对了）。

（5）介词。

介词包括：baru（刚）、juga/pun（也）、dari（从）、yang（用法相当于英语的 that）、jadi（用法相当于那/所以呢）、makanya（所以/就是说）、terus/habis itu（然后呢）、terus（表示频率，一直）、kalau（如果）、tapi（但是）、pokoknya（反正）、rupanya（原来）、sampai（甚至/连）、misalnya（假如）、cuman（只是/只有）、aja（也）、baru（才）、misalnya（假如）、sebenarnya（其实）、emangnya/masa（难道）、kadang-kadang（有时）、mesti（一定）、sampe（甚至）、aja（表示也）、sewaktu/waktu（当）、daripada（与其）、sudah（已经）、pasti（肯定）。

（6）表示地方或者方向的词。

这类词包括：itu（那个）、ini（这个）、terus（一直）。

（7）表示程度。

这类词包括：iya（当然啦）、lebih（更）、biasa（一般/平时/正常）。

（8）表示疑问。

这类词包括：ngapain（干吗）、mana（哪里）、kok（为什么）。

（9）语气词。

语气词包括：iya（好）、aja（而已）、pun（语气词，呢）、yuk（语气词，来吧）、kan（语气词，呢）、jadinya（变成）。

（10）语言标志。

语言标志包括：mami（妈妈）、papi（爸爸）、mimik（喝水）、nah nah（你看你看）。

（11）英语。

英语包括：full（装满）、sorry（对不起）、happy birthday（祝你生日快乐）。

第九章　印度尼西亚华人社区华语活动实录①

印尼华人社区相对于其他族裔较为独立，保留了较为完整的传统文化习俗，只融合了少量当地文化特色。本书在印尼华人社区语言生活场景方面主要调查当地华人重大节日或者大型华人聚会的活动。本章是对印尼大型的节日庆典、婚礼聚会、各类比赛共 25 项活动的调查和记录。

第一节　节日庆典实录

一、中元节实录

（一）棉兰中元节/葬礼活动

根据棉兰华人信仰的说法，中元节（农历七月十五日）的时候阎罗王会打开地狱之门"鬼门关"，让被关押的鬼魂出来自由活动。棉兰华人会在这一天对死去的亲人进行拜祭招魂，烧冥钱元宝、纸衣蜡烛，放河灯，做法事，以祈求祖宗保佑。

农历七月十五日，我们到棉兰有代表性的寺庙"Vihara Gunung Mas"进行录像。当时参加仪式的棉兰华人共有 20 多位。这些棉兰华人家庭烧纸房子给他们已死去的亲戚朋友，除此之外，他们也烧很多纸钱，还开展放生、捐款以及其他活动。

进行烧纸房子活动之前，会有很多道士在寺庙里做法事，此仪式跟葬礼仪式很相似，纸房子前面放有一张桌子，桌子上摆上食物、祭坛以及其他道具，道士穿上专门的服装在一旁念经。不同的家庭会邀请不同的道士。

中元节时我们还到其中两个家庭进行录像。在录像过程中我们发现，不同的家庭中，主持中元节的道士所念的经文听上去是完全不同的。询问后了解到，两个不同的道士是念同样的道经，只是两者所使用的方言不同，一个道士使用客家方言，另外一个道士使用海陆丰方言。汉语方言的选取不是依照该家庭的祖籍方言，而是凭着道士自己所掌握的汉语方言而定。这种现象不只在中元节仪式上会

① 本章内容由印度尼西亚当地华侨华人撰写，仅作必要修改，使其让读者易于理解的同时保留了其原汁原味，这些文字内容本身就是华语生活的重要组成部分。

有，葬礼仪式也同样如此。

（二）坤甸中元节/鬼节活动

中元节在坤甸华人语言里叫作"七月半"，也被称为"过纸"（潮汕话，指的是烧冥钱），对坤甸华人来说是非常重要而神圣的一个节日。坤甸华人认为中元节的子时（子夜1点）阎罗王会把"地狱门"（也被称为"鬼界门"）打开一天，让被关在地狱里的鬼魂到人界自由行走。到了中元节的下午，所有鬼魂就务必回归冥界，不然，地狱门一关，鬼魂就回不了冥界了，就得等到下一年的中元节才能回归地下。于是，为了让鬼魂能按时回到地下，也为了避免鬼魂留在人界流浪，坤甸华人在每年的中元节就会举办往港船仪式，寄送鬼魂回到冥界。

往港船是一种由木板做成的大船，船体长约15~20米，宽约2~3米，高约1.5~2米。船体下半部分是黄色，上半部分是红色。往港船左右两边挂着几道符，用繁体字写着"南无阿弥陀佛"，船尾贴着印尼西加孔教华社总会的布告纸，船头贴着"广顺兴"三个字，前面还摆着香炉和祭坛。船的上面有很多纸人，代表不同的船员，甚至包括船长。船底有个洞，人们一般把元宝塞进船底。往港船的主要任务就是寄送鬼魂按时回到冥界。人们相信把往港船烧了之后，鬼魂就可以上船回归冥界了。

此外，在举办往港船仪式不远处，坤甸华人还会举办"抢食"仪式。该仪式的主要目标是在鬼魂离开人界之前给其祭祀一点食物。由于祭祀的食物比较少而鬼魂比较多，鬼魂就得抢食，谁快谁就抢得多，"抢食"仪式因此而得名。坤甸华人一般把主食和各种青菜摆在地上祭祀给鬼魂，到了下午这些食物就可以带回家或跟往港船一起焚烧。

我们在2014年8月10号14：00参加当年中元节的往港船仪式，地点是在印尼西加孔教华社总会。由于该活动只有文字资料，没有特别的语言仪式，我们只进行了拍照。我们到现场时，往港船已经制作好了。16：00时，人们就开始举行"抢食"仪式。参加者大多数是华人，也有一些印尼当地友族人凑热闹。到了18：00，人们就开始烧往港船，该活动持续到19：00结束。

二、春节活动实录

（一）泗水中中校友会春节庆祝活动

2014年的春节是获得政府认可的第11个印尼法定公假日春节，如今的印尼华人可以敞开胸怀、大大方方、轰轰烈烈地过春节了。随着祖籍国日益崛起，如今，印尼华人的春节过得更是热烈、畅快、潇洒。春节已经成为印尼全民族的喜庆节日，许多非华族的兄弟族群也会向华族兄弟致贺，走进商场会有印尼当地服务员向华人说"恭喜恭喜"，兄弟族也会一起凑个热闹看舞龙舞狮表演。

下文记录的是泗水中中校友会的温馨新春团拜，在其会所，中中华语补习学校举行新春团拜聚会。200 多位原中中教师、校友以及中中校友的理事，还有现今中中华语补习学校的老师们满怀喜悦心情，座无虚席，几近一半的观众都身穿红色的盛装，也有不少穿中国传统服装，"恭喜恭喜"之声不绝于耳，一条大红横幅"校园沸腾春来早，师生团结佳话多"，突出了这次春节团拜的主题。

团拜会由现任中中华语补习学校谢校长和陈老师和主持。因为参与者都是懂华语的，所以从头到尾都以华语来主持。首先，两位主持人强调马年的精神是龙腾虎跃的奋斗；马年的工作目标是快马加鞭，勇往直前；马年的要求是努力奋斗，一马当先，马到成功。紧接着，中中校友会的全体理事上台向各位老师、校友拜年，祝大家马年吉祥、龙马精神、健康快乐、家庭幸福。再接着，中中理事会主席、副主席、会员代表委员会会长、赞助者代表、原中中老师代表等先后用流利的华语向大家拜年。随后，谢校长与何副校长介绍了中中华语补习学校的部分年轻老师，以此向校友们保证他们学校后继有人。年轻老师代表也向众前辈与校友拜年。此外，司仪敬请 10—12 月生日的老师、理事、校友上台共庆生日，并分发生日礼品。中午时分，有丰盛的午餐供大家享用。餐毕后，有华语卡拉 OK 唱歌比赛，主要参与者是中老年人，青年人屈指可数，从录像能看出卡拉 OK 歌词字幕都是繁体字。

（二）雅加达春节联欢会

在调查雅加达及郊区华人春节的华语使用情况的过程中，通过采访得知雅加达及郊区的华人分成两种：一种已经入乡随俗了，多数都是第四代以上的华人，他们只庆祝圣诞节，不太在意春节，春节对他们来说只是传统习俗，大年初一只跟家人拜年问好，已经没有大扫除、吃团圆饭或者拜年的习惯，但是他们有发红包的习惯；他们甚至不知道自己的祖籍，多数是混血儿（华人与原住民的混血儿 Cina Peranakan）。另一种还有着浓厚的华人习俗，他们还有大扫除、吃团圆饭和拜年的习俗；他们也比较迷信，如相信新年当天不可以扫地，一定要穿红色的衣服代表吉利，要多吃一点儿鱼代表年年有余；也有少数人会特地到佛堂或者寺庙拜神，回家后还给父母磕头敬茶拜年，他们的家里也用了很多红色装饰品。但现在的华人大多数都不会写春联，春节时家里的大门已经没有贴春联的习惯了。

雅加达及郊区的华人多数都是到亲戚家去拜年，或者在家里过春节的。也有一些为了避免麻烦，就到餐馆庆祝春节。他们到餐馆一起聚餐聊天。雅加达唐人街区的太阳城（Sun City）每年都有除夕晚宴。太阳城除夕晚宴的主持人是当地的华人。他们用华语和印尼语来主持节目。除夕宴会上，太阳城除了请当地的华人歌手来表演，也请了很多来自中国台湾或者亚洲其他地区的华语歌手来表演节目。有时他们也会安排舞龙舞狮。除夕宴会上的多数是华人，他们自己订桌子，通常一张圆桌有十个座位，一家人围坐在一起，一边吃团圆饭，一边看现场节目，一边聊天。雅加达及郊区的华人多数用的是混合语言，即用华语、方言和印尼话沟通。

近几年，多数三语学校也会举办春节联欢会，邀请家长来参加，一起庆祝。大家穿红色的衣服，然后一起吃带来的点心。学校的学生表演几个节目，其中包括中国传统的舞狮表演，学生可以和家长一起玩游戏。

（三）天慈弥勒佛院春节联欢会

天慈弥勒佛院为了庆祝阴历新年，每年正月初十都会举办春节联欢会，邀请坤甸华人到佛堂一起庆祝新年。2015 年的春节联欢会定于 2 月 18 号 19：30 到 21：30，参加者大多数是坤甸华人，约有 500 多人参加了该活动。为了调查研究该活动的华语使用情况，我们对该活动进行了录像录音。

节目名称：天慈弥勒佛院春节联欢会。

节目时间：2015 年 2 月 18 日 19：30—21：30。

节目地点：西加坤甸天慈弥勒佛院，Ayani 2 路。

参加该节目的华人人山人海，该节目比佛堂的一周年生日还要热闹，甚至有些人来得迟就没位置了。该节目共有四个主持人，节目开始时主持人给观众唱一首佛堂歌，接着四个主持人用华语对参加本节目的观众表示欢迎。但由于该节目是公开性的，因此主持人还是较常使用印尼语。

三、中秋节活动实录

中秋节象征家庭团圆幸福。中秋节的时候，棉兰华人进行的活动有祭月、观潮、吃团圆饭。

2013 年时，棉兰最大的弥勒佛堂"慈光弥勒佛院"举行了中秋节晚会。活动上，所有售卖的食物都是素食，因为食物不属于各宗教的限制范围，这个活动变成开放性的活动，所有想过中秋节的人都可以随意参加。虽然是开放性的活动，但是参加者多数都是棉兰华人。

在这个活动中，参加者除了可以吃喝玩乐，也可以观看弥勒佛院准备的中秋节节目。演出的内容主要有唱歌、表演以及讲解有关中秋节的来源和传说故事。

我们发现，卖家在给华人顾客介绍商品时对顾客说棉兰福建话，报价有时使用印尼语，有时使用棉兰福建话；而晚会的主持人在开场和串词时会使用华语和棉兰福建话，其他时候讲印尼语。

四、元宵节活动实录

（一）印尼百家姓"元宵晚会"活动

下文记录的是在巴淡帝皇印尼风味海鲜酒楼举办的巴淡印华百家姓元宵晚会

新春团拜活动。巴淡各界 1 000 多名华人聚集一堂，还邀请有政府官员，莅临嘉宾从巴淡市长，巴淡市议员，印华百家姓主席、理事，各宗亲会会长，社会贤达，到普通大众，老老少少共庆元宵，相互祝贺，现场热闹非凡，整个大礼堂更是高朋满座，场面壮观。不少嘉宾都身穿代表吉祥寓意的大红色盛装和中国传统服装，"恭喜恭喜！新年快乐！"之声不绝于耳，礼堂里里外外都布置得很有春节气息，尤其是礼堂的十二生肖图和运程解说，人们有的读得津津有味，有的拍照留念，好不热闹。礼堂内的大舞台更是布置得春意浓厚，背景是一大幅红彤彤的画，上面写着"元宵晚会"，突显出春节团拜的主题。

晚会由司徒先生和曾女士主持。因为出席晚会的嘉宾有印尼官员，所以前半部分用印尼语和华语混合进行，而到晚会下半段，官员离场后，就都以华语进行。首先暖场的是来自马来西亚的演唱嘉宾谢小姐，她献唱《招财进宝》《兰花草》《恭喜大家过新年》。接着晚会正式开始，宣布印华百家姓元宵晚会主持人进场，主持人邀请巴淡市长、印华百家姓主席、巴淡与廖省议员、各位理事及夫人入场上台，此时由六头瑞狮迎着各位特别贵宾入场。接着主持人向各位嘉宾拜年祝贺，全体合唱《大拜年》，随后主持人带领全体嘉宾齐唱《捞鱼生》，精彩不断，歌星谢美艳小姐给大家献唱《大地回春》，同时财神爷在台下发红包，整个礼堂喜气洋洋，好不热闹！晚会的最后一个节目是来自云南的嫣老师的古筝曲《一帘幽梦》，由印尼舞蹈老师伴舞。最后，主持人祝贺大家羊年吉祥、健康快乐、家庭幸福，晚会在热闹温馨中落幕。

（二）"幸福潇洒"元宵晚会活动

自从印尼第四任总统瓦希德解除了对华文的禁锢和取消了部分歧视华人的政策后，各地比较大的华人社团，每年新春都会举办春节庆祝活动。巴淡环境特殊，华语使率较高。为使研究采集的材料更加丰富，所以增加了三段摄录调查。

这些摄录是巴淡佛教社团与慈容学校联合主办的，庆祝春节活动结合了学校的教育理念，主题是"幸福潇洒元宵晚会"，借此普天同庆的佳节，欢乐之余，教育社会大众保护自然环境、珍惜资源、热爱生命等。这个活动是以双语进行的，其节目主持人是由慈容学校师生组成的，包括一位高中老师，一位初中老师，一位高中学生，还有一位可爱的小学四年级学生。

慈容学校是一所三语学校，有现代化的教育设施，其华文教材是新加坡教育部出版的华文课本，覆盖了幼稚园、小学、初中、高中、大学的教学。

晚会特别嘉宾是巴淡市副市长。此外，巴淡市议员黄先生，巴淡几所中学校长、老师，来自中国云南的古筝老师嫣老师，以及各位社会贤达也出席了晚会。

第二节　宗教活动实录

一、基督教教会活动

（一）棉兰教堂祭礼活动

关于教堂的祭礼活动中华语的使用情况，我们选取棉兰的 Demak 街 4B 号的一个教堂的礼拜活动进行调查和录像。礼拜活动的录像时间为 1 个小时。录像内容是做礼拜的开头到中间阶段。得到如下的结果：牧师、工作人员以及基督教徒会主动使用华语与来访者问好；牧师进行祭礼时都使用华语；歌词和经文都是华语繁体字。

（二）巴淡主日崇拜会活动

巴淡有十几个教堂，巴淡华语基督教会（Gereja Bethel Indonesia）是其中一个，今天摄录的是一个大型的星期天主日崇拜会，整个活动分为三段进行。由于印尼政府规定每个公民必须有宗教信仰，所以 1966 年以来华人庙宇、佛堂、教堂都没有被查封。华文禁锢时期，每逢农历初一、十五或各种中国传统节日，华人都会前往这些庙宇烧香祈福和进行宗教敬拜活动；每到星期天主日崇拜会，基督徒们就会到教会或教堂礼拜。但这些活动总的来说不能太张扬。

在印尼第四任总统瓦希德解除了对华文的禁锢和取消了部分歧视华人的政策后，各庙宇、佛堂、教堂里的信徒们趁此机会组织了很多活动，如开展晨会、舞蹈、歌咏等活动，增进华人之间的感情，让舞蹈歌咏组的有上台展示的机会，让年轻一代更多地接触中国文化。甚至可设立印华百家姓、宗亲会，以及各种华社组织。

巴淡华语主日崇拜会的参与人数有 1 000 多人，年龄覆盖老中青三代。因考虑到在种族多元和三语环境的巴淡仍有很多基督徒不懂华语，因此崇拜会以双语和方言进行。

活动的第一段只使用印尼语，不作翻译。由于主事牧师不懂华文，也由于部分会友们不懂华文，所以主持人先用印尼语带领大家开始唱诗和敬拜，主日崇拜会正式开始，接着敬请主事牧师讲道与带领会友进行敬拜，再接下来是林主事以印尼语作会务宣布，以及主事牧师带领会友读经和讲道。

活动的第二段用双语进行。由来自马来西亚的特别讲道嘉宾带领大家唱诗与祷告，接着是观看舞台剧《巴迪马的故事》（圣经中的故事）。舞台剧结束后她讲解这段故事与荣耀圣迹，她约一小时宣道演讲全程以双语进行，就是她以华语讲，由一人现场直接翻译成印尼语。

活动的第三段用福建话与华语混合进行。首先由青年唱诗组组长陈同学带领"青年唱诗班"唱诗，第一首以福建语带唱《牵我的手》与祷告，接下来的《我在这只因您的恩典》《我要歌颂耶和华》《感谢耶稣我的救主》和祷告都以华语进行。接着是神职员吴女士（陈同学的母亲）用华语带领祷告和讲见证。下来是王牧师带领读经。

整个崇拜会中也有些段落会混合使用华语、印尼语或福建话，大家都很积极地用华语一起唱诗、讲见证和祷告。

（三）巴淡基督徒祷告聚会

巴淡基督徒每周五的读经和祷告聚会，固定在巴淡市区的 Giden Hotel 会议厅进行。一般是以双语主讲（印尼语和华语），由主事牧师主持、蔡女士翻译，会友以华人居多。

（四）雅加达教堂平安夜活动

雅加达及郊区教堂的仪式都是一样的。我们在 2015 年 12 月 24 日平安夜当天采访了一间在 Mangga Besar 的使用华语的天主教教堂。参加该平安夜典礼的都是年老一辈的华人。80% 的信徒都是 56 岁以上的华人，20% 的信徒是 35 岁以上的华人。主持典礼的牧师是大约 60 岁的华人，还有几位年轻的华人来帮忙。

年轻的华人帮忙念圣经里的词，也帮忙领着歌唱团唱歌，还有些帮忙进行典礼。牧师也在当天讲一些圣经内的故事，或者生活中的故事。牧师的讲解 30% 用的是华语，70% 用的是印尼语。因为我们不是天主教徒，所以不太懂牧师说的内容。但是我们发现牧师的华语并不太标准，咬字不太清楚。所以牧师也用了大量的印尼语来讲解，虽然如此，教堂内的圣经都是华语的，唱的圣经歌也是华语的歌词。

二、佛教活动

（一）慈光弥勒佛院祭礼活动

关于佛堂祭礼上华语的使用情况，我们选取棉兰最大的弥勒佛堂"慈光弥勒佛院"进行录像，并借用了该佛堂坛主给佛教徒讲道理的录音光盘。对于佛堂的华语使用调查，我们把调查分成两个部分：佛堂进行祭礼的华语使用调查；坛主给佛教徒传教、讲道理中的华语使用调查。

1. 祭礼的华语使用

一贯道是来自中国的一个宗教，在印尼一般被广泛称为"弥勒佛"。一贯道来自中国台湾，在印尼的发展自 1950 年开始。我们所调查的慈光弥勒佛院就是传教一贯道的宗教。在印尼的一贯道因为来自中国台湾，因此天传士在进行祭礼的过程中都使用华语。

2. 坛主给佛教徒传教、讲道理中的华语使用

坛主、天传士给佛教徒传教以及讲道的时候，一开始都会使用闽南话。但是讲道过程中，各位坛主的语言使用会复杂化，他们会混用三种语言：华语、闽南话以及印尼语。这三种语言的使用不是翻译性的，而是一个接一个，一起使用。其中闽南话的使用频率最高。

（二）西加天慈弥勒佛院烧香仪式

西加天慈弥勒佛院（印尼语：Maha Vihara Maitreya Kalimantan Barat）位于西加省坤甸市的郊区，被称为西加最大最重要的弥勒大道佛堂。据了解，天慈弥勒佛院成立于 2002 年，正式开幕式于 2013 年农历九月二十六日举行，目前是西加省最大的佛堂。每天约有上百个佛教徒到此礼佛或祷告，主要是在早上 6：00 进行早香礼仪、中午 12：00 进行午香礼仪及下午 6：20 进行晚香礼仪。由于这三种礼仪是同样的，只是时间不同，我们就选在晚香礼仪进行录音。为了尊敬佛教徒而不影响整个烧香礼仪，我们只好选择性录音，以免打扰教徒。

首先，弥勒大道是大乘佛教的一门佛派，宗教核心在于弥勒佛，弥勒大道总部位于中国台湾。由于是来自中国台湾的一门佛教分支，弥勒大道的所有仪式与礼仪都使用汉语普通话。我们记录了佛堂坛主接拍的烧香礼仪全程。从烧香礼仪中，我们可以看到天慈弥勒佛院使用汉语繁体字；整个烧香礼仪都使用标准的汉语普通话；学员的口语很标准，很洪亮。

（三）西加天慈弥勒佛院一周年生日活动

天慈弥勒佛院成立于 2002 年，但 2013 年才正式开幕。2014 年 10 月 19 日是天慈弥勒佛院的一周年生日，由于该佛堂的教徒非常多，大多数是坤甸华人，因此该活动是坤甸华人的重大节日。为了研究和调查活动的华语使用情况，我们到场进行了录音录像。

活动名称：西加天慈弥勒佛院一周年生日。

活动时间：2014 年 10 月 19 日 12：00—15：00。

活动地点：西加坤甸天慈弥勒佛院、Ayani 2 路。

参与该活动的人很多，90% 以上都是坤甸华人，同时也有少部分印尼本地人。

因为该活动是公开性的，且佛堂也邀请了印尼政府官员，所以整个过程中华语使用比例不是很高。只有主持人偶尔使用汉语，剩下的都是用印尼语。活动开始，主持人用华语向观众说："今天是我们西加天慈弥勒佛院第一周年纪念，我们很幸福地欢迎家人们回到我们老母的佛堂。我们的佛堂就是老母妈妈明明上帝的家，是佛圣菩萨的家，也是我们道兄弟姐妹每一个人的家，所以在这里让我们

以最幸福的感觉对大家说：欢迎大家！"接下来主持人基本上都用印尼语了。活动期间，佛堂给教徒们提供了素食和饮料，参与者一边吃一边听歌手唱佛堂歌，有些歌曲是中文歌。

总之而言，天慈弥勒佛院的一周年生日虽然活动全程使用的华语比较少，但因为参加该活动的华人非常多，也因为该活动被很多人重视，所以这个活动还是属于坤甸华人的巨型活动。

（四）正德佛院第三轮银会结束感恩晚会

泗水有十几个佛堂，正德佛院是其中一个。正德佛院于 2004 年开始第一轮银会，此后每年都会举办感恩晚会。我们参与摄录了正德佛院第三轮银会结束后的感恩晚会，晚会在正德佛院假座九龙宫酒家举行，参与者有 300 余人，包括老中青三代，因考虑到很多中青年的道亲们不懂华语，此晚会以双语进行，由东爪哇华文统筹机构的秘书同时也是正德佛院的林讲师来主持。首先主持人用华语致开场词以及宣布晚会正式开始，接着恭请方点传师致辞，再接下来是银会部主任黄先生上台讲话，再后来就是余兴节目。

余兴节目也多彩多姿，有手语表演、独唱、小合唱、扇舞、太极、爪哇舞、乐龄球表演、健身舞、飞天舞、现代舞等节目，共有 22 项。华语节目占多数（19 个），其中有独唱华语歌曲，跳中国传统舞，穿中国传统服装，表演太极、乐龄球等，有浓浓的中华特色；印尼地方特色的节目有 3 个，爪哇舞、《Bolobo-lo》和《Rasa Sayange》。从录像中可以得知，表演节目的主要是中老年人，青年人不是很积极，只贡献了三个节目。

（五）雅加达平安寺法谈

关于佛堂的仪式，我们选择了直接去平安寺参加华语的法谈。那时讲法的和尚是来自西藏教派的中国人。他讲法时全部用华语。他每讲一段，就有一位华人作翻译。其实那时中国的和尚讲法只用了 45 分钟，但因为有翻译，全场用了一个半小时。因为当时是星期六晚上七点，所以来听课的信徒只有大约 10 个人。可能因为是用华语讲的课，所以没有那么多人来听。

帮忙翻译的是这里的华人，他的年龄大约 40 岁，他翻译得很清楚也很专业。来听课的都是华人，多数都是年老的人，只有一两个是 30 多岁的。

我们采访了弥勒佛（一贯道）的朋友。了解到他们那里的佛堂举办静香典礼时用华语，唱的也是华语的佛歌。但是讲课时，都是用印尼语来讲。就像慈济的佛堂，他们的布告栏内的讯息都是用华语作标题，但是内容都是用印尼语写的。

第三节　婚礼仪式及晚宴活动实录

一、雅加达婚礼仪式

雅加达市区与郊区的华人婚礼仪式有些差别。雅加达市区的华人多数穿的是西式的白色婚纱，但是丹格朗的华人穿的是中国传统红色婚服。雅加达及郊区的华人的婚礼都是在佛堂、教堂或者其他宗教场所举办的。这是印度尼西亚政府的条规，办结婚证必须有佛堂、教堂或者其他宗教场所发的完婚证。

雅加达的华人大多数都是在餐馆举办婚宴，请亲戚朋友一起来庆祝。有的宴会是自助餐，有的是摆酒席（围餐）。当天晚上，他们会通过切蛋糕、倒红酒的仪式来庆祝。嘉宾们都会带红包来参加宴会，多数宴会是用印尼话主持的，但也有的是兼用华语和印尼话。通常华人送的花圈都是用华语写的，普遍写的是"郎才女貌""百年好合"等。婚宴的食物都是由餐馆煮的美食，比较多样化，有中餐和印尼餐。婚宴多数限制在两三个小时内。

二、棉兰婚礼仪式及晚宴活动

对于棉兰华人的婚礼上华语的使用情况调查，我们主要通过借用棉兰华人结婚光盘的方式进行。我们共借用了三个棉兰华人的婚礼光盘，这三个人的结婚时间分别为 2008 年、2011 年和 2012 年。光盘里面的资料包含举行婚礼当天所有的活动，如：接新娘、亲戚聚集、新郎新娘互换戒指、敬茶等整个礼仪过程以及结婚晚宴的具体情况。在此，我们把调查分成两个部分，即结婚仪式的华语使用情况和结婚晚宴的华语使用情况。

根据结婚光盘的资料，我们发现主持人主持结婚仪式时，其华语使用存在多样性，但是存在共同的语言使用特点与规律。

（1）华语的使用。进行婚礼时，华语的使用比较少。其使用范围只限于主持人主持结婚仪式的开头几句话，这几句话是用来指令某人做某件事的，如：新郎新娘行对父母的见面礼、新郎娶新娘、新郎新娘交换结婚礼花、新娘兄弟姐妹聚会的仪式、交换戒指的仪式、新娘向新郎的父母敬礼的仪式。

（2）棉兰福建话的使用。因为棉兰福建话是棉兰华人在社会生活中的日常用语，因此进行结婚仪式时往往也离不开它。在结婚仪式上，如果说华语是用来下指令的，那棉兰福建话的使用就主要是主持人用其指导新郎新娘完成结婚仪式的。新郎新娘在结婚仪式的中间或者结束以后，主持人会使用棉兰福建话或印尼语逗乐新郎新娘以及参加结婚仪式的亲戚朋友。主持人在新郎或者新娘家主持敬茶礼仪时，用的也是棉兰福建话。

根据录像资料，主持结婚晚宴的主持人和白天主持结婚仪式的主持人是同一人。主持人主持结婚晚宴时使用印尼语和华语。在结婚晚宴的一开始，印尼语的使用最多，包括欢迎参加者、介绍新郎新娘。主持人使用印尼语之后，再使用华语欢迎贵宾以及介绍主婚人。

在结婚晚宴上演出的节目主要是唱中文歌和舞蹈。主持人在介绍结婚晚宴演出节目时，印尼语和华语的使用频率是一样的，但是两种语言的使用存在多样性。有时先使用印尼语再使用华语，有时先使用华语再使用印尼语。主持人介绍以及感谢参与节目的贵宾们时，主持人的华语可以说是翻译性地重复使用。

第四节　交流和比赛活动实录

一、交流或联欢活动

（一）雅加达暨南大学校友联欢会

关于雅加达暨南大学校友联欢会，我们选择的是 2015 年 8 月在新大旺餐馆（New Tawang Restaurant）举办的联欢会。参加此次联欢会的都是雅加达会员，只有几个是八华华语主任梁老师带来的广州暨南大学毕业的校友。雅加达暨南大学 05 级到 08 级的校友 80% 都是 50 岁以上的华人。而 2009 级到 2015 级的雅加达暨南大学的学生只有 80% 是年轻的华人（大约 20~30 岁），20% 是 50 岁以上的华人。

联欢会的主持人全程使用华语，所有节目名称也都使用华语。

（二）巴淡文化交流与古筝欣赏

巴淡文化与音乐交流会，地点是巴淡和谐文化基金会，主要嘉宾是来自中国云南的古筝老师嫣老师，她是舞蹈老师黄老师在云南的朋友，这次她专程到印尼来体验异国的春节气氛。与会者有巴淡和谐文化基金会创办人陈先生、会长黄先生，议员黄先生，以及几位暨南大学远程教育的学生。黄老师先给大家介绍嫣老师，接着请嫣老师演奏古筝名曲《一帘幽梦》《茉莉花》，欣赏完古筝乐曲，大家一起边用茶点一边交流。

（三）第二届苏北文学节

第二届苏北文学节于 2013 年 10 月 4 日举行。举行文学节的目的是对印华文学、历史及文化进行深入研讨，促进印尼民族文化的多元发展，加强兄弟民族之间的和平共处，以取得多方的共赢效应。此举希望能得到海内外各界人士和机构在资金上和智慧上的支持。

苏北文化节的主持人是两位女性。主持人 A 是青年人，主持人 B 是中年人，两人都是棉兰华人。主持节目的开幕式时，首先由 A 主持人使用印尼语开场，然后两位主持人再共同使用华语欢迎各位来宾。开幕式上，A 主持人主要使用印尼语介绍苏北文化节以及邀请各位领导人上台发言，然后 B 主持人再使用华语作介绍以及邀请。台上两位主持人互相配合，语言的使用是翻译性的使用。

开幕式结束后，主持人就主持演出。这次由一个主持人单独主持节目。其中，A 主持人主持节目的次数最多，共 16 次，有 11 次是先使用印尼语再翻译成华语，有 2 次用华语，有 3 次先使用华语再翻译成印尼语。而 B 主持人的主持次数共 7 次，都是用华语。与会者大多使用棉兰福建话，少数使用印尼语、华语方言，如客家话和广东话。

（四）雅加达三语学校交流会

基本上，印尼三语学校协会每年都会举办一次研讨会，因调查需要，我们参加了 2016 年 4 月 18 日在雅加达吉祥山学校举办的三语协会会议。那次会议的目的是迎接北京华文学院的理事来雅加达招生。参加会议的有来自雅加达三语学校的理事，也有雅加达暨南校友会的理事。招生宣讲使用华语。

二、比赛活动

（一）第二届坤甸象棋大赛

自从 2013 年开始，印尼西加孔教华社总会每年都会举办全市象棋比赛，参加者都是坤甸华人。2014 年该活动定于 9 月 13 日到 14 日两天举行。比赛不分等级、不分年龄，采用瑞士轮赛制（赢：2 分，平：1 分，输：0 分，根据参赛者的分数作排序）。

由于调查者是个象棋爱好者，所以也参加了本年的象棋大赛，在比赛中调查坤甸华人的生活语言使用情况。然而，调查者比赛中却发现主持人在比赛全程使用的都是印尼语，偶尔用潮汕话，因此就放弃录像，选择拍照。参赛者共有 22 人，全都是华人，约 70% 是 45 岁以上的，20% 是 25~45 岁的，10% 是 25 岁以下的，而观众也都是华人。

比赛从 9：00 持续到 17：00。比赛过程中，经常听到参赛者喊"将军"，也偶尔听到有人喊"死棋"，这都是用华语方言喊的。

（二）第七届西加哥哥妹妹大赛决赛

哥哥妹妹大赛是西加华人青年人中华文化与才艺比赛，男性选手被称为哥哥，女性选手被称为妹妹，比赛目标就是选择谁能担任本年的"哥哥妹妹"。哥哥、妹妹相当于一种职业，主要任务是作为西加华人的代表，普及中华文化及代言西加的旅游行业。因此，该活动的范围不限于坤甸，而是包括整个西加省。活动分成很多赛区，但决赛每年都在坤甸市举行。

在本届哥哥妹妹大赛决赛，我们被选为评委老师，主要任务是判断选手们的华语水平并辅导选手的汉语口头表达。本届决赛共有 18 位选手，9 男 9 女，来自不同的地区，共有 6 个选手来自坤甸市，华语水平比较好的只有 4 位选手，剩下的水平比较低，甚至有一位选手完全不懂华语普通话。因此，比赛前一周，哥哥妹妹联盟机构要求我们给选手们进行华语辅导。比赛定于 2015 年 3 月 1 日，我们对整个比赛过程进行了录像录音。

1. 比赛内容及计分

比赛内容主要有八个方面：公众演讲、印尼概况常识、印尼政治常识、印尼文化常识、思想道德及创新知识、中华文化常识、英语演讲及华语演讲。中华文化常识占比赛总分数的 10%，而华语演讲只占比赛总分数的 2%。华语演讲比例之所以非常低，是因为选手仅仅在自我介绍时用华语，回答评委提问时依然用印尼语。

2. 比赛时间与地点

比赛时间：2015 年 3 月 1 日 19：00—00：00。

比赛地点：坤甸市 Diponegoro 路。

3. 比赛环节

第一环节：选手务必用三种语言（华语、印尼语及英语）作自我介绍。在这个环节，我们仔细观察选手的中文水平。

第二环节：抽红包回答问题。选手分别抽取红包，红包里面有一张纸条，纸条上写着一道题，选手要回答纸条上写着的问题。在这个环节，选手用印尼语回答，除非抽到了中文的纸条，那选手就必须用中文回答问题。18 张纸条中，只有两张是中文的。

第三环节：评委提问。选手回答问题时候基本上都是用印尼语回答。

第四环节：计分时间。

第五环节：比赛完毕，主持人公布本年哥哥妹妹大赛的冠军及其他奖励。

比赛全程大部分都用印尼语进行，除了选手用华语作自我介绍，主持人偶尔也会说几句华语，如："大家晚上好！""很棒！"等。也可以说本活动华语使用得比较少。我们认为本赛是比较正式而且具有公开性的，因此，印尼语使用得比较多。但无论如何，哥哥妹妹大赛是西加省最大的华人节目之一，也是坤甸最有代表性的华人节目之一。

第十章 印度尼西亚华人社区华语载体风貌

第一节 调查内容

我们对印尼棉兰、坤甸、泗水、巴淡和雅加达五个华人集中的主要城市中含有华文的路牌、招牌、楹联、广告、标语、门牌、牌匾、墓碑、店名等进行拍照。调查对象包括繁简体汉字以及有关汉语的语言标志。

第二节 调查结果

一、棉兰城市华语风貌调查结果

我们共收集了 283 张图片：

在华人比较集中的居住区、超市、广场等共收集了 12 张有关店名的照片，此外，有 6 张有关佛堂，教堂以及寺庙的，7 张有关广告的，14 张有关招牌的，39 张有关通知栏的，20 张有关对联以及门联的，6 张有关神碑的，10 张有关墓碑的，2 张有关请柬的，4 张有关菜单的，84 张有关展品包装的照片。

对棉兰当地最有代表性的报纸 *Analisa* 进行拍照，主要拍照对象是报纸里所发表的广告、通知及其他信息。在 13 个不同的时间段对 *Analisa* 报纸进行拍照，1 次对 *Kartu merah* 报纸以及 1 次对 *Tribun* 报纸进行拍照。收集到了 14 个使用华文的广告，35 个使用华文的过世通知以及 12 个华文俗语。

通过互联网，下载了 1 张华文菜单图片，1 张华文包装纸图片，2 张华文门联图片，1 张华文神碑图，2 张华文俗语图片，11 张华文招牌图片。

二、雅加达城市华语风貌调查结果

共收集 122 张图片：7 张华语广告照片，3 张华语通告照片，1 张华语比赛证书照片，1 张华语商店招牌照片，8 张宗教建筑上的华文照片，2 张华人殡仪馆照片，5 张使用华语的华人学校招牌照片，3 张使用华语的酒店招牌照片，3 张表演与会议照片，3 张碑刻照片，21 张华语门牌照片，6 张雅加达及郊区三语学校门牌照片，27 张餐馆使用华语门牌照片，2 张使用华语礼券和名牌照片，12 张使用华语的产品包装照片，18 张使用华语的请帖、菜单和花圈照片。

三、坤甸城市华语风貌调查结果

共收集 52 张华文风貌的图片：10 张坤甸华人生产的饮食产品照片，8 张姓氏公所照片，6 张宗教的照片，8 张商店招牌照片，5 张华人节日的照片，8 张请柬照片，4 张墓碑照片，2 张报纸照片以及 1 张通知照片。

四、巴淡城市华语风貌调查结果

共收集 345 张图片：43 张店名照片，59 张广告照片，59 张标语、布告照片，10 张指路牌照片，41 张摊位照片，45 张宗教、学校及其他场所照片，64 张活动、生活照片，19 张海报、请柬照片，3 张楹联照片，2 张牌匾及其他照片。

五、泗水城市华语风貌调查结果

共收集 102 张图片：70 张店铺招牌照片，11 张标语照片，3 张海报照片，1 张指路牌照片，12 张广告照片，1 张通告照片，4 张商品广告词照片。

第三节　结果分析

通过对印尼的华语风貌进行的穷尽式拍照调查，共得到 904 张图片，覆盖了印尼各华人主要聚居城市的路牌、招牌、楹联、广告、告示、门牌、牌匾、墓碑、店名等。

一、用字分析

对于印尼华语风貌的调查共采集 6 141 个字符，汉字占总次数 5 440，汉字总字种数 1 375。其中简化字总次数 4 815，简化字字种数 1 159，简化字总次数和汉字总次数的比例为 88.51%，简化字字种数占汉字总字种数的比例为 84.29%；繁体字总次数 595，繁体字字种数 200，所有繁体字共出现文档数 260，繁体字总次数占汉字总次数的比例为 10.94%，繁体字字种数占汉字总字种数的比例为 14.55%，含繁体字的图片有 260 张；异体字总次数 18，异体字字种数 9，所有异体字共出现文档数 17，异体字总次数占汉字总次数的比例为 0.33%，异体字字种数占汉字总字种数的比例为 0.65%，含异体字的图片有 17 张。

使用频率前 100 位的汉字及其频率是：

表10-1　使用频率前100位的汉字及其频率

字种	频率（%）	字种	频率（%）	字种	频率（%）	字种	频率（%）
大	1.05	华	0.46	馆	0.33	吉	0.24
福	1.01	事	0.44	迎	0.31	鸡	0.24
素	0.94	幸	0.42	淡	0.31	骨	0.24
中	0.92	堂	0.42	安	0.31	主	0.22
心	0.79	日	0.42	合	0.29	學	0.22
會	0.79	彌	0.42	好	0.29	物	0.22
会	0.79	教	0.42	财	0.29	廳	0.22
家	0.75	的	0.42	有	0.28	三	0.22
人	0.68	之	0.39	台	0.28	美	0.22
海	0.68	学	0.37	各	0.28	国	0.22
食	0.64	金	0.37	校	0.26	高	0.22
文	0.59	和	0.37	小	0.26	发	0.22
印	0.57	光	0.37	现	0.26	帝	0.22
喜	0.57	公	0.37	味	0.26	德	0.22
茶	0.57	一	0.35	市	0.26	春	0.22
年	0.55	晚	0.35	發	0.26	子	0.20
香	0.53	肉	0.35	源	0.24	樂	0.20
佛	0.53	勒	0.35	鱼	0.24	谐	0.20
天	0.50	快	0.35	音	0.24	湾	0.20
尼	0.50	化	0.35	宴	0.24	通	0.20
慈	0.50	场	0.35	水	0.24	氏	0.20
新	0.48	如	0.33	平	0.24	清	0.20
生	0.48	品	0.33	面	0.24	南	0.20
恭	0.48	乐	0.33	錄	0.24	江	0.20
意	0.46	酒	0.33	楼	0.24	歡	0.20

使用频率前 99 位的繁体字及其频率是：

表 10-2　使用频率前 99 位的繁体字及其频率

字种	频率（%）	字种	频率（%）	字种	频率（%）	字种	频率（%）
會	7.23	進	0.84	魚	0.50	語	0.34
財	2.69	節	0.84	鷹	0.50	業	0.34
發	2.35	結	0.84	義	0.50	協	0.34
錄	2.18	記	0.84	葉	0.50	現	0.34
學	2.02	風	0.84	陽	0.50	無	0.34
廳	2.02	東	0.84	嚴	0.50	圖	0.34
樂	1.85	餅	0.84	亞	0.50	孫	0.34
歡	1.85	錶	0.84	鴨	0.50	樹	0.34
館	1.85	標	0.84	灣	0.50	書	0.34
萬	1.68	運	0.67	頭	0.50	壽	0.34
華	1.68	藥	0.67	條	0.50	聖	0.34
國	1.68	時	0.67	順	0.50	薩	0.34
廣	1.68	親	0.67	勝	0.50	灑	0.34
鐘	1.34	龍	0.67	熱	0.50	榮	0.34
請	1.34	聯	0.67	臨	0.50	氣	0.34
興	1.18	蘭	0.67	劇	0.50	滿	0.34
廟	1.18	講	0.67	濟	0.50	絡	0.34
鴻	1.18	際	0.67	賀	0.50	樓	0.34
處	1.18	飯	0.67	貴	0.50	領	0.34
願	1.01	燈	0.67	單	0.50	曆	0.34
鮮	1.01	報	0.67	誠	0.50	經	0.34
張	0.84	愛	0.67	陳	0.50	貨	0.34
園	0.84	製	0.50	賓	0.50	許	0.34
師	0.84	緣	0.50	雲	0.34	後	0.34
門	0.84	餘	0.50	圓	0.34		

二、用词分析

全部用词 3 058，词种数 1 406。

成语种数 10，词种和频次如下：万事如意 150 次、吉祥如意 167 次、国泰民安 448 次、风调雨顺 465 次、有求必应 613 次、喜气洋洋 725 次、善男信女 875 次、马到成功 988 次、功德无量 1 215 次、大吉大利 1 305 次。

词长及其对应的词种数为：词长为 1 的词种数是 499，词长为 2 的词种数是 541，词长为 3 的词种数是 49，词长为 4 的词种数是 11，没有词长为 5 及以上的词语。

对应覆盖率的词种数及其在总词种数中的比例如表 10 - 3 所示：

表 10 - 3　对应覆盖率的词种数及其在总词种数中的比例

序号	覆盖率（%）	词种数	占总词种数的比例（%）
1	10	13	0.92
2	20	38	2.70
3	30	79	5.62
4	40	137	9.74
5	50	223	15.86
6	60	348	24.75
7	70	501	35.63
8	80	794	56.47
9	90	1 100	78.24
10	91	1 130	80.37
11	92	1 161	82.57
12	93	1 191	84.71
13	94	1 222	86.91
14	95	1 253	89.12
15	96	1 283	91.25
16	97	1 314	93.46
17	98	1 344	95.59
18	99	1 375	97.80

覆盖率在10%～50%的词语有222个，具体如下：

表10-4　覆盖率在0～50%的词语分布

覆盖率（%）	词语
0～10	印尼、素、大、素食、的、幸福、福、茶、之、堂、佛、慈、恭喜
10～20	勒、香、天、淡、中心、晚会、海、家、文化、源、一、新年、心、事、氏、日、平安、华、和谐、附、巴、迎、宴、现场、快乐
20～30	鸡、与、台湾、三、肉、人、年、江、发财、中、小、味、及、骨、德、正、学校、喜、旺、通、是、市、如意、面、棉、快、健康、黄、和、好、海鲜、光、各、道、大自然、祝、中医、中文、音、新、舞
30～40	寺、水、生、神、容、请、清、明、美、林、教育、合、海南、馆、等、大家、春、城、菜、不、粥、真、珍、在、院、有、油、校、夏、文、王、丸、世界、生意、善、钱币、楼、老师、坤、咖啡、酒楼、酒家、金、华人、红、府、非、兑换、地、城市、成、潮州、场景、八、祖、庄、砖、主持人
40～50	主持、针法、元宵、玉、鱼、有限公司、永、印、叶、燕窝、小吃、香港、万事如意、同、四海、食、社、全、期、牛肉、旅游、利、李、看、开心、九、敬、交流、嘉宾、吉祥如意、基金会、欢迎、黑、果、光临、古筝、公、富、佛光、粉、饭、殿、帝、到、慈善、包、爱、总会、宗亲、字画、装、中国、至、招生、张、语、鱼头、用品、音乐、一家、也、学习、学历、玄、星、谢谢、西、吴、无、我们、位、为、团圆、土、图、特、汤、炭、台、岁、酥、蔬、式、烧烤、上帝

三、语符类型及语符搭配分析

（一）商店名称的语符类型及语符搭配

商店名称的图片主要采集于唐人街、华人聚集的社区和大型商场。调查结果显示，店铺名称因处在不同方言片区而呈现明显的区别：南方广东话、客家话、潮汕话方言区的特色店，一般使用"印尼语＋拼音（可有可无，有的话也是方言的发音习惯）＋繁体汉字"形式的店铺招牌，且汉字占的空间比例小。比如"德记鸭米粉"，鸭米粉是中国南方特色美食，如广东等地区的华侨华人一般是早期移民去印尼的，所以使用印尼语的居多，有时候还会辅以英语，如"good luck"，或者用南方方言翻译，如"hauw hauw""Din Tai Fung"。而来自北方官话区的特色店铺或近年在中国内地流行的品牌一般使用简体汉字，配以汉语普通话拼音或南方某方言的拼音，而且用语与中国内地无异，汉字在招牌上占的空间比例大。比如"辣妹子""春秋旅游"都是国内常见的商店名称，移到印尼也基本保留原有的语符类型。少数店铺用数字作为招牌，利用汉语的读音取义，比如"888"商店。具体如图10-1、10-2、10-3所示：

图 10-1 德记鸭米粉招牌

图 10-2 南方方言系的招牌

图 10 - 3　北方官话系的招牌

（二）路牌的语符类型和语符搭配

因为照片拍摄点基本是华人聚集的街道和商场，所以收集到的路牌照片有三种类型：华人社区的佛堂、教堂、寺庙等的指示牌；大型商场的商圈、店铺分布牌；知名华校的路面指示牌。一般是华文和印尼文都有，华文的位置可在上面也可下面，字体的大小与印尼文相当。具体如图 10 - 4 所示：

图 10 - 4　华文路牌

（三）楹联、牌匾的语符类型和语符搭配

楹联和匾额的语言景观完全保留了中国传统的形式，完全使用华文书写，且大多数使用繁体华文书写，少数从中国进口的现代楹联是用简体华文书写的。具体如图 10 – 5 所示：

图 10 – 5　华文楹联、牌匾

（四）广告的语符类型和语符搭配

广告语言景观根据来源和受众分成三种类型：印尼当地政府做的面向华人的节日祝福广告牌，一般使用有中国元素的背景或者用汉语拼音"gongxifacai"；华人佛堂或者面向华人社区的餐厅、聚会通知，一般使用华文＋印尼语，华文所占版面比较大，印尼语一般用于辅助阐释或者充实画面；面向各族裔的广告，一般使用华文作为主要标题，使用大量印尼语作为阐释。具体如图 10 – 6 所示：

图 10 - 6　各种类型的广告语言景观

（五）告示的语符类型和语符搭配

各类场所的告示语言景观形式都比较单一，一般是华文和印尼文互译，华文的位置不定，且有时语序不太准确。比如："用了过后汤匙、杯盘、碗、筷子要自己洗。"正确的顺序应该是："汤匙、杯盘、碗、筷子用了过后要自己洗。"字体有时候是繁体有时候是简体，佛堂、同乡会以繁体字居多，华文学校多使用简体字。具体如图 10 - 7 所示：

图 10 - 7　各种类型的告示语言景观

（六）墓碑的语符类型和语符搭配

墓碑的语言景观完全保留了中国传统的形式，墓碑刻文完全使用繁体华文书写。具体如图 10 - 8 所示：

图 10 - 8　墓碑语言景观

第十一章　印度尼西亚华文媒体用词用语研究[①]

第一节　语料介绍、方法与术语说明

一、语料介绍

为了收集印尼媒体华文语料，我们选择了印尼三家规模和影响力较大的华文报社作为研究对象。每一家报社的开办时间都不同，印尼当地新闻和社会新闻的版面数量也不同，所以在研究时选择每一个地区的华文报纸资料的数量也截然不同。

本章的语料仅限于印尼的华文报纸语料（下文统称"华文语料"）。语料的来源如下：

雅加达《国际日报》：2010—2014 年。

泗水《泗水晨报》：2010—2014 年。

棉兰《苏北早报》：2010—2014 年。

语料资料都来自该报社的资料库存档文件，做了去除 Html 标签信息和广告信息的处理，也去除了该报社转载的资料，之后抽取了正文、标题、发表时间等信息。总文本数为 61 660。下面是语料的具体讯息：

雅加达《国际日报》：文本数 25 417。

泗水《泗水晨报》：文本数 25 653。

棉兰《苏北早报》：文本数 10 590。

为了更好地研究华语的特点，同时进行了华文语料与中国国家语言资源监测语料库语料（下文统称"监测语料"）的比较调查。[②] 监测语料来自国家语言资源监测与研究中心平面媒体分中心和网络媒体分中心 2005—2008 年的语料，共 4 474 675 个文本文件，3 709 908 405 字次（不含部件），2 145 386 164 词次。

[①]　本章内容由印度尼西亚当地华侨华人撰写，仅作必要修改，使其让读者易于理解的同时保留了其原汁原味，这些文字内容本身就是华语生活的重要组成部分。

[②]　详细情况请参看国家语言资源监测与研究中心，中国语言生活状况报告：2008 下编［M］. 北京：商务印书馆，2009.

二、方法说明

本章参照中国内地汉语词语使用规范对华文语料的词语进行分析调查。调查项包括频次、频率、文本数、使用率、覆盖率等，并且和监测语料进行共用、独用、频序比的对比分析。

本章通过对印尼华文语料特色词语的调查研究，形成了《印尼华文语料特色词语表》，并列举词语的提示性释义、例句、频次和出现文本数。

三、术语说明

（一）频次、频率、文本数

1. 频次

频次就是次数，将一组计量资料按观察值大小分为不同组段，然后将各观察值归纳到各组段中，最后清点各组段的观察值个数（称频数），以表格形式表示出来。例如在本章的华文调查语料中，汉字"的"总共出现了 561 479 次，其频次即为 561 479，是语料库语言学中最基本的描写字词统计量的参数。

2. 频率

频率指的是某一调查对象的频次与整个语料所含调查对象总频次的比值。

3. 文本数

文本数指的是调查语料中某一调查对象出现的文本或文档的个数。例如在华文语料中，汉字"的"总共在 58 607 个文本文件中出现过，其文本数即为 58 607。文本数是对频次的补充，是反映字词使用范围，即文本分布的重要参数。

（二）累加频率、覆盖率、使用率

1. 累加频率

累加频率指的是调查对象按频率排列，依次相加所得到的值。频率一般按降序排序。如某统计中将汉字按频率降序排列，前三位分别为："的"，频率为 4.4%；"在"，频率为 1.4%；"是"，频率为 0.9%，那么，截至"是"字的累加频率即为：4.4% + 1.4% + 0.9% = 6.7%。

2. 覆盖率

覆盖率（Coverage Rate）指的是调查语料内指定调查对象占所有调查对象总量的百分比。如《中国语言生活状况报告（2005）》（下编）将汉语常用词语按照频次降序排列，前 4 179 条词语占了总调查语料 9 亿字的 80%，那么这前 4 179 条词语的覆盖率就是 80%。

3. 使用率

使用率（Capacity Utilization）指的是某一调查对象分布率和使用频率的综合

计算值。使用度越高，分布越均匀，使用度与频次也就越接近。

（三）频序、频序比

1. 频序

频序指的是某一调查对象在不同语料中按频次、频级或频差排出的顺序。如："是"字在华文语料按频率由高到低排列的字表中，顺序为3，其频序即为3。本章中，频序指的是按频次排出的顺序。

2. 频序比

频序比指的是某一调查对象在不同语料中按频次排列的位序的比值。即将所有调查对象按频次从高到低排列，用调查表中某调查对象的位序值除以参照表中相同调查对象的位序值，得到的就是该调查对象的"频序比值"，即"频序比"。

（四）词种、词种数

1. 词种

词种指的是调查语料中不重复的词。本调查中统计了不重复的华文语料词列表，以及词种的数量。

2. 词种数

词种数指的是某调查范围内不重复的词语的个数。如《中国语言生活状况报告（2005）》（下编）的用字用词调查中词种数为1 651 749。

（五）共用、独用

1. 共用

共用指的是某一调查对象在全部调查范围内皆有使用。本章在对比华文语料和监测语料词语时，发现了很多相同的词语，这些词语出现频率都较高。

2. 独用

独用指的是某一调查对象只在某一调查范围中使用。本章在对比华文语料和监测语料时，发现了部分独用词语，主要以新闻性词语和印尼特色人名地名为主。

第二节　印尼华文语料用词用语研究

本章将对印尼华文媒体的用词用语进行频次与词种数的分析、词语的覆盖率统计、高频词语的词长统计、高频词语用字情况分析、成语在全部词语和高频词语中的分布分析等。

华文语料词语使用基本情况如下：

词语总频次：共计12 783 256，即不包含标点、符号、纯外文、纯阿拉伯数字、数字与外文混合式、网址等的分词单位的总次数。

词种数：155 269。

一、频次与词种数的关系

表 11-1 显示了华文语料词语的频次与词种数的关系：

表 11-1　频次与词种数的关系

频次 = 1		频次 ≤5		频次 <10		频次 ≥10	
词种数	比例（％）	词种数	比例（％）	词种数	比例（％）	词种数	比例（％）
68 530	44.14	110 920	71.44	123 168	79.33	32 101	20.67

从表 11-1 可以看到，华文语料频次为 1 的词种数占总词种数的 44.14％，而频次不超过 5 的词种数的占比达到 71.44％，频次低于 10 的达到 79.33％。这说明华文语料中低频词很多。

表 11-2 显示了详细的频次与词种数的关系：

表 11-2　频次与词种数的详细关系

频次	词种数	比例（％）	累计（％）
1	68 530	44.14	44.14
2	20 511	13.21	57.35
3	10 536	6.79	64.14
4	6 696	4.31	68.45
5	4 647	2.99	71.44
6 ~ 10	12 248	7.89	79.33
11 ~ 20	9 249	5.96	85.29
21 ~ 100	13 214	8.51	93.80
>100	9 638	6.21	100

二、词语的覆盖率

表 11-3 列出了从 10％ ~ 99％各区段覆盖率的词种数情况：

表 11 - 3　华文语料不同覆盖率的词种数

覆盖率（%）	词种数	占总词种数比例（%）
10	8	0.01
20	36	0.02
30	96	0.06
40	213	0.14
50	432	0.28
60	827	0.53
70	1 559	1.00
80	3 110	2.00
90	7 572	4.88
91	8 509	5.48
92	9 656	6.22
93	11 094	7.15
94	12 957	8.34
95	15 486	9.97
96	19 123	12.32
97	24 812	15.98
98	35 110	22.61
99	60 134	38.73

从表 11 - 3 可见，整体上，华文语料的高频词（覆盖率达到 90% 时的词语）仅占到总词种数的 4.88%，只使用了 7 572 个词种，这说明，华文语料中，常用的高频词使用得比较集中；低频词（覆盖率为 90% 以后的词语）的数量则占绝大多数。

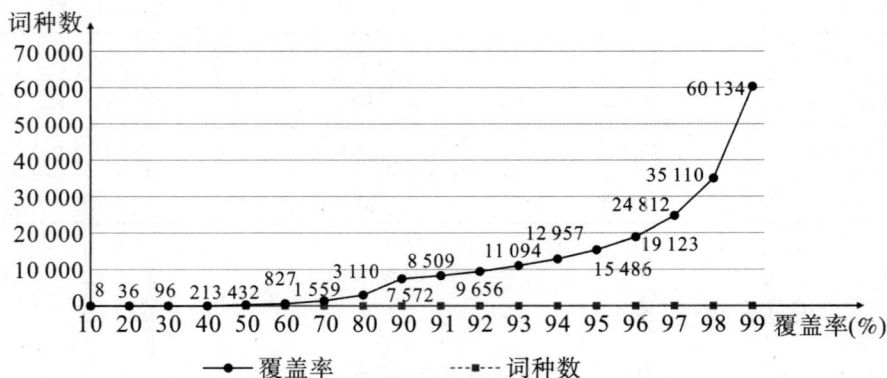

图 11 - 1　各覆盖率中的词种数

表 11 - 4 列举了覆盖率在 0～50% 的词种：

表 11 - 4　覆盖率在 0～50% 的高频词种

覆盖率（%）	词种（词种数）
0～10	的、在、是、和、一、有、为、说（8）
10～20	了、他、与、将、日、本、印尼、也、不、报、讯、泗水、这、盾、会、中、个、对、人、名、我们、及、时、还、已、上、能、主席（28）
20～30	东、政府、等、都、们、多、中国、他们、大、于、该、到、雅加达、之、由、公司、而、并、年、每、国家、我国、两、活动、向、以、表示、就、至、举行、后、所、三、新、要、更、今年、位、总统、经济、最、进行、希望、月、发展、陈、记者、因为、副、下、从、称、来、但、次、工作、地区、建设、各（60）
30～40	黄、国、爪哇、爪、目前、其、以及、合作、苏北、此、或、据、达、可、投资、企业、市场、部长、社会、大家、棉兰、我、其中、美元、前、没有、因此、高、开始、家、地方、参加、地、里、十、国际、举办、学生、给、已经、问题、总、林、让、银行、文化、学校、发生、老师、代表、好、主任、机构、通过、华、把、成为、很、省长、增加、提高、教育、使、居民、世界、工程、大学、有关、支持、协会、张、获得、要求、警方、内、上述、根据、出、安、只、省、着、亲、委员会、方面、出席、种、必须、如果、长、组、比、项、天、李、民众、才、她、托、再、计划、中心、市长、来自、会议、又、全国、届、人员、可以、医院、因、五、四、县、包括、同时（117）
40～50	间、巴、人民、即、预算、印、如、区、其他、吴、这些、岁、服务、报道、当地、万、非常、云年、马、仪式、准备、时间、二、理事、吨、棉市、第一、几、为了、局、由于、党、起、议会、数、用、共、约、出口、第二、资金、提供、虽然、最后、认为、校友、百、需要、价格、组织、正、致词、继续、案、些、生产、成立、宗、机场、比赛、特别、燃油、国会、金、造成、共同、受、拉、外、决定、所有、曾、基金会、学习、许多、点、当、感谢、事、行动、友、交流、达到、主持、节目、产品、乡亲、人士、周年、媒体、得、国内、情况、应、成、主要、分、苏、结束、酒店、生活、而且、晚会、贷款、成员、小、华文、美国、辆、工业、华人、同、棉、号、价值、受到、减少、庆祝、调查、人数、影响、做、市府、进口、健康、社、王、之后、余、供应、警署、集团、警察、北、贸易、欢迎、增长、作、但是、领导、交通、能够、东盟、图、自己、除了、那、自、仍、利、期间、传统、市、旅游、六、中华、过、加强、联谊会、努力、这个、摄、未、占、作为、部门、另、现在、先生、教师、民族、可是、下午、大厦、发现、现场、2011 年、企业家、酉、委、所以、得到、如此、拥有、此外、公斤、管理、了解、千、晚、参与、米、解决、津贴、可能、会馆、议员、设施、接受、队、无、示威、仅、朔年、杨、此次、结果、第三、团结、新加坡、正在、积极、则、各地、汽车、措施、指标、报告、周（219）

三、高频词语的词长分布与用字统计

本章将覆盖率达到90%的所有词语称为高频词语。华文语料的高频词语共7 572个。

表11-5显示了高频词语的词长分布情况：

表11-5 高频词语的词长统计

词长	词种数	占总词种数比例（%）	累计（%）
1	1 608	21.24	21.24
2	5 101	67.37	88.61
3	686	9.06	97.67
4	134	1.77	99.44
5	40	0.53	99.97
6	2	0.03	100
7	1	0.01	100
>7	0	0	100
总计	7 572	100	100

从表11-5可以看到，华文语料约70%的词种是二字词。单字词也比较多，约占1/5。

表11-6显示了高频词语的用字情况：

表11-6 高频词语用字情况

共使用汉字次数	14 381
字种数	2 219
平均每个词语由多少个汉字组成	1.90
平均每个汉字使用次数	6.48
平均每个汉字在多少个词语中出现	3.41

表11-7显示了高频词语的高频用字情况：

表 11 - 7 高频词语的前 100 个高频用字及其构词数

字	构词数	字	构词数	字	构词数	字	构词数
会	99	公	41	外	33	为	28
人	84	发	41	时	33	苏	28
年	77	到	41	前	33	品	28
大	77	主	40	机	33	量	28
中	66	水	40	合	33	作	27
国	65	地	40	分	33	拉	27
生	60	车	39	子	32	好	27
部	58	动	38	电	32	份	27
业	57	期	37	用	31	方	27
一	54	力	37	下	31	道	27
不	54	文	36	团	31	意	26
学	53	市	36	同	31	新	26
长	53	商	36	日	31	物	26
月	52	教	36	产	31	务	26
出	52	加	36	员	30	路	26
上	49	总	35	于	30	进	26
工	47	者	35	体	30	交	26
行	46	万	35	区	30	华	26
来	46	理	35	自	29	第	26
民	45	成	35	以	29	当	26
家	44	心	34	面	29	达	26
事	43	明	34	局	29	小	25
有	42	利	34	金	29	通	25
法	42	海	34	资	28	经	25
开	41	高	34	西	28	节	25

四、成语使用情况调查

本章从印尼三个区域的华报语料中调查的成语使用率，是以分词标注软件标注为成语（词性标记为 i）的词语为基础的。由于分词标注软件对成语的界定是根据训练语料中人工标注的结果而定的，存在主观性，因此，对于标注为成语的词语，我们用使用面比较广、规范性比较强的《新华成语词典》进行过滤，只保留出现在《新华成语词典》中的成语。

表 11－8 是成语在全部词语和高频词语（指的是覆盖率达到 90％时的词语）中的分布情况：

表 11－8　成语在全部词语和高频词语中的分布

考察范围	词种数	词种数比例（％）	频次	频次比例（％）
在全部词语中	3 360	2. 16	41 777	0. 33
在高频词语中	23	0. 30	6 697	0. 06

由表 11－8 可以初步判定，成语较少出现于高频词中，而较多出现在低频词中。

表 11－9 是出现在高频词语中的 23 个成语：

表 11－9　出现在高频词语中的 23 个成语

成语	频序	频次	文本数	此时的覆盖率（％）
众所周知	3484	468	465	0. 81
再接再厉	3565	452	425	0. 82
国泰民安	3697	433	381	0. 82
发扬光大	3918	402	364	0. 83
同心协力	4136	374	346	0. 84
万事如意	4381	346	332	0. 84
风调雨顺	4453	338	303	0. 84
善男信女	4604	322	234	0. 85
蒸蒸日上	4653	317	303	0. 85
更上一层楼	5172	274	259	0. 86

（续上表）

成语	频序	频次	文本数	此时的覆盖率（%）
喜气洋洋	5360	260	250	0.87
丰富多彩	5550	245	237	0.87
人山人海	5775	230	213	0.87
一如既往	6008	216	211	0.88
慷慨解囊	6434	195	182	0.88
自给自足	6665	184	124	0.89
泛滥成灾	6697	183	143	0.89
不遗余力	6774	180	175	0.89
繁荣富强	6839	177	170	0.89
座无虚席	6869	175	174	0.89
无论如何	6979	171	170	0.89
供不应求	7060	168	149	0.89
殊途同归	7530	151	124	0.90

第三节　印尼华文语料和监测语料的词语对比研究

本章对印尼华报华文语料和监测语料进行了词语使用的对比研究，如频次与词种数的关系对比、词语的覆盖率对比、高频区段词语的共用独用调查、高频词的频序比、高频词语的词长分布对比、高频词语用字对比和成语对比分析。

华文语料词语使用基本情况如下：

词语总频次：12 783 256。

词种数：155 269。

监测语料词语使用基本情况如下：

词语总频次：2 145 386 164。

词种数：5 897 396。

一、频次与词种数的关系对比

频次和词种数关系反映的是语料库中词语使用的集中度和离散程度。

表 11 - 10 列出华文语料和监测语料词语的频次与词种数关系的对比情况：

表 11 - 10　频次与词种数的关系对比

语料	频次 = 1		频次 ≤ 5		频次 < 10		频次 ≥ 10	
	词种数	比例（%）	词种数	比例（%）	词种数	比例（%）	词种数	比例（%）
华文语料	68 530	44.14	110 920	71.44	123 168	7.89	32 101	20.67
监测语料	3 140 838	53.26	4 901 787	83.12	5 230 213	88.69	667 183	11.31

从表 11 - 10 可以看到，印尼华报的华文语料和监测语料频次为 1 的低频词词种占各自总词种 44.14% 和 53.26%；频次不超过 5 的词种，华文语料所占比例为 71.44%，监测语料所占比例为 83.12%；频次低于 10 的词，华文语料所占比例为 7.89%，监测语料所占比例为 88.69%。从比例来看，二者都是以频次较低的词为主，监测语料中较低频次的词（< 10）所占的比例高于华文语料，华文语料中的高频词（≥ 10）比例则高于监测语料。当然，这跟语料规模也有较大关系。

二、词语的覆盖率对比

（一）不同覆盖率词种数对比

表 11 - 11 列出从 10% ~ 99% 的各区段覆盖率的词种数情况：

表 11 - 11　华文语料和监测语料不同覆盖率词种数对比

华文语料			监测语料		
覆盖率	词种数	占总词种比例（%）	覆盖率	词种数	占总词种比例（%）
10	8	0.00	10	5	0.00
20	36	0.02	20	32	0.00
30	96	0.06	30	103	0.00
40	213	0.14	40	267	0.00
50	432	0.28	50	576	0.01
60	827	0.53	60	1 132	0.02
70	1 559	1.00	70	2 210	0.04
80	3 110	2.00	80	4 658	0.08
90	7 572	4.88	90	12 602	0.21

（续上表）

华文语料			监测语料		
覆盖率	词种数	占总词种比例（%）	覆盖率	词种数	占总词种比例（%）
99	60 134	38.73	99	192 980	3.27
100	155 269	100	100	5 897 396	100

从表11-11可以看到，覆盖率在10%~50%时，监测语料和华文语料的词种数相差并不大；在60%~90%时，词种数的差别开始增大；覆盖率为99%时，词种数差别很大，监测语料的词种数是华文语料词种数的三倍多。

总体上，监测语料和华文语料的高频词（覆盖率达到90%时）的词种数相差不大，覆盖率越低，词种数的差别越小，这从图11-2中可以更形象地看到。这说明二者在用词上都以高频词为主，高频词的使用相差不大。

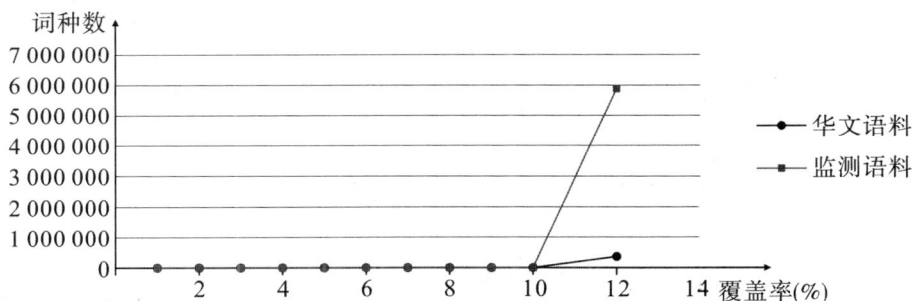

图11-2　华文语料和监测语料不同覆盖率词种数对比

（二）华文语料和监测语料的前100位词语

为了具体地显示二者高频词的使用情况，表11-12列出了华文语料和监测语料中频序排名前100的词语：

表11-12　华文语料和监测语料的前100位词语

华文语料						监测语料					
频序	词语	频率（%）	频序	词语	频率（%）	频序	词语	频率（%）	频序	词语	频率（%）
1	的	0.044	51	由	0.002	1	的	5.58	51	着	0.16
2	在	0.014	52	公司	0.002	2	在	1.38	52	他们	0.16

（续上表）

华文语料						监测语料					
频序	词语	频率（%）	频序	词语	频率（%）	频序	词语	频率（%）	频序	词语	频率（%）
3	是	0.009	53	而	0.002	3	了	1.26	53	两	0.16
4	和	0.008	54	被	0.002	4	是	1.16	54	公司	0.16
5	一	0.006	55	并	0.002	5	和	0.75	55	名	0.16
6	有	0.006	56	年	0.002	6	一	0.69	56	能	0.15
7	为	0.006	57	每	0.002	7	不	0.59	57	市场	0.15
8	说	0.005	58	国家	0.002	8	有	0.53	58	下	0.15
9	了	0.005	59	我国	0.002	9	这	0.51	59	她	0.15
10	他	0.005	60	两	0.002	10	个	0.49	60	让	0.15
11	与	0.005	61	活动	0.002	11	也	0.46	61	更	0.14
12	将	0.005	62	向	0.002	12	他	0.41	62	工作	0.14
13	日	0.005	63	以	0.002	13	中	0.41	63	好	0.14
14	本	0.005	64	表示	0.002	14	我	0.40	64	出	0.14
15	印尼	0.004	65	就	0.002	15	上	0.40	65	进行	0.14
16	也	0.004	66	至	0.002	16	人	0.39	66	已经	0.14
17	不	0.004	67	举行	0.002	17	对	0.39	67	你	0.14
18	报	0.004	68	后	0.002	18	将	0.39	68	问题	0.14
19	讯	0.004	69	所	0.002	19	到	0.36	69	给	0.14
20	泗水	0.004	70	三	0.002	20	为	0.36	70	发展	0.13
21	这	0.004	71	新	0.002	21	就	0.35	71	可以	0.13
22	盾	0.003	72	要	0.002	22	说	0.32	72	把	0.12
23	会	0.003	73	更	0.002	23	都	0.31	73	企业	0.12
24	中	0.003	74	今年	0.002	24	大	0.30	74	已	0.12
25	个	0.003	75	位	0.002	25	与	0.29	75	目前	0.12
26	对	0.003	76	总统	0.002	26	等	0.26	76	表示	0.12
27	人	0.003	77	经济	0.002	27	中国	0.26	77	高	0.11

（续上表）

华文语料						监测语料					
频序	词语	频率（%）	频序	词语	频率（%）	频序	词语	频率（%）	频序	词语	频率（%）
28	名	0.003	78	量	0.002	28	要	0.24	78	看	0.11
29	我们	0.003	79	进行	0.002	29	我们	0.24	79	又	0.11
30	及	0.003	80	希望	0.002	30	多	0.24	80	向	0.11
31	时	0.003	81	月	0.002	31	记者	0.24	81	得	0.11
32	还	0.002	82	发展	0.001	32	后	0.23	82	位	0.11
33	已	0.002	83	陈	0.001	33	会	0.23	83	过	0.11
34	上	0.002	84	记者	0.001	34	而	0.23	84	一个	0.11
35	能	0.002	85	因为	0.001	35	被	0.22	85	于	0.11
36	主席	0.002	86	副	0.001	36	还	0.22	86	前	0.11
37	东	0.002	87	下	0.001	37	但	0.22	87	时间	0.11
38	政府	0.002	88	从	0.001	38	从	0.21	88	北京	0.11
39	等	0.002	89	称	0.001	39	没有	0.19	89	小	0.10
40	都	0.002	90	来	0.001	40	并	0.19	90	其	0.10
41	们	0.002	91	但	0.001	41	很	0.18	91	种	0.10
42	多	0.002	92	次	0.001	42	以	0.18	92	之	0.10
43	中国	0.002	93	工作	0.001	43	元	0.18	93	据	0.10
44	他们	0.002	94	地区	0.001	44	最	0.18	94	可能	0.10
45	大	0.002	95	建设	0.001	45	新	0.18	95	做	0.10
46	于	0.002	96	各	0.001	46	地	0.17	96	万	0.10
47	该	0.002	97	黄	0.001	47	来	0.17	97	因为	0.10
48	到	0.002	98	国	0.001	48	次	0.17	98	比赛	0.09
49	雅加达	0.002	99	爪哇	0.001	49	自己	0.17	99	可	0.09
50	之	0.002	100	爪	0.001	50	时	0.16	100	家	0.09

（三）覆盖率在 0 ~ 50% 时的词种对比

为了更具体地观察华文语料词语的使用情况，表 11 - 13 列举了华文语料和监测语料中覆盖率在 0 ~ 50% 时的词种：

表 11 – 13 华文语料和监测语料中覆盖率在 0 ~ 50% 的词种

覆盖率（%）	词种（词种数）	
	华文语料	监测语料
0 ~ 10	的、在、是、和、一、有、为、说（8）	的、在、了、是、和（5）
10 ~ 20	了、他、与、将、日、本、印尼、也、不、报、讯、泗水、这、盾、会、中、个、对、人、名、我们、及、时、还、已、上、能、主席（28）	一、不、有、这、个、也、他、中、我、上、人、对、将、到、为、就、说、都、大、与、等、中国、要、我们、多、记者、后（27）
20 ~ 30	东、政府、等、都、们、多、中国、他们、大、于、该、到、雅加达、之、由、公司、而、被、并、年、每、国家、我国、两、活动、向、以、表示、就、至、举行、后、所、三、新、要、更、今年、位、总统、经济、最、进行、希望、月、发展、陈、记者、因为、副、下、从、称、来、但、次、工作、地区、建设、各（60）	会、而、被、还、但、从、没有、并、很、以、元、最、新、地、来、次、自己、时、着、他们、两、公司、名、能、市场、下、她、让、更、工作、好、出、进行、已经、你、问题、给、发展、可以、把、企业、已、目前、表示、高、看、又、向、得、位、过、一个、于、前、时间、北京、小、其、种、之、据、可能、做、万、因为、比、赛、可、家、开始、用、本报（71）
30 ~ 40	黄、国、爪哇、爪、目前、其、以及、合作、苏北、此、或、据、达、可、投资、企业、市场、部长、社会、大家、棉兰、我、其中、美元、前、没有、因此、高、开始、家、地方、参加、地、里、十、国际、举办、学生、给、已经、问题、总、林、让、银行、文化、学校、发生、老师、代表、好、主任、机构、通过、华、把、成为、很、省长、增加、提高、教育、使、居民、世界、工程、大学、有关、支持、协会、张、获得、要求、警方、内、上述、根据、出、安、只、省、着、亲、委员会、方面、出席、种、必须	社会、经济、现在、去、就是、美国、今年、认为、如果、里、三、这样、由、国家、通过、人员、股、成为、起、该、想、比、情况、所、车、国际、这些、内、再、但是、场、却、同时、讯、及、价格、活动、世界、第一、岁、们、至、打、出现、建设、一些、新闻、只、或、没、这个、还是、方面、服务、非常、产品、由于、要求、时候、投资、部门、管理、主要、它、才、对于、生活、那、走、什么、发生、需要、重要、报道、发现、其中、作为、全国、成、则、称、政府、技术、万元、以及、亿、希望、文化、有关、当、之后、提供、影响、副、了解、昨天、孩子、像、今天、所有、项目、汽车、美元、一直、使

（续上表）

覆盖率（%）	词种（词种数）	
	华文语料	监测语料
30～40	如果、长、组、比、项、天、李、民众、才、她、托、氏、计划、中心、市长、来自、会议、又、全国、届、人员、可以、医院、因、五、四、县、包括、同时（117）	开、较、参加、首、太、所以、应该、图、安全、相关、各、学生、城市、虽然、基金、获得、进入、很多、还有、为了、钱、介绍、国内、网、此、而且、规定、因此、增长、几、年、其他、去年、美、包括、不过、媒体、点、报、月、电、银行、提高、关系、看到、机构、特别、方式、球、最后、合作、继续、广州、一定、近、比较、政策、教育、条（164）
40～50	间、巴、人民、即、预算、印、如、区、其他、吴、这些、岁、服务、报道、当地、万、非常、去年、马、仪式、准备、时间、二、理事、吨、棉市、第一、几、为了、局、由于、党、起、议会、数、用、共、约、出口、第二、资金、提供、虽然、最后、认为、校友、百、需要、价格、组织、正、致词、继续、案、些、生产、成立、宗、机场、比赛、特别、燃油、国会、金、造成、共同、受、拉、外、决定、所有、曾、基金会、学习、许多、点、当、感谢、事、行动、友、交流、达到、主持、节目、产品、乡亲、人士、周年、媒体、得、国内、情况、应、成、主要、分、苏、结束、酒店、生活、而且、晚会、贷款、成员、小、华文、美国、辆、工业、华人、同、棉、号、价值、受到、减少、庆祝、调查、人数、影响、做、市府、进口、健康、社、王、之后、余、供应、警署、集团、警察、北、贸易、欢迎、增长、作、但是	知道、现场、号、曾、体育、信息、组织、专家、自、得到、达到、资金、大家、以上、深圳、因、调查、当时、根据、能够、进、呢、买、日本、上海、达、我国、环境、能力、使用、长、先生、关注、分钟、无、每、接受、个人、计划、品牌、张、历史、本、带、选择、解决、正在、四、米、提出、单位、版、不同、结果、实现、表现、行业、上市、改革、仍、网络、应、代表、决定、强、第、外、电话、生产、女、告诉、市、增加、研究、标准、觉得、只有、必须、那么、学校、举行、地区、国、甚至、正、仅、低、地方、消息、水平、约、二、如、一起、机会、总、不能、您、原因、第二、超过、支持、系统、卖、新浪、老、加强、拿、投资者、跟、均、法律、受、行为、手机、造成、不断、人们、内容、完成、人民、销售、昨日、未、经过、一样、吃、以来、过程、会议、事、球员、成功、奥运、届、部分、起来、制度、实施、设计、天、进一步、调整、存在、款、冠军、精神、奥运会、显示、报告、消费者、队、如何、中心、水、价、业务、辆、下午、项、来说、小时、最终、发、全

（续上表）

覆盖率（%）	词种（词种数）	
	华文语料	监测语料
40～50	领导、交通、能够、东盟、图、自己、除了、那、自、仍、利、期间、传统、市、旅游、六、中华、过、加强、联谊会、努力、这个、摄、未、占、作为、部门、另、现在、先生、教师、民族、可是、下午、大厦、发现、现场、2011年、企业家、西、委、所以、得到、如此、拥有、此外、公斤、管理、了解、千、晚、参与、米、解决、津贴、可能、会馆、议员、设施、接受、队、无、示威、仅、明年、杨、此次、结果、第三、团结、新加坡、正在、积极、则、各地、汽车、措施、指标、报告、周（219）	交通、之间、科技、另、建立、吗、出来、日、责任、医院、事件、专业、或者、准备、人士、球队、关于、建议、结束、期间、群众、全部、全球、来自、基本、取得、是否、按照、带来、占、其实、领导、采访、市民、难、站、具有、工程、香港、金融、电影、收入、共、连、送、目标、未来、推出、线、全面、快、广告、只是、住、朋友、房、分、健康、任何、少、轮、风险、这里、基础、另外、爱、件、不仅、当地、写、学习、谁、手、直接、分别、真、数据、台、回、套、产业、段、形成、除了、创新、严重、经、正式、这种、重点、资源、家庭、保护、条件、处、赛季、双方、问、经营、份、农村、受到、此次、作用、积极、娱乐、保持、负责人、明显、观众、上午、之前、不少、参与、路、随着、过去、同、者、无法、感觉、考虑、找、五、处理、变、共同、措施、方案、公布、优势、完全、警方、事情、请、再次、透露、超、价值、帮助、利用、听、部、开展、（309）

三、高频区段词语的共用独用调查分析

上面的分析已经说明（词语的覆盖率对比），虽然监测语料和华文语料的总词种数随着语料量的增加，相差较大，共用率比较低，但在高频词覆盖率区段，二者相差较小。因此，我们分别抽取监测语料和华文语料中的高频区段的词作为比较对象进行共用独用分析，具体情况如表11-14所示：

表 11 - 14　高频区段的共用独用词种

范围	共用词数	独用词数	共用比例（％）	华文语料独用词种
前100词	61	39	61.0	日、本、印尼、报、讯、泗水、盾、及、主席、东、政府、们、该、雅加达、由、年、每、国家、我国、活动、至、举行、所、三、今年、总统、经济、希望、月、陈、副、称、地区、建设、各、黄、国、爪哇、爪
前1 000词	565	435	56.5	印尼、泗水、盾、东、雅加达、陈、黄、爪哇、爪、苏北、部长、棉兰、林、华、省长、协会、上述、安、亲、委员会、出席、李、民众、托、市长、县、巴、预算、印、吴、仪式、理事、棉市、局、议会、数、出口、校友、百、致词、些、宗、机场、燃油、国会、基金会、感谢、友、交流、主持、乡亲、周年、苏、酒店、晚会、成员、华文、工业、华人、棉、庆祝、人数、市府、进口、社、王、供应、警署、警察、北、贸易、东盟、利、中华、联谊会、摄、教师、民族、可是、大厦、2011 年、企业家、西、委、公斤、千、津贴、会馆、议员、示威、明年、杨、团结、新加坡、各地、指标、唱、班、2012 年、民主党、财政、表演、大会、马来西亚、纪念、若、调、合影、表明、上升、华裔、福利、央行、郑、徐、落实、选举、统筹、候选人、劳工、刘、经理、厂、罗、前往、能源、开支、条例、周一、本月、小组、尤、属、堂、热烈、分发、外国、2013 年、纲领、警、儿童、巴厘、惹、秘书、接着、周三、讨论、大学生、警长、全体、周二、贡献、丹、2014 年、升、校、周四、青年、电力、给予、至今、准、任、摩托车、七、访问、公路、献、筹委会、驻、供、春节、绒、报导、接、邀请、警员、建、游客、左、5 月、协助、2010 年、客、发出、工厂、兴建、大约、汉语、龙、宗教、勿、公务员、银、局长、说明、迪、教授、氏、许、目的、典礼、广、增、航、泗水市、公顷、获、代表团、4 月、须、南、致辞、联欢、镇、方、周五、国民、巴刹、县长、讲座、之外、赴、前夹、贪、教学、学院、苏西洛、善、氏宗、舞蹈、油、援助、荨、总经理、3 月、学员、文、遭、苏北省、世、礼、地点、颁发、法令、捐、会长、万隆、圆满、政党、玛琅、一行、非法、收支、12 月、理事会、妇女、7 月、岛、玛、中午

（续上表）

范围	共用词数	独用词数	共用比例（%）	华文语料独用词种
前1 000词	565	435	56.5	公、晚上、叶、呼吁、参观、鲁、6月、声称、友好、商场、国企、主、慈善、致、廖、博士、分会、节日、11月、联、油气、民、监督、共有、校长、10月、逮捕、方式、佛教、村、气氛、院、教、火车、到来、庆、市政府、搭客、亚、爱心、工人、8月、人口、陪同、慈济、大米、半、雅、理、9月、古、营业、公会、灾民、村民、航空、官、总裁、直至、血、高中、亚洲、演出、顺利、2月、值、除、病人、九、周日、哈、火山、提升、早上、会所、毒品、渔民、代、声、开幕、法院、如今、语、2009年、签署、郭、讲话、赠送、飞机、海外、辅导、钟、损失、印度尼西亚、校友会、团、同乡会、展开、星期日、傅、舞、国营、泥浆、海军、用于、福、同意、改善、国立、佛、右、翁、极、预测、披露、伉俪、周六、歌曲、哇、夫人、省府、亚齐、院长、贪污、视察、华侨、华语、领导人、社团、庆典、秘书长、小学、事宜、补充、中文、1月、望、主办、斗争、就职、卫生、估计、星、总署、外劳、省政府、冷、家长、精彩、甘、展、卓可维、肇、通胀率、嫌犯、同学、产量、互相、毕业、普选、免费、竞选、粮食、洪、运输、至少、抵达、商品、和平、系、胡、其他、尚

二者高频词的共用率比较高，约60%，这说明监测语料和华文语料在高频词方面的一致性比较高。仔细分析二者的独用词，可以发现，各区段的华文语料独用词主要是时政新闻类的词语，特别是以具有印尼特色的人名地名等为主。

四、高频词语的词长分布对比

表11-15是高频词语的词长分布对比情况：

表 11 - 15 华文语料和监测语料不同覆盖率词种数对比

华文语料			监测语料		
词长	词种数	比列（%）	词长	词种数	比例（%）
>7	0	0	>7	7	0.06
7	1	0.01	7	3	0.02
6	2	0.03	6	8	0.06
5	40	0.53	5	67	0.53
4	134	1.77	4	268	2.13
3	686	9.06	3	1 304	10.35
2	5 101	67.37	2	8 911	70.71
1	1 608	21.24	1	2 034	16.14
总计	7 572	100	总计	12 602	100

从表 11 - 15 可以看到，监测语料和华文语料在每一词长的分布比例相差较大。华文语料的一字词比例稍高一点，监测语料的三字词和四字词比例高一点。二者均有约 70% 的词种是二字词，其中监测语料的比例稍高。

从图 11 - 3 里可以更形象地看出二者的对比关系：

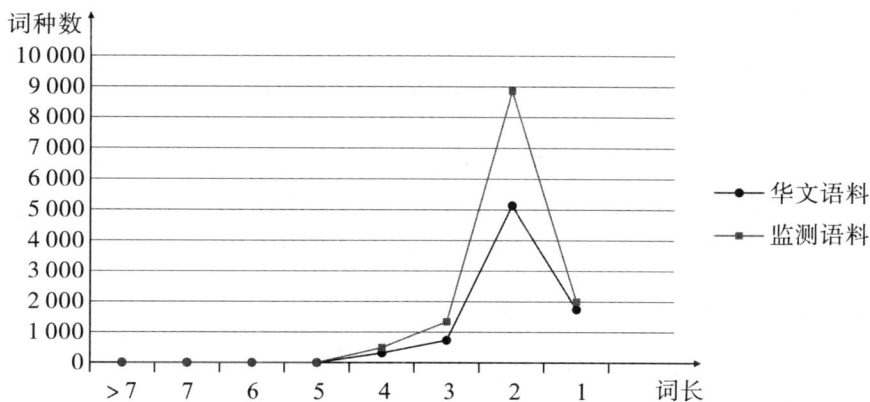

图 11 - 3 高频词语词长分布对比

五、高频词语用字对比

（一）用字情况对比

覆盖率达到 90% 时的高频词语，华文语料共计 7 572 个，监测语料共计 12 602 个。华文语料和监测语料高频词语用字情况如表 11 - 16 所示：

表 11 - 16　华文语料和监测语料高频词语用字情况

语料	汉字总使用次数	总使用字种数	平均每个词语由多少个汉字组成	平均每个汉字使用次数	平均每个汉字在多少个词语中出现
华文语料	14 381	2 219	1.90	6.48	3.41
监测语料	24 947	2 688	1.98	9.28	4.69

从表 11 - 16 可以看到，由于华文语料高频词语比较集中，词种数比监测语料少了 5 030 个，高频词语中，监测语料的汉字总使用次数和字种数都比华文语料高；监测语料平均每个词语的词长比华文语料高 0.08，平均每个汉字的使用次数也比华文语料的高 2.80；在平均每个汉字在多少个词语中出现这一项中，监测语料比华文语料高了 1.28。

（二）前 20 个高频用字对比

表 11 - 17 是具体的高频词语的高频用字情况：

表 11 - 17　高频词语的前 20 个高频用字

华文语料			监测语料		
频序	字	构词数	频序	字	构词数
1	会	99	1	人	179
2	人	84	2	大	155
3	年	77	3	一	137
4	大	77	4	不	128
5	中	66	5	中	125
6	国	65	6	国	117
7	生	60	7	出	109
8	部	58	8	上	108

（续上表）

华文语料			监测语料		
频序	字	构词数	频序	字	构词数
9	业	57	9	年	101
10	一	54	10	会	96
11	不	54	11	分	95
12	学	53	12	家	82
13	长	53	13	行	82
14	月	52	14	生	82
15	出	52	15	车	80
16	上	49	16	日	79
17	工	47	17	业	78
18	行	45	18	发	77
19	来	46	19	有	77
20	民	45	20	下	77

从表 11-17 可以看到，华文语料和监测语料中共用的高频用字共 13 个：
会、人、年、大、中、国、生、业、一、不、出、上、行。华文语料独用的高频
用字有 7 个：部、学、长、月、工、来、民。

六、成语使用情况对比

表 11-18 是华文语料和监测语料中的成语分布情况：

表 11-18　华文语料和监测语料中的成语分布对比

范围	词种数		词种比例（%）		频次		频次比例（%）	
	华文语料	监测语料	华文语料	监测语料	华文语料	监测语料	华文语料	监测语料
在全部词语中	3 360	3 683	2.16	0.06	41 777	6 314 027	0.33	0.29
在高频词语中	24	35	0.32	0.28	6 697	677 720	0.06	0.04

　　在全部词语中，华文语料和监测语料使用成语的词种数相差很小，但由于华文语料的总词种数远远少于监测语料，所以华文语料的成语词种比例差不多是监测语料的 36 倍。

　　在高频词语中，华文语料和监测语料使用成语的词种数都很少，在词种比例上，监测语料和华文语料差距很小；在频次比例上，监测语料和华文语料也只差了 0.02，考虑到监测语料的高频词种数（12 602）和华文语料的高频词种数（7 572）相差不大，因此，可以初步判定，华文语料的高频词语中，成语使用得相对较少。

　　表 11 - 19 是前 100 个华文语料和监测语料的成语对比：

表 11 - 19　前 100 个华文语料和监测语料的成语对比

华文语料			监测语料		
成语	频序	频次	成语	频序	频次
众所周知	3484	468	众所周知	24484	23 954
再接再厉	3565	452	再接再厉	7200	6 919
国泰民安	3697	433	国泰民安	890	794
发扬光大	3918	402	发扬光大	6433	6 021
同心协力	4136	374	同心协力	1746	1 655
万事如意	4381	346	万事如意	1125	1 001
风调雨顺	4453	338	风调雨顺	1449	1 181
善男信女	4604	322	善男信女	296	273
蒸蒸日上	4653	317	蒸蒸日上	3411	3 331
更上一层楼	5172	274	更上一层楼	3983	3 845
喜气洋洋	5360	260	喜气洋洋	3719	3 493
丰富多彩	5550	245	丰富多彩	21527	19 782
人山人海	5775	230	人山人海	4004	3 714
一如既往	6008	216	一如既往	18789	17 645
慷慨解囊	6434	195	慷慨解囊	4143	3 859
自给自足	6665	184	自给自足	2230	1 981
泛滥成灾	6697	183	泛滥成灾	1812	1 663
不遗余力	6774	180	不遗余力	9408	9 068

（续上表）

华文语料			监测语料		
成语	频序	频次	成语	频序	频次
繁荣富强	6839	177	繁荣富强	1305	1 239
座无虚席	6869	175	座无虚席	6707	6 462
无论如何	6979	171	—		
供不应求	7060	168	供不应求	16735	14 236
殊途同归	7530	151	殊途同归	1800	1 729
群策群力	7930	139	群策群力	1725	1 639
不知不觉	7946	139	不知不觉	14545	13 936
一视同仁	8081	135	一视同仁	5697	5 117
有目共睹	8217	131	有目共睹	9897	9 685
络绎不绝	8228	131	络绎不绝	10899	10 583
依依不舍	8251	130	依依不舍	3190	3 054
绳之以法	8260	130	绳之以法	3430	3 179
与时俱进	8343	128	—		
齐心协力	8359	128	齐心协力	7371	6 990
源远流长	8395	127	源远流长	5723	5 455
别开生面	8623	122	别开生面	6093	5 840
想方设法	8837	116	想方设法	12587	12 099
功德无量	8900	115	功德无量	601	569
载歌载舞	8967	113	载歌载舞	4230	3 960
不辞劳苦	9008	113	不辞劳苦	698	684
与众不同	9016	112	与众不同	19803	18 369
脱颖而出	9028	112	脱颖而出	25228	23 855
全力以赴	9087	111	全力以赴	23774	21 437
变幻莫测	9154	110	—		
聚精会神	9275	107	聚精会神	4024	3 892
尽心尽力	9277	107	尽心尽力	3140	3 027

（续上表）

华文语料			监测语料		
成语	频序	频次	成语	频序	频次
叫苦连天	9335	106	叫苦连天	744	729
无能为力	9426	104	无能为力	7484	7 123
任重道远	9484	103	任重道远	5451	5 048
安居乐业	9517	103	安居乐业	6789	6 094
繁荣昌盛	9619	101	繁荣昌盛	1701	1 613
以身作则	9641	100	以身作则	3325	3 106
无家可归	9649	100	无家可归	5804	4 827
风风雨雨	9686	100	风风雨雨	4161	4 051
送旧迎新	9718	99	—		
争先恐后	9818	97	争先恐后	5402	5 258
逃之夭夭	9836	97	逃之夭夭	3287	3 027
倾盆大雨	9899	96	倾盆大雨	1364	1 306
不翼而飞	9926	96	不翼而飞	5702	4 947
自力更生	9990	94	自力更生	4451	3 730
兴高采烈	10000	94	兴高采烈	4663	4 562
杂乱无章	10055	93	杂乱无章	10909	6 126
意味深长	10056	93	意味深长	4984	4 844
关门大吉	10091	93	关门大吉	877	837
势在必行	10128	92	势在必行	7328	6 743
马不停蹄	10142	92	马不停蹄	9064	8 843
无可奈何	10266	90	无可奈何	8388	8 117
难能可贵	10287	90	难能可贵	7058	6 874
吉祥如意	10369	89	—		
价廉物美	10524	87	价廉物美	2648	2 464
自强不息	10545	86	自强不息	8014	6 630
赞不绝口	10669	84	赞不绝口	8301	8 058

（续上表）

华文语料			监测语料		
成语	频序	频次	成语	频序	频次
精诚团结	10710	84	精诚团结	413	406
同舟共济	10746	83	同舟共济	2286	1 978
学以致用	10817	82	学以致用	2255	1 975
浩浩荡荡	10943	81	—		
天灾人祸	10977	80	天灾人祸	1475	1 390
有声有色	11034	79	有声有色	4380	4 217
置之不理	11098	78	置之不理	3446	3 331
四面八方	11114	78	四面八方	6916	6 654
狂风暴雨	11136	78	狂风暴雨	2399	2 047
博大精深	11169	78	博大精深	4927	4 650
雨后春笋	11182	77	雨后春笋	4056	4 007
井然有序	11222	77	井然有序	3057	2 911
语重心长	11267	76	语重心长	3265	3 203
竭尽全力	11317	76	竭尽全力	8408	8 069
引吭高歌	11368	75	引吭高歌	606	585
息息相关	11378	75	息息相关	12413	11 919
同心同德	11382	75	同心同德	2412	2 244
束手无策	11391	75	束手无策	5142	4 944
众望所归	11443	74	众望所归	2941	2 758
应有尽有	11452	74	应有尽有	5966	5 726
义不容辞	11454	74	义不容辞	6373	6 022
尽善尽美	11507	74	尽善尽美	2260	2 187
极乐世界	11612	73	—		
层出不穷	11631	73	层出不穷	15783	15 153
饮水思源	11650	72	饮水思源	614	524
水泄不通	11661	72	水泄不通	5825	5 663

（续上表）

华文语料			监测语料		
成语	频序	频次	成语	频序	频次
丰功伟绩	11700	72	丰功伟绩	1750	1 647
引人注目	11740	71	引人注目	30233	29 137
栩栩如生	11746	71	栩栩如生	5361	5 077
全心全意	11763	71	全心全意	8928	7 668

从表 11 - 19 可知，华文语料中频次最高的成语是"众所周知"，频次为 468，而该成语在监测语料中的频次为23 954。华文语料中频次第二的"再接再厉"为 452，而其在监测语料中的频次为 6 919。由此可见，成语在华文语料中存在频次偏低的现象。这也和华文语料的统计资源有着密切的关系。

第四节　印尼华文语料特色词语调查

本节利用自动分词和人工干预的方法，提取出具有印尼华语特色的词语，同时对频次大于 10 的特色词语进行了简要的提示性说明。此处的特色词语指的是在印尼媒体华文语料出现比较多以及在当地语言使用中较有特色的词。

一、特色词语的基本情况

自动分词系统在华文语料中找出了很多特色词语，我们特别对其进行了例句分析，研究发现其中很多词语现已被当作通用词使用了，含有印尼当地色彩的词语很少。在印尼媒体华文报纸中最突出的就是人物名称、地区名称等都使用印尼语来进行书写，有些在印尼语之后会附有华文的翻译，这也是为了让读者更容易理解该新闻的内容和讯息。

本章所收集的语料是在 2010—2014 年间广泛使用的，这段时期属于华语的发展期，加上有网络上的翻译工具，所以编辑起来并不困难。虽然一般性的特色词语较少见，但是有很多句型的构造凸显了印尼当地华人的口语特点，比较具有当地特色。

表 11 - 20 是华文语料中的前 35 个特色词语及其频次和文本数情况：

表 11 -20　前 35 条华文语料特色词语

词语	频次	文本数	词语	频次	文本数
马来	5 169	274	条规	4 884	296
党徒	4 699	314	互助会	5 308	264
党团	4 025	387	宰牲节	5 506	248
现时	3 246	518	机车	5 538	246
解禁节	2 092	887	警监	6 239	204
外劳	958	2 115	歇业	6 366	198
搭客	781	2 594	福金	6 748	181
巴刹	661	3 001	宾主	3 107	552
雅京	1 222	1 665	会聚	3 216	525
埠头	1 918	994	余下	3 346	495
传召	2 223	828	华根	3 816	415
泊车	3 941	398	约计	4 578	325
整肃	3 948	396	停泊	4 063	383
基价	3 992	391	伪钞	4 818	302
情势	4 412	342	钟头	6 361	198
外埠	4 679	315	保安员	4 700	314
班机	4 872	298	迷你	5 007	287
占率	4 874	297			

二、印尼华文语料特色词语分类调查

从表 11 -20 列举的华文语料特色词语来看，其主要分为如下几类：

（1）印尼较有特色的职务名或社会角色等专名：警监、宾主、保安员。

（2）印尼较有特色事物的用词用语：解禁节、整肃、基价、宰牲节。

（3）同一事物，印尼和中国内地的不同翻译：马来、迷你。

（4）同一事物，印尼和中国内地的称呼稍有差别：党徒、党团、外劳、搭客、班机、占率、条规、机车、歇业、会聚、约计、伪钞。

（5）印尼沿用或改用古语或旧词的词语：雅京、埠头、传召、情势、外埠、福金、余下。

（6）印尼来自方言的词语：现时、巴刹、泊车、互助会、华根、停泊、钟头。

三、华文语料特色词语表

表 11-21　华文语料特色词语表

词条	提示性释义	例句	频次	文本数
马来	印尼的种族之一	这是一所多族群学校，学员有华裔、马来族、马达族、印度裔等，有七成的学员是贫穷家庭出身。学校获得了很多社会爱心人士的支持，以"领养"方式赞助学校的贫穷子弟。（《国际日报》2014 年 5 月 26 日）	5 169	274
党徒	同党	每逢斋戒月就有不少青年男女集聚在那儿谈情说爱，但常常会有飙车党徒也在那一地区展开飙车。（《苏北快报》2014 年 7 月 2 日）	4 699	314
党团	党派	直葛市的地方议会党团组成工作仍然艰难，目前还需六个政党参与才能组成议会党团。根据会议结果，9 月 3 日为党团组成工作的最后期限。（《国际日报》2014 年 8 月 29 日）	4 025	387
现时	事实	多少年来，我国贸易赤字频升，特别是外债现时已达 2 036 兆盾，占了国民生产总值的 37，按经济原理通常认为不得超过 20。（《国际日报》2014 年 9 月 23 日）	3 246	518
解禁节	伊斯兰教的一个节日，也被称为开斋节	Idul Fitri（俗称 Lebaran）是国人最通用之开斋节或解禁节词汇，依伊斯兰教历十月（Syawal）一日履行，2014 年之开斋节属于 1435H。H 是 Hidjriah 之符号，指伊斯兰教纪元。（《国际日报》2014 年 8 月 6 日）	2 092	887
外劳	TKI（印尼的外国劳工），在世界各地的工作者	那些外劳是在未出国前事先参加"钱财管理方式"教育。（《国际日报》2013 年 3 月 28 日）	958	2 115

（续上表）

词条	提示性释义	例句	频次	文本数
搭客	乘客	通过这次不幸事件，希望搭客们，包括值勤人员必须依照固定地点下车，不要在火车运行时下车或跳下车，也不要冒险坐在火车车厢上面，要爱惜自己的生命。（《国际日报》2014 年 7 月 24 日）	781	2 594
巴刹	菜市场	早期之巴刹原是集市，多是每周择日而行，待人口不断增多后，才形成一种规模性市场，俗称巴刹。（《国际日报》2014 年 9 月 1 日）	661	3 001
雅京	雅加达	普拉波沃当即为自己在速算结果中获胜跪地叩头谢恩，卓可维及其支持者则聚集在雅京东区独立宣言纪念碑前庆祝胜选。（《国际日报》2014 年 7 月 10 日）	1 222	1 665
埠头	小地方	新埠头县府有意购置一架 40 米高梯的消防车供高层楼房灭火使用。（《泗水晨报》2014 年 8 月 22 日）	1 918	994
传召	法庭或警方通知案件当事人	中爪警长德威（Dwi Priyatno）少将表示，总统在本月 13 日已收到有关扣押南望县长的函件。如 30 天内嫌犯无任何回应，刑警将强行传召或扣押。（《国际日报》2013 年 12 月 31 日）	2 223	828
泊车	停车处	瓜拉纳穆国际机场百余名计程车司机抗议昂卡莎布拉公司决定从星期六（2 月 22 日）开始执行计程车收取泊车费的措施。（《苏北快报》2014 年 2 月 25 日）	3 941	398
整肃	整齐严肃	虽然交警局已尽了九牛二虎之力整肃交通规则，其至在学校向学生们宣传解说守交规的重要性，但交通事故伤亡人数还是居高不下。（《国际日报》2011 年 3 月 31 日）	3 948	396

（续上表）

词条	提示性释义	例句	频次	文本数
基价	基本价格	他强调，12 公斤装煤气价格上涨本来是合理的，但因考虑到最近才调高电力基价，政府不愿再加重民众的负担。（《国际日报》2013 年 3 月 15 日）	3 992	391
情势	情况；局势	印尼科学院经济学家拉迪夫阿当也认为，基于目前经济情势恐难达到上述贫穷数据指标，2014 年贫穷人口比率或许可达到 11 上下水平。（《国际日报》2014 年 7 月 3 日）	4 412	342
外埠	外地	在 Bukit Barisan 的中小企业中心的裁缝摊位可容 54 名的裁缝工匠，我们以拥有泗水居民证的 35 人为先，以后也将收容外埠来的裁缝者。（《泗水晨报》2014 年 12 月 18 日）	4 679	315
班机	航班	她已乘早上班机回棉兰了。（《国际日报》2014 年 9 月 8 日）	4 872	298
占率	所占的百分率	Unitlink 投保人除了获得保险保障之外，也可将资金用来发展投资，而传统保险占率还少仅约为 20%。（《国际日报》2013 年 12 月 12 日）	4 874	297
条规	各种条例规定	巴拉县（Batu Bara）瓜拉丹绒（Kuala Tanjung）港口 2015 年的拓展计划必须符合 2012 年第 20 号交通署有关瓜拉丹绒港口总体规划的条规。（《苏北快报》2014 年 11 月 29 日）	4 884	296
互助会	民间的一种组织	万隆丘邱氏互助会于大年初六（2 月 5 日）举行春节联欢晚会。（《国际日报》2014 年 2 月 7 日）	5 308	264
宰牲节	印尼伊斯兰教的一个节日	周日宰牲节东爪省长在 Nina Soekarwo 夫人的陪同下，察看奉献给泗水国民清真寺 AlAkbar 的一头安褥种重量 1.21 吨的牛，宰杀的牛肉赠给贫民宰牲节享用。（《泗水晨报》2014 年 10 月 6 日）	5 506	248

（续上表）

词条	提示性释义	例句	频次	文本数
机车	汽车	这次贸易展销会除展览活动之外，也另有一番热闹场面，即印尼丰田机车制造公司举行象征性汽车产品出口放行仪式，目的国是巴林、科威特、卡塔尔、阿联酋和印度。（《国际日报》2014 年 10 月 9 日）	5 538	246
警监	警察总监	棉市警分署署长尼克阿芬达大警监向媒体记者证实，警方已将虐待女佣致死的两名嫌犯到案件呈交棉市地方法院。（《苏北快报》2014 年 12 月 16 日）	6 239	204
歇业	停止开业	大水还淹没了棉兰老武汉警支所和 Simpang Kantor 路旁的店铺，附近店铺全部关门歇业。（《苏北快报》2014 年 5 月 29 日）	6 366	198
宾主	客人和主人	交流会在宾主双方互赠纪念品中结束。（《苏北快报》2014 年 11 月 28 日）	3 107	552
会聚	相聚；聚集	这么多的家长会聚一起，仔细观赏小朋友的表演，对于小朋友的表现和学校的用心安排皆表示感谢，也对学校经营更加支持。借此赋诗以共勉：耐心培育出人才，学生曲舞真精彩。（《国际日报》2014 年 5 月 8 日）	3 216	525
余下	剩下	理查承认，企业销售给现代商场为最大的客户，这些客户如 GIANT、Carrefour 等商场的购买量占公司饼干总销售量的四成，余下为各市场和商店的商人。（《泗水晨报》2014 年 7 月 10 日）	3 346	495
华根	华人的根本	同时林志隶主席也赠送一面锦旗给新任主席黄振辉，锦旗上还是写着那句代表楠榜文友的心声：文化传承中华根，学海无涯勤是岸。最后晚宴在一片歌声中结束，祝文友们身体健康、事事如意。（《国际日报》2014 年 12 月 4 日）	3 816	415

（续上表）

词条	提示性释义	例句	频次	文本数
约计	估计	政府在 2013 年国家收支预算草案中，已调拨能源津贴预算开支约计 274.7 万亿盾，分别为燃油津贴约达 193.8 万亿盾和电力津贴约有 80.9 亿亿盾。（《国际日报》2012 年 9 月 29 日）	4 578	325
停泊	（车）停放	交通署警员则在基督教堂外执勤，疏导与指挥交通，保安人员则安排停泊车辆，使之不妨碍交通。（《苏北快报》2013 年 12 月 26 日）	4 063	383
伪钞	假钞	棉警方破获了一起使用伪钞案，在棉兰退伍军人路逮捕了使用伪钞案嫌犯鲁斯单（39 岁）并从他身上搜出了 18 张面值十万盾的伪钞。（《苏北快报》2014 年 5 月 2 日）	4 818	302
钟头	小时	捐血时间进行 3 个钟头，从早上 9 点到中午 12 点。（《国际日报》2011 年 3 月 21 日）	6 361	198
保安员	警卫	最后一点是一名拥有刺刀的保安员加上两名银行职员应该有能力制服仅拿着气枪的两名歹徒。（《苏北快报》2014 年 8 月 26 日）	4 700	314
迷你	小型［很多小型的事物都可使用"迷你"形容，例如：迷你超市（mini market），迷你巴士（mini bus）等］	梭罗综合投资和准证机构发现有 5 家无持准证的迷你超市。（《国际日报》2013 年 10 月 29 日）	5 007	287

热点篇

汉语热词热语海外华语传播研究

第十二章 汉语热词热语海外留学生认知研究

第一节 热词热语概说

一、热词热语的国内外研究状况

国外关于网络语言及热词的研究起步相对较早，从二十世纪七八十年代就已经开始了，近年来呈持续稳步增长趋势。热词的流行已经逐步成为全球共有的语言和社会现象，很多国家每年都会对该年的热门词语进行盘点或者编撰词典。比较权威的有：美国全球语言研究所（Global Language Institute）、美国权威辞书出版机构梅里亚姆·韦伯斯特公司（Merriam-Webster，简称韦氏公司）、《牛津词典》等。日本、韩国、马来西亚等国每年甚至会选出自己的年度汉字。其中，亚洲国家主要以反映时事、抒发情感为主，而西方国家更多的是数据统计、定量研究。

在中国，影响力比较大的有：国家语言资源监测与研究中心和商务印书馆的"汉语盘点"、新浪微博年度盘点、年度热字盘点等。各大网站、网友也会推出自己的热词榜单。热词数量众多、分类各异，不同媒体机构的提取方法也不尽相同，因此不同的评选机构所选出来的词语也会稍有差异。本章参考国家语言资源监测与研究中心的评选，其语料来源于大规模的真实语料文本，综合考虑"发行量、发行地域、发行周期、媒体价值、阅读率"等因素选择报纸，并逐渐将范围扩大到广播、电视、大众传媒等。该评选利用计算机对众多语料进行分类、切分和提取，最后由人工干预审定，对个别词语进行调整，以确保语料的客观性和合理性。①

尽管不同国家、不同机构评选出来的热词各有差异，但是几乎每个国家关注的热词都与该国的国内社会状况、人民生活情况息息相关。无论在哪个国家，国家大选或重大会议无疑都会产生大量热词。有研究指出，通过"比较中外国家流行语的结构特征及社会心理因素，分析发现中外网络流行语在特点及其形成原因

---

① 国家语言资源监测与研究中心. 中国语言生活状况报告：2005 下编 [M]. 北京：商务印书馆，2006.

方面大同小异"①。因此，我们可以大胆假设，各个国家热词的产生背后，必定存在某些共同的原因、特征。

国内关于热词的研究起步比较晚，但近些年来发展十分迅速。笔者以"热词"为篇名在中国知网进行检索，共查到文献 2 991 篇。利用计量可视化分析，按照年份，历年论文发表数量统计如表 12 - 1 所示：

表 12 - 1 以"热词"为关键词检索历年论文发表数量统计

年份	2003	2004	2005	2006	2007	2008	2009	2010	2011	2012	2013	2014	2015	2016	2017
数量	3	10	15	44	46	53	86	201	281	250	284	419	501	431	341

总体来看，国内关于热词的研究还处于起步阶段，其始于 2003 年，2010 年以前增速较为平缓，2010 年以后研究数量大增。其中涉及的学科包括：中国政治与国际政治（17.46%）、经济体制改革（9.60%）、中国语言文字（7.79%）、工业经济（5.55%）、中等教育（5.38%）、宏观经济管理与可持续发展（5.18%）、外国语言文字（4.45%）、中国共产党（4.45%）、新闻与传媒（3.68%）、信息经济与邮政经济（3.55%）、教育理论与教育管理（3.11%）、其他（29.80%）。

目前，热词的研究领域主要集中在五个方面：①热词的成因、传播特征；②热词的语言学特征；③热词的社会学；④热词英汉互译；⑤热词与语言教育及语言规范。

（一）热词的成因、传播特征

热词的产生离不开信息技术的发展。信息技术的发展为热词提供了生存的土壤，尤其是大众传媒的发展，给热词的产生与传播推广提供了更广阔的平台。信息交流的不断便利，使公民获得了前所未有的信息传播参与度。微博、微信，还有各种 App 的广泛应用，使传播活动由原来的"媒体—受众"的单一式逐渐向媒体与受众之间双向互动的模式转变，也由此带来了大众传播的新面貌。广大群众的投入与参与，以及快速便捷的交流平台，加上话题本身自带的关注度，这三者都是热词产生的重要条件。此外，热门话题排行榜、各网络平台搜索热度等商家媒体的推动，也起到了推波助澜的作用。

热词的传播特征主要包括六个方面：一是信息传播与接受主体一体化；二是传播内容碎片化，传播速度加快；三是传播热度具有周期性和"快餐"特色；

---

① 黄玉荣，吴楠. 中外网络流行语的对比研究 [J]. 四川教育学院学报，2011（7）.

四是形式新颖，语言表现力强；五是内容多元化，反映出多样的社会现状；六是热词是众多媒体共同作用的结果。

在传播语境中，信息传播者与受众的界限被打破，普通大众不仅是信息的接收者，也能成为信息的生产者和传播者，这一点在网民身上表现得十分明显。来自不同行业、不同社会背景的人，从不同的关注视角出发，创造出反映不同社会领域的热词，从而造成了热词内容的多元化。

相对于传统、基础词汇，热词的传播使用具有明显的周期性，且往往表现出"快速上升—相对稳定持平—逐渐/急剧下降"的变化趋势，词语的使用频率波动较大。一方面，热词的传播速度十分惊人，在短时间内就能引发普遍热度；另一方面，很多热词在传播一段时间之后，又会迅速降温，逐渐淡出人们的视野，被新的热词取代。

（二）热词的语言学特征

热词作为现代汉语语汇中比较特殊的组成部分，在很多方面都具有与传统语汇不同的语言学特征。

在内容上，热词在一定程度上折射出现实的社会形态以及人民的社会心态。诸如2011年的"校车安全""抢盐"，2009年的"被就业""低碳"等，寥寥几字概括出新闻热点的内容，其独特的表达方式也是大众对事件本身看法的写照。

在形式上，热词的语言简洁生动，富有趣味性。在信息爆炸和快节奏生活的时代，人们对个别信息的停留时间越来越短，传播者也更注重对信息的提炼，使之更精简，便于快速阅读。同时，基于网络的发展和影响，热词也呈现出平民化、趣味化的特点。人们更愿意用一种诙谐幽默的态度来进行叙述，更具有娱乐效果，如2013年的"女汉子""高大上"，2014年的"任性""萌萌哒"等，为语言的使用与发展注入了新的活力。有一部分词语，如"囧""槑"等，在字形上极具想象力与创造力，通过赋予古汉字新的意义，形象生动地表达出新的语义内涵。此外，还有诸如"打酱油""给力"等词语，在语义、词法上，都显现出与传统词汇不同的特点。这种反传统、反常规的表现方式，产生了普通词汇难以准确表达的效果。除汉字以外，热词还吸收了英语、拉丁字母、符号、数字等因素，如"最美××""hold住""新24孝"等，更符合年轻人的语言表达习惯。

在来源上，热词的渠道更加多样化，具有包容性和开放性。热词的来源渠道十分广泛，吸收了各方面因素来造词。既有代表权威与官方的影响因素，如重大会议、国家政策中提到的"软实力""正能量"等；也有来自民间、草根的声音，如"我也是醉了""上头条"等。两者之间也呈现出相互吸收、共同发展的趋势，在2005—2014年的《中国语言生活状况报告》中，网络热词所占的比重逐年增多，也体现出主流媒体对民间文化的包容与接纳。

（三）热词的社会学

信息技术的发展给普通大众提供了参与信息传播和表达民意的机会，大众传媒也成了热词产生与传播的土壤。热词由于自身隐晦诙谐的表达方式，极大地满足了现代人的表达需求。

热词不仅是语言学领域的一部分，也是社会生活领域的一部分。从宏观上来看，热词是人们社会生活的留影，记载了时代的变迁。从微观上来看，热词也是现代人生活现状的话题聚焦，是一种个人情感的抒发。近年来，中国的社会改革和经济发展迅速，也诞生了一批与之相关的热词，如"互联网＋""创客"等；还有弘扬真善美、表达积极向上的社会价值观念的词语，如"最美××""新24孝"等。此外，还有一些反映社会问题和现代人社会心照的词语，如"空巢老人""范跑跑"等。

网络热词是一种亚文化传播的民意表达。① 热词的表达方式主要有两种：一种是直接选择该热点话题中的关键词，或对该热点话题进行提炼，选择最具有代表性的言语。如"我爸是李刚""打酱油"等。另一种是依据相关话题或社会现状自创的词语，如"宅""蜗居"等。

随着中国影响力的增强，有的热词还走出国门，被国外媒体争相报道，甚至作为借词成为其他语言中的一分子，为其他国家了解中国的社会面貌、为中国文化的传播开辟了新的途径。

（四）热词英汉互译

基于热词的种种特征，热词的大量出现和使用，在改变国内语言使用现状的同时，也对国外交流造成了一定的影响，大量关于热词翻译的研究不断涌现。其中，有的从总体原则上或某一视角下讨论热词翻译的原则，如任晓娟《网络热词汉译英研究》，周文德《网络热词的特征及其翻译》，宋平锋、邓志勇《西方修辞学视角下的中国时事热词外宣翻译探究》，刘宇松《从模因论视角解读网络热词英译的归化和异化》等；有的以案例分析的方式进行探讨，如陈丽莉、黄凤秋《热词英译探讨——以"碰瓷"为例》，杨阳《网络热词"给力"及其英译研究——基于对应语料库》等。

热词翻译的基本原则，可以总结为：直译法（低碳生活—low-carbon life）、直译加注法（裸婚—naked marriage, get married without ceremony or honeymoon travelling）、意译法（卖萌—act cute）、创新法［网民—netizen（由 net 与 citizen 合成）］、拼音法（太极—taiji）。恰当准确的词语翻译有助于推动中外文化交流，让世界更好地了解中国与中国的现状。不过，目前有关热词翻译的研究多重理论

---

① 李铁锤. 网络热词：一种亚文化传播的民意表达［J］. 当代传播，2015（3）.

而少实证；主要集中于汉英翻译，而其他语言的翻译目前几乎为空白。

（五） 热词与语言教育及语言规范

热词的对外汉语教学也一直是学界讨论的话题，大部分的研究者认为热词教学有其必要性。热词教学不仅是汉语教学的一部分，同时，热词中的文化因素也有助于学生更好地了解当代中国，对课堂教学有补充作用。

热词教学的原则可以概括为：要符合学生的华语水平和跨文化适应情况，有阶段性、有针对性地进行教学；逐步引导学生学习，课内课外学习相结合，调动学生的学习积极性；将汉语知识学习与语言实际应用相结合，因地制宜地解决学生面临的文化冲突等问题。然而，目前仍然缺少系统的热词教学实例研究，研究成果多集中于理论上的探讨，具体的教学方法也有待教师自己在实际教学中摸索总结。

（六） 其他

还有少数关于热词语料库构建和分析技术的研究。喻国明在《基于语料库方法的舆论热词数据库的构建》中提出，可以依据应用语言学的语料库分析方法，对舆情热词进行历史性分析，建立社会舆情热词数据库；他构建了一个小型基础语料库，对理论设想进行了初步探索实践。李渝勤、孙丽华在《面向互联网舆情的热词分析技术》中就如何对互联网信息进行实时分析，获取热词的相关技术问题进行了探讨，并对相关技术进行了测验。

在语言学领域，关于知晓度的实证调查国内已经有很多，如谢俊英《新词语与时尚词语社会知晓度调查与分析》（2004）；原新梅、梁盟《留学生字母词语的知晓度》（2007）；陈佳璇《作为修辞行为的"新词语"发布——基于"2006年汉语新词语"知晓度测试的分析》（2008）；刘楚群、肖丹青《大学生对流行语的知晓度、理解度与分析——以江西师范大学为例》（2011）；范慧琴《留学生汉语新词语知晓度状况的调查与分析》（2013）；宋伟奇《2014年度英语热词的知晓度研究》（2015）。还有一些硕士论文中也作了小范围内的调查，如王海娜《当代汉语流行语研究与对外汉语教学》（2011）；马平《2006—2011年度网络热词知晓度调查与分析》（2012）；李蓉《对外汉语中流行语教学的调查与构想》（2012）等。总体来说，知晓度调查成果不算很多，且调查范围有限，多单独以某一学校或城市为单位，难成系统。

二、热词热语的概念界定

热词热语，即热门的词语，其形成主要是由于人们对某一事件或话题的关注，不可避免地必须使用某些词语，这些词语就成了热词。它反映了一段时间内，人们对这些事件或话题的关注度。

热词是随着现代信息技术的进步和信息传播速度的加快而产生的，而且与网络技术、网络搜索有着密不可分的联系，也常常有研究者直接用"网络热词""热点词"等作为称呼。关于热词，学界暂时没有一个明确权威的定义。依据相关研究文献，其定义大多为粗略的概括，如下所示：

（1）有研究者认为（2011）："热词即热门词汇，作为一种词汇现象，热词反映了一个国家、一个地区在一个时期内人们普遍关注的问题和事物。"①

（2）李明洁（2014）认为："网络热词均来源于一个新闻事件或一类社会现象，通过一个个形象生动的词恰当鲜明地作出总结，让人们更深刻地记住关键信息、社会心态。"②

（3）崔蓬克（2012）则定义为："热词即社会热点词或新闻热点词。某一词语由于所指对象成为社会关注的热点而导致该词也被社会关注并获得较高的使用频率，那么这个词语便是热词。"③

（4）《中国语言生活状况报告（2006）》（2007）中则定义为："热词是以一个阶段的非基础语汇作为参照系，以频度作为标准提取的语言单位。"④

（5）《现代汉语词典（第 5 版）》（2005）中的定义为："在某一时期、某一范围迅速盛行、广为传播的词语。"⑤

以上概念虽然表述各不相同，但是具有某些共同特征：

（1）阶段性：热词的一个显著特征是具有阶段性，它反映了一段时间内的热点话题以及受人们关注的民生问题，并且常常与某些热点话题、新闻事件等相关。

（2）以使用频率作为参考标准。这也是热词这一概念诞生的直接由来，它反映了大众对这一话题、新闻事件的关注度。

通过对以上概念的总结和概括，笔者试图将热词定义为：在一段时间内，由于人们对于某些热门话题、新闻事件的关注，不可避免地需要使用某些词语，而导致这些词语也被社会关注并获得了较高的使用频率，这类词语可称为热词。

三、与其他相近概念的区别和联系

热词与其他相近概念的区分也受到了很多学者的关注。其中，常常与热词进

---

① 佚名. 2010 年流行"网络热词"解读［J］. 秘书之友，2011（1）.
② 李明洁. 年度词语排行榜述评与流行语的概念辨析［J］. 当代修辞学，2014（1）.
③ 崔蓬克. 当代汉语流行语概念的再界定［J］. 当代修辞学，2012（2）.
④ 国家语言资源监测与研究中心. 中国语言生活状况报告：2006 下编［M］. 北京：商务印书馆，2007.
⑤ 中国社会科学院语言研究所词典编辑室. 现代汉语词典［M］. 5 版. 北京：商务印书馆，2005.

行比较的对象主要包括：流行语、新词、关键词。也有的研究将热词与其他相近概念相混淆，区分不明确。关于概念区分的研究，主要有：崔蓬克《当代汉语流行语概念的再界定》、李明洁《年度词语排行榜述评与流行语的概念辨析》、李铁锤《网络热词和网络流行语概念差异辨析》、吕兆格《新词、热词、流行词》等。

（一）与流行语的区别

热词与流行语的区分最多，几乎每一篇都有提到。有关流行语的研究甚多，但关于流行语的定义，学界暂时也缺乏统一的定义。

《现代汉语词典（第5版）》将流行语定义为："某一时期社会上广泛流行的语汇。"众多学者也纷纷提出了自己的界定标准，按发表的时间顺序列出如下：

刘大为（1995）将流行语定义为："当流行以语言为载体时就成了流行语。"① 陈芳（1999）认为："流行语有广义和狭义之分。广义的流行语通常指某一段时间或特定的区域内为人们传播的语言。狭义的流行语是其中那部分已被普通话接纳的词语。"郭熙（2004）认为："流行语是某个时期在某些人中广泛流行的语言形式。"② 丁加勇（2004）认为："流行语是一定时期内被人们特别是青少年人群普遍喜爱使用并赋予新的意义的词语。作为一种社会现象，它一般具备以下特性：形式新颖，仿效性，前沿性，时段性，易变性。"③ 鲁科颖、杨文全（2006）提出："流行语是指在一定时期、一定社群内被人们普遍使用的话语形式，一般为口语，有一定的方言性，是一定时期内政治、经济、文化、习俗及人们心理活动等因素的综合产物，并在传媒的推动下盛行的词、短语、句子或者特定的句子模式。"④

流行语的定义侧重点在于"流行"二字，一方面指被大家广泛使用而传播开来，另一方面也隐含了其逐渐衰落而停止传播的过程。而流行语传播的广泛性也使得人们常常容易将其与热词相混淆。热词和流行语在范围上既有其相交相似的地方，也有各自不同的侧重点。

（1）流行语在使用人群上具有一定的范围，主体为较年轻的群体。而热词主要依靠人们对于某些事件的关注和检索度，因此使用群体更广泛，更具有全民性。

（2）流行语会赋予词语新的词义，如"雷""囧""宅"等；或者通过替换词语结构内原本的汉字改造或新造词语，如"杯具""围脖""神马都是浮云"

① 刘大为. 组合流行语考察 [J]. 汉语学习, 1995 (2).
② 郭熙. 中国社会语言学 [M]. 杭州：浙江大学出版社, 1999.
③ 丁加勇. 论流行语语义的不确定性及其发展前景 [J]. 华中科技大学学报（社会科学版）, 2004 (4).
④ 鲁科颖, 杨文全. 当代汉语流行语再探 [J]. 西南民族大学学报（人文社科版）, 2006 (3).

等。而热词大多为汉语原有词汇，一般不改变词语原来的汉字或结构。尽管如此，一旦流行语的检索度或关注度达到一定程度，它也成了热词。

（3）语言结构形式不同。流行语的语言结构比较多样。既有像"宅""囧"这样的字词，也有像"神马都是浮云""我顶你个肺"等这样的短语，还有像"凡客体""梨花体"等这样的文体形式。而热词的结构相对常规，词或短语更常见。

（4）热词反映的是媒体与读者对某事物的关注度，流行语反映的是当下流行的话语和社会心态。①

（5）通常情况下，主流媒体上出现的热词多于流行语，流行语较之热词具有更多的民间特色。②

（6）一定程度上，流行语多是语言使用者为表达某一情绪而主动使用的，主观性更强；热词多是语言使用者不得不使用某些词语，客观性和被动性更强。

流行语与热词看似相同，两者之间的交集也显而易见，但差异也是不容忽视的。因此，在以后的研究中，我们也一定要明确研究对象，将两者科学地区别开来。

（二）与新词的区别

新词，重点在于"新"。不过，关于"新"的时间界定，一直较为模糊。刘叔新将这段时间限定为 15～20 年，即产生时间在这段时间内的，便是新词语，超出这一时段的，就不再是新词语了。③ 朱永锴等将 20 世纪 80 年代以来新出现的词语统统称作"新词语"。④ 还有一些研究者使用"近些年来"来表示"新"的概念。

此外，关于"新"的研究还包括其所包含的词汇概念——词的形式、词的意义两个方面，对此学界也有着不同的意见。张志公认为，"新词并不是单指新造的词"，同时也指"有了新的意义和新的用法"的词。⑤ 葛本仪认为："所谓新词就是指刚产生的词，或者是产生后使用时间还不长久的词。新词应当是虽产生不久但已被社会公认和使用的词。那些新产生的未被社会公认的生造词，不能算作新词。"⑥ 而符淮青则认为："新词就是新创造的词。它或者指示的对象是新

---

① 崔蓬克. 当代汉语流行语概念的再界定 [J]. 当代修辞学，2012 (2).
② 崔蓬克. 当代汉语流行语概念的再界定 [J]. 当代修辞学，2012 (2).
③ 刘叔新. 汉语描写词汇学 [M]. 北京：商务印书馆，1990.
④ 朱永锴，林伦伦. 二十年来现代汉语新词语的特点及其产生渠道 [J]. 语言文字应用，1999 (2).
⑤ 向超. 关于新词和新义 [J]. 语文学习，1952 (1).
⑥ 葛本仪. 汉语词汇研究 [M]. 北京：外语教学与研究出版社，2006.

的，或者代表的概念是新的，同时它的形式也是新的。形式是旧的，有了新义，新义和旧义有明显的联系，这样的词不是新词。"① 曹炜则认为，新词语的"新"主要指的是形式新：形式、意义全新和形式新、意义旧。形式旧、意义新的词语，要看新义和旧义之间有无联系，毫无联系的宜看作新词，否则不宜看作新词，只能视作原词新派生的意义。②

新词，首先必须是一个词语，而不能是短语或句子。新词与热词，两者的侧重点是完全不同的。新词主要侧重于词语出现的时间，以及词语的意义内容和形式；热词侧重于语言的关注度和使用频率。但是两者也不是完全独立分开的，新词一旦受到普遍关注以后，也可以成为热词；而新事物的出现往往能引起大家的关注，这也是很多新词同时也是热词的原因。

（三）与关键词的区别

关键词是检索或总结某一内容时，起关键性作用的词语。热词也是检索某一事件、话题时不可避免的词语，很多热词也是某一新闻事件中的关键词。

然而，与热词不同，关键词往往是依靠一定的语境而存在的，如某一话题、事件等。关键词的存在是为了对这一话题、事件进行说明或阐释。而且，关键词往往是人为选择出来的，经过了严格的筛选，并且几个关键词之间词义相互关联，共同完成对某一事件、话题的阐释。而热词是自然形成的，有多少社会热点事件，便会随之产生多少个热词。同时，不同热词相互之间也不一定存在意义上的关联。此外，热词一定是关注度高且高频的词语，而关键词却不一定。

第二节　目标词语不分群统计结果与分析

第二语言的习得受到主客观多方面因素的影响，作为汉语现代语汇的一部分，汉语热词的习得也不例外。我们对 161 份问卷进行了不分群统计，不考虑背景项对知晓度的影响，从（A）热词来源、（B）语义类别、（C）时间段、（D）词语构成、（E）音节数量五个方面对 36 个目标词语及其调查结果进行统计分析，以了解影响留学生热词知晓状况的语言学因素。

一、目标词语不分群统计结果

依据文中提到的给每个目标词语的每个选项进行赋值的方法，对 36 个目标词语各选项得分进行统计，按得分从高到低排序，得到的结果如表 12 - 2 所示：

---

① 符淮青. 现代汉语词汇 [M]. 北京：北京大学出版社，1985.
② 曹炜. 现代汉语词汇研究 [M]. 北京：北京大学出版社，2004.

表 12 - 2 目标词语不分群知晓度排序（按总得分统计）

词语	选项（次）					总分
	A（2）	B（1.5）	C（1）	D（0.5）	E（0）	
微信红包	139	16	4	1	1	306.5
双十一	118	23	12	6	2	285.5
高铁	106	24	17	9	5	269.5
点赞	89	30	21	14	7	251
女汉子	79	38	23	10	11	243
广场舞	71	41	25	17	7	237
微博	73	30	28	20	10	229
幸福感	69	36	27	13	16	225.5
中国好声音	62	43	26	13	17	221
一带一路	49	44	32	23	13	207.5
高富帅	67	20	27	30	17	206
给力	46	47	33	17	18	204
穿越	58	27	30	28	18	200.5
萌萌哒	64	23	26	19	29	198
鸟巢	59	26	28	19	29	194.5
高大上	49	37	31	18	26	193.5
中国大妈	48	32	31	27	23	188.5
任性	50	23	34	29	25	183
hold 住	47	23	31	34	26	176.5
团购	43	26	38	23	31	174.5
正能量	35	29	42	31	24	171
纠结	47	25	25	27	37	170
土豪	41	20	36	29	35	162.5
超级女声	32	25	47	25	32	161
被××（被就业等）	33	25	35	30	38	153.5
和谐号	35	19	40	29	38	153

（续上表）

词语	选项（次）					总分
	A（2）	B（1.5）	C（1）	D（0.5）	E（0）	
海选	25	30	36	30	40	146
恶搞	31	18	43	27	42	145.5
莫言	23	26	46	25	41	143.5
潜规则	27	16	48	31	39	141.5
雾霾	32	20	30	28	51	138
山寨	24	24	34	31	48	133.5
留守儿童	19	27	38	31	46	132
草根文化	17	18	50	36	40	129
屌丝	21	15	39	34	52	120.5
蜗居	12	16	37	38	58	104

从表 12-2 中可以看出，"微信红包"的得分最高，为 306.5 分；"蜗居"的得分最低，为 104 分。通过计算，我们得知此次调查整体情况为：161 位留学生的热词得分总值为 6 442 分。每一个词语的平均知晓度为 178.94 分（最大值 322），平均知晓率为 55.57%。其中，有 18 个词语的知晓度高于平均知晓度。每一个学生的平均知晓度为 40.01 分（最大值 72），平均知晓率为 55.57%。

二、目标词语内部语言因素分析

热词既是现代汉语语汇的一部分，同时也有自己的特点。我们从热词来源、语义类别、时间段、词语构成、音节数量五个方面来对汉语热词进行语言学分析：

（一）热词来源

语言的变化发展是其自我完善的过程，只有不断从外界吸收"营养"，才能满足人们交际和传播的需要，才能保持强大的生命力。

热词的来源是多方面的，有的热词来源于外来词、方言词、港台语言，由于信息的传播为大众所熟知，如"山寨""给力"等；有的热词来源于人们的日常生活，这类词语通常比较生活化，是对当下的社会百态、人们的生活追求的反映，如"中国大妈""广场舞"等；有的热词来源于生活中的新闻话题，如"被就业""蜗居"等；有的热词来源于影视网络媒体，如"海选""超级女声"等；

还有的热词来源于党和政府的方针政策等时政词语，如"一带一路""正能量"等。

本章暂将热词的来源归纳为五种：外来词、方言词、港台词语，人们的日常生活，社会新闻热点，影视网络媒体，党政方针政策，并对 36 个目标词语进行分类统计，其结果如表 12－3 所示：

表 12－3　不同成因来源的热词知晓状况比较

来源类别	词语	平均知晓度（分）	平均知晓率（%）
外来词、方言词、港台词语（4 个）	hold 住、给力、恶搞、山寨	164.88	51.20
人们的日常生活（11 个）	女汉子、中国大妈、微信红包、双十一、高铁、点赞、广场舞、微博、鸟巢、团购、和谐号	230.18	71.49
社会新闻热点（8 个）	莫言、幸福感、草根文化、被××（被就业等）、潜规则、雾霾、留守儿童、蜗居	145.88	45.30
影视网络媒体（11 个）	海选、中国好声音、超级女声、高富帅、穿越、萌萌哒、高大上、任性、纠结、土豪、屌丝	178.36	55.39
党政方针政策（2 个）	一带一路、正能量	189.25	58.77

由上表可以看出，留学生对来源于日常生活这一类的词语知晓状况最好。在此类热词中，"微信红包""双十一""高铁""点赞""女汉子""广场舞""微博" 7 个词都位于总词表前 7 位。来源于社会新闻热点这一类的词语知晓度最低，其原因可能是这类词语的社会背景比较复杂，留学生理解起来比较有难度；也可能是大部分留学生通常比较少关注中国的社会新闻。采源于外来词、方言词、港台词语这一类的词语知晓度也不是很高，其原因可能与留学生的汉语水平有关。外来词、方言词、港台词语一类的词语，在词语构成和表达上与汉语普通话还是有一定差异的，因此在理解和接受上，也相对难一点。此外，汉语普通话中也有表达类似意义的其他词语，也降低了留学生对这一类词语的接触、使用频率。来源于党政方针政策的词语知晓度较高，原因可能与所选择的词语和数量有

关系。

　　由此可以看出，留学生知晓状况较好的词语主要来源于人们的日常生活和影视网络媒体。

（二）语义类别

　　目标词语中 36 个词均选自《中国语言生活状况报告》，分别来自综合类、国际时政（事）类、国内时政类、经济类、科技类、社会生活类、文化教育娱乐体育、各年专题等不同的分类。经统计，目标词语的语义类别分类及知晓状况如表 12－4 所示：

表 12－4　不同语义类别的热词知晓状况比较

语义类别	词语	平均知晓度（分）	平均知晓率（%）
综合类（6 个）	高铁、给力、正能量、土豪、雾霾、一带一路	192.08	59.65
社会生活类（13 个）	留守儿童、海选、山寨、被××（被就业等）、蜗居、团购、纠结、高富帅、屌丝、双十一、广场舞、点赞、微信红包	186.15	57.81
文化教育娱乐体育类（13 个）	超级女声、潜规则、恶搞、草根文化、微博、穿越、hold 住、中国好声音、莫言、女汉子、高大上、任性、萌萌哒	181.92	56.50
国内时政类（1 个）	和谐号	153.00	47.52
经济类（1 个）	中国大妈	188.50	58.54
各年专题（2 个）	鸟巢（北京奥运专题）、幸福感（民生专题）	210.00	65.22

　　由表 12－4 数据得出，留学生对于综合类、社会生活类、文化教育娱乐体育类、经济类和各年专题的知晓状况均良好，而对时政类的知晓度相对较低。

　　大部分中国人对"和谐号"一词都比较熟知，但数据反映出留学生对该词的知晓度较低。与此相对的是，"高铁"一词的知晓度为 269.5 分，位于总表的第三位。这可以反映出，留学生对生活中更常见、使用更频繁的词语更容易接受。"鸟巢"一词虽然在生活中使用频率不是很高，但作为北京奥运会的代表建筑，留学生在旅行中或课本上都容易见到，因而容易熟知。"幸福感"一词在生活中使用频率也不是很高，但是"幸福"一词却常常使用，是基础词汇。而"感"很容易使人联想到"感觉"，因此"幸福感"语义透明度高，也容易被理解。

在词语比例上，考虑到政治、经济、文化等多方面因素，尽量选择生活中常见、使用频率高的词语，因此在选词时降低了时政类和经济类词语的比重。综合类、社会生活类、文化教育娱乐体育类的词语数量较多，而国内时政类、经济类、各年专题的词语数量少，因此也必然会影响数据结果。

（三）时间段

此次调查所选定的词语来自 2005—2014 年，时间跨度为 10 年。为探究时间对知晓度的影响，按照《中国语言生活状况报告》中所收录的年份，对目标词语进行分类，计算不同时间目标词语的知晓状况。统计结果如表 12 - 5 所示：

表 12 - 5　不同时间段的热词知晓状况比较

时间	词语	平均知晓度（分）	平均知晓率（%）
2005	超级女声	161.00	50.00
2006	留守儿童、海选、潜规则、恶搞、草根文化	138.80	43.11
2007	和谐号	153.00	47.52
2008	山寨、鸟巢	164.00	50.93
2009	被××（被就业等）、蜗居、微博	162.17	50.36
2010	高铁、给力、团购、纠结	204.50	63.51
2011	穿越、hold 住、幸福感	200.83	62.37
2012	正能量、高富帅、屌丝、中国好声音、莫言	172.40	53.54
2013	土豪、雾霾、双十一、广场舞、中国大妈、女汉子、高大上	206.86	64.24
2014	一带一路、点赞、微信红包、任性、萌萌哒	229.20	71.18

由表 12 - 5 可以看出，留学生对热词的知晓状况与时间有关系。从整体上来看，从 2005 年到 2014 年，知晓状况逐渐变好。2006 年和 2012 年在知晓度上较上年有较大下降，可能与所选择的词语有关系。

"超级女声"和"中国好声音"分别为 2005 年和 2012 年在全国知名度、影响力很大的音乐选秀节目。在知晓度上，"超级女声"的得分为 161.00，位于第

24 位；"中国好声音"的得分为 221.00，位于第 9 位。"海选"收录于 2006 年，知晓度为 146.00，位于第 27 位。在词语排序总表中，排名前 20 的词语，除"微博"和"鸟巢"以外，其余的词语均为 2010 年及以后收录的词语。

（四）词语构成

一般来说，相对于传统词汇，热词的内部构成成分和方式更加多样。除汉字以外，还常常使用数字、字母、英语等形式，还有的热词是通过对某一句话、某一个短语、某一个话题进行缩略简写得到的形式，如"范跑跑""我爸是李刚"等，有的甚至还衍生出了某种热门格式，如"最美××""被××""凡客体"等。在调查词表中，按照词语构成，将目标词语进行分类统计，得出：

（1）含有英语的词语有 1 个：hold 住。

（2）含有热门格式的词语有 1 个：被××（被就业等）。

（3）由缩略简写得到的词语有 5 个：双十一、高铁、一带一路、高富帅、高大上。

将这 7 个词语与单个词语形式的热词进行知晓状况比较，得出的结果如表 12-6所示：

表 12-6　不同词语格式构成的热词知晓状况对比

类型	词语数量（个）	所占比重（%）	平均知晓度（分）	平均知晓率（%）
单个词语	29	80.56	170.69	53.01
其他	7	19.44	213.14	66.19

整体来看，留学生对于对不同形式的热词知晓状况良好。在 7 个词语中，"双十一""高铁""一带一路""高富帅""高大上"分别位于知晓度排行总表的第 2、3、10、11、16 位。而中国学生经常使用的"hold 住""被××（被就业等）"分别位于第 19、25 位。前 5 个词语在生活中比较常用，而且词语语义透明度高，因此知晓度较高。"hold 住"一词中，由于英语和汉语在语义指向和语义转换中存在差异，容易对留学生的理解造成干扰。"被××（被就业等）"由"被"字句衍生而来，对留学生来说，在语法和语义接受上稍微有一点难度，所以知晓度较低。

（五）音节数量

现代汉语主要以双音节词为主，其次为三音节、多音节词语。热词不仅在词语构成上呈现出多样化的特点，在音节数量上也呈现出与传统词汇不同的特点。

热词的音节数量十分多样，既有"囧""宅"等单音节词语；也有"给力"

"团购"等双音节词语；还有"被就业""萌萌哒"等三音节词语；多音节词语的形式更加多样，如"微信红包""留守儿童""中国好声音"等。此外，甚至还有短语、语段、语篇等。

我们将 36 个目标词语按照音节数量进行分类（一个英语单词或符号视为一个音节），得出：

（1）双音节词语有 18 个：高铁、点赞、微博、给力、穿越、鸟巢、任性、hold 住、团购、纠结、土豪、海选、恶搞、莫言、雾霾、山寨、屌丝、蜗居。

（2）三音节词语有 11 个：双十一、女汉子、广场舞、幸福感、高富帅、萌萌哒、高大上、正能量、和谐号、潜规则、被××（被就业等）。

（3）多音节词语有 7 个：微信红包、一带一路、中国大妈、超级女声、留守儿童、草根文化、中国好声音。

依据音节数量分类，计算其知晓度，结果如表 12 - 7 所示：

表 12 - 7　不同音节数量的热词知晓状况对比

类型	词语数量（个）	所占比重（%）	平均知晓度（分）	平均知晓率（%）
双音节	18	50.00	174.78	54.28
三音节	11	30.56	200.68	62.32
多音节	7	19.44	192.21	59.69

从表 12 - 7 可以看出，在所选 36 个目标词语中，双音节词语仍然占大多数，所占比重为 50.00%。但是，综合来看，留学生对三音节词语和多音节词语的知晓状况良好，两者的知晓度甚至高于双音节词语。在词语排序总表中，排名前 10 的词语中，有 7 个为三音节或多音节词语。因此，我们可以看出，音节数量多并不会对留学生的热词知晓状况造成不良影响。

三、小结

根据以上分析，我们可以得知：

（1）词语构成和音节数量对热词的知晓状况影响很小。

（2）热词的来源、语义类别、时间段对留学生的热词知晓状况有影响。

（3）此外，语义透明度也是一个十分重要的影响因素，如"蜗居""恶搞""潜规则"等词语语义透明度较低，这些中国人十分熟知的词语，留学生的使用却并不普遍。由于此次调查是以书面的形式进行的，因此汉字的简易难度也可能影响留学生的热词知晓状况，如"雾霾""屌丝""山寨""土豪"等结构笔画比较复杂的汉字，其知晓度相对都较低。但仅作为一个猜想，具体情况有待于进一步的调查研究。

　　总之，留学生对热词的知晓状况受到多方面因素的相互影响、制约，这些因素常常共同起作用。

第三节　目标词语分群统计结果与分析

　　学习者的母语、年龄、性别、语言能力等变量一直是国内外众多语言习得研究者探讨和考察的因素。为了解这些非语言学因素对汉语热词知晓状况的影响，我们对调查结果进行了目标词语分群统计。

　　问卷中，我们就学生的汉语学习背景进行了调查，如学生的性别、年龄、学习汉语的时长、学历等。少部分学生的答案有个别空缺，但考虑到其他部分的仍然有效，还是将其保留下来。依照对背景项进行分类，我们对 36 个目标词语进行分群统计分析，以了解各背景项所代表的社会因素对留学生热词知晓状况的影响。

一、调查对象国籍及语言使用状况统计

　　母语和文化的影响对学习者来说是深远的，这种影响也会体现在第二语言的习得过程中。为探究不同语言背景对热词知晓状况的影响，我们对调查对象的国籍及语言使用状况进行了分类统计。

　　调查对象的国籍分布及数量统计如表 12 - 8 所示：

表 12 - 8　调查对象的国籍统计

国家	合计（人）	比例（%）	国家	合计（人）	比例（%）
泰国	51	31.68	韩国	7	4.35
印度尼西亚	54	33.54	日本	2	1.24
老挝	6	3.73	蒙古	3	1.86
缅甸	3	1.86	吉尔吉斯斯坦	1	0.62
柬埔寨	2	1.24	巴基斯坦	1	0.62
马来西亚	3	1.86	塔吉克斯坦	1	0.62
菲律宾	5	3.11	乌兹别克斯坦	2	1.24

（续上表）

国家	合计（人）	比例（%）	国家	合计（人）	比例（%）
越南	1	0.62	哈萨克斯坦	1	0.62
巴勒斯坦	1	0.62	俄罗斯	1	0.62
约旦	2	1.24	美国	1	0.62
叙利亚	2	1.24	哥伦比亚	1	0.62
利比亚	1	0.62	厄瓜多尔	1	0.62
也门	1	0.62	委内瑞拉	1	0.62
毛里求斯	1	0.62	马达加斯加	1	0.62
刚果	1	0.62	未填国籍	3	1.86

　　参与问卷调查的学生来自29个不同的国家（不计算3名未填国籍的），东南亚、东亚、中亚、中东、非洲、美洲等地区均有分布。其中，以东南亚的学生最多，尤其是泰国和印尼的学生，占总体的65.22%。不过，这也符合暨南大学华文学院的生源特点。暨南大学华文学院有大量华裔学生，为此，我们也对学生是否为华裔进行了调查，结果如表12-9所示：

表12-9　华裔学生与非华裔学生热词知晓状况对比

选项	合计（人）	比例（%）	平均知晓度（分）	平均知晓率（%）
非华裔	82	50.93	38.28	53.17
华裔	79	49.07	41.81	58.07

　　从表12-9可以看出，华裔学生对热词的知晓度要略高于非华裔学生。我们在问卷中对"您是第几代华裔"进行了提问，但是有部分同学没有填写，还有一些同学回答"不知道、不清楚"，原因在于有很多学生也无法确定自己是第几代华裔。

　　此外，我们对学生的家庭语言进行了调查，以了解其语言背景。结果如表12-10所示：

表 12-10　调查对象家庭语言使用状况统计（本题为多选题）

选项	合计（人）	比例（%）
汉语普通话	35	21.74
粤语（广东话、广州话、白话）	6	3.73
闽南语（福建话、福州话）	21	13.04
客家话	18	11.18
潮汕话	11	6.83
其他	113	70.19

从表 12-10 可以看出，在华裔学生家庭中，汉语普通话的使用情况所占比重较高，说明汉语普通话受到了很多华裔家庭的重视。而在"其他"这一选项中，有 1 位学生为云南话，1 位学生为台山话，1 位学生为山西话，且均为单选。其余学生填写的均为非普通话或汉语方言以外的外语。因此，我们将家庭语言的比例重新整理，去除重复选项，如有的华裔家庭中既使用汉语普通话，也使用非汉语以外的外语，只将其归入如汉语普通话及方言这一类，并计算知晓度。结果如表 12-11 所示：

表 12-11　汉语普通话及方言与其他语言使用者知晓状况对比

选项	合计（人）	比例（%）	平均知晓度（分）	平均知晓率（%）
汉语普通话及方言	72	44.72	44.22	61.42
其他语言	89	55.28	36.61	50.84

从表 12-11 可以看出，家庭语言的使用情况对热词的知晓状况有影响，家庭中使用汉语普通话或方言的学生，热词知晓度明显高于不使用汉语的家庭。一般来说，家庭中使用汉语普通话或方言的学生，其汉语水平相对来说也比非使用汉语的学生高，对中国文化的了解也是如此。

二、汉语水平影响因素调查统计

此外，我们对学生的汉语水平也进行了调查，包括学习汉语的时长、来中国的时长、HSK 考试情况、在暨南大学华文学院的班级等。

其中，留学生学习汉语的时长和来中国的时长的统计结果分别如表 12-12、12-13 所示：

表 12－12　不同汉语学习时长热词知晓状况对比

选项	合计（人）	比例（%）	平均知晓度（分）	平均知晓率（%）
1 年以下	29	18.01	34.38	47.75
2～3 年	79	49.07	37.80	52.51
4～5 年	25	15.53	46.62	64.75
5 年以上	28	17.39	55.46	77.03

表 12－13　来中国不同时长热词知晓状况对比

选项	合计（人）	比例（%）	平均知晓度（分）	平均知晓率（%）
1 年以下	33	20.50	33.41	46.41
2～3 年	102	63.35	42.60	59.17
4～5 年	21	13.04	45.64	63.39
5 年以上	5	3.11	59.10	82.08

从以上数据我们可以看出，留学生对热词的知晓度随着学习汉语的时间增加而上升。留学生对热词的知晓度与学习汉语的时间长短、来中国的时间长短有关系。学习汉语的时间越长，热词知晓度越高；来中国越久，热词知晓度越高。一般来说，学习汉语时间越久，汉语水平越高；来中国时间越久，其汉语水平也会随之提高，前后两者之间都呈正比关系。

为更准确地了解学生的汉语水平，我们选择了 HSK 等级作为参考，对留学生的 HSK 等级进行调查。经统计，结果如表 12－14 所示：

表 12－14　没考过与考过 HSK 的热词知晓状况对比

选项	合计（人）	比例（%）	平均知晓度（分）	平均知晓率（%）
没考过	50	31.06	35.33	49.07
考过	111	68.94	42.12	58.50

其中，各 HSK 等级所占的比例如表 12－15 所示：

表 12 - 15　不同等级 HSK 的热词知晓状况对比

选项	合计（人）	比例（%）	平均知晓度（分）	平均知晓率（%）
HSK 3 级	16	9.94	41.13	57.12
HSK 4 级	37	22.98	38.04	52.83
HSK 5 级	28	17.39	45.20	62.77
HSK 6 级	21	13.04	59.95	83.27
其他	9	5.59	31.10	43.19

注：其他包括成绩暂未出来、考试没通过、未填写等。

从 12 - 14 可以看出，有考过 HSK 的学生的热词平均知晓度为 42.12 分，没有考过 HSK 的同学热词平均知晓度为 35.33 分，有考过 HSK 的学生的热词知晓度整体比没有考过 HSK 的同学高。这说明 HSK 考试对学生学习汉语的动机有一定的推动作用。

但是，从表 12 - 15 可以看出，在考过 HSK 的学生内部，不同等级的学生的热词知晓度也呈现出不同的特点。从 HSK 4 级到 HSK 6 级，热词知晓度随着 HSK 等级的提高而上升。尤其是通过 HSK 6 级的学生，平均知晓度达到 59.95 分，平均知晓率达到 83.27%。这说明，HSK 等级和热词知晓度是相关的，HSK 等级越高，说明学生汉语水平越高，热词知晓状况也越好。

当然，受调查数据的限制，包括少部分同学成绩未公布、未通过考试、没有写明具体等级等原因，对最终的数据有一定影响。并且，HSK 等级也无法完全反映出所有学生的汉语水平，因此调查数据难免存在偏差。

除此以外，我们还对留学生在暨南大学华文学院所在的班级进行了调查，调查结果如表 12 - 16 所示：

表 12 - 16　所在华文学院不同学历教育热词知晓状况对比

选项	合计（人）	比例（%）	平均知晓度（分）	平均知晓率（%）
非学历	29	18.01	30.07	41.76
汉语系本科	27	16.77	42.48	59.00
华教系本科	101	62.73	43.78	60.81
硕士外招	4	2.48	62.75	87.15

经统计，参与此次调查的留学生共 161 人，来自华文学院汉语系非学历、汉

语系本科、华教系本科、外招汉硕等不同的班级。其中汉语系非学历班级共29人，汉语系本科生共27人，四个年级的学生均有分布。华教系本科生来自2014级、2015级、2016级三届，有A、B、C、学前教育不同班级共101人，其中有11人无法确定其年级。汉语国际教育硕士外招生共4人。具体分布如表12-17所示：

表12-17 所在华文学院不同班级热词知晓状况对比

学历	班级	合计（人）	平均知晓度（分）	平均知晓率（%）
非学历 （29人）	初级B2	13	28.88	40.12
	中级汉语上1	12	33.63	46.70
	E9、K上等	4	23.25	32.29
汉语系本科 （27人）	本一	2	51.00	70.83
	本二	14	41.50	57.64
	本三	7	38.89	54.01
	本四	4	45.50	63.19
华教系本科 （101人）	16级	52	37.47	52.04
	15级	23	51.57	71.63
	14级	15	52.73	73.24
	不明	11	43.18	59.97
研究生（4人）	汉硕外招	4	62.75	87.15

从表12-17可以看出，不同学历教育之间，学生的知晓度存在差别。从整体来看，学生的热词知晓度从低到高的排序为：非学历＜汉语系本科＜华教系本科＜汉语国际教育硕士外招生，与预期调查结果一致。

从表12-17可以看出，在所有参与调查的班级中，热词知晓度最高的为汉语国际教育硕士，平均知晓度为62.75分，知晓度最低的为非学历E9、K上等，其主要原因与两个班级学生汉语水平和学习汉语的时长有关。E9、K上等的同学平均汉语学习时长在1年及以下，而汉语国际教育硕士班的同学平均汉语学习时长为5年及以上。

在相同学历教育内部，不同年级或班级之间，学生的知晓度也存在差异。汉语非学历教育内部，初级B2的知晓度低于中级汉语上1。华教系本科教育内部，知晓度由14级到16级递减。而数据显示，汉语系本科教育内部的知晓度呈现出不规则现象，这可能与调查数量分布不均有关系，尤其是本科一年级只有 2 个人，难以全面反映该年级的知晓度状况。依据对其他班级数据的参考，汉语系本科大致知晓度状况也应该符合由本四到本一递减的规律。

三、性别、年龄、受教育程度调查统计

除学生的语言背景、汉语水平外，我们还对学生的性别、年龄、受教育程度进行了调查。调查结果分别如表 12－18、12－19、12－20 所示：

表 12－18　不同性别热词知晓状况对比

选项	合计（人）	比例（％）	平均知晓度（分）	平均知晓率（％）
男	56	34. 78	39. 54	54. 92
女	105	65. 22	40. 26	55. 92

表 12－19　不同年龄热词知晓状况对比

选项	合计（人）	比例（％）	平均知晓度（分）	平均知晓率（％）
18 岁以下	5	3. 11	28. 30	39. 31
18～25 岁	135	83. 85	40. 63	56. 42
26～30 岁	14	8. 70	43. 82	60. 86
31～45 岁	6	3. 73	25. 84	35. 89
空	1	0. 62	47. 50	65. 97

表 12－20　不同学历热词知晓状况对比

选项	合计（人）	比例（％）	平均知晓度（分）	平均知晓率（％）
高中	34	21. 12	37. 47	52. 04
本科	117	72. 67	42. 39	58. 87
硕士	6	3. 73	53. 25	73. 96
博士	4	2. 48	31. 88	44. 27

从表 12－18 我们可以看出，女性的热词知晓度略高于男性，女性的平均知晓度为 40. 26 分，男性为 39. 54 分，仅相差 0. 72 分。我们据此推断，性别对学生热词知晓度的影响不大。

统计时，由于大部分学生的年龄在 18～25 岁，因此将此年龄段单独归为一类，而且这一年龄段也符合大部分大学生的年龄特点。据表 12-19，年龄对热词知晓度有一定影响。18～25 岁、26～30 岁的平均知晓度分别为 40.63 分和 43.82 分，而 31～45 岁的平均知晓度仅为 25.84 分。这说明，年轻人对热词的知晓状况更好。

除对学生在暨南大学华文学院的班级进行调查以外，我们还对学生的受教育状况进行了调查。表 12-20 显示，高中学历的留学生的平均知晓度为 37.47 分，本科学历的留学生的平均知晓度为 42.39 分，硕士学历的留学生的平均知晓度为 53.25 分，博士学历的留学生的平均知晓度为 31.88 分。其中，知晓度最高的为硕士生，最低的是博士生，整体无明显规律。因此，我们推断，学历对热词知晓度的影响不大。

四、小结

根据以上分析，我们可以得出以下结论：

（1）是否为华裔与留学生的热词知晓度有关联，华裔学生的热词知晓度整体高于非华裔学生。

（2）家庭语言的使用状况与留学生的热词知晓度有关联，家庭中使用汉语普通话或方言的学生，热词知晓度高于不使用的家庭里的学生。

（3）学习汉语的时长、来中国的时长与留学生的热词知晓度有关联，学习汉语和来中国的时间越长，热词知晓度越高。

（4）是否考过 HSK 与留学生的热词知晓度有关联，有 HSK 考试经历的学生的热词知晓度整体高于没有的学生。

以上几点主要都是通过影响留学生的汉语水平而起作用。汉语水平越高的学生，热词知晓度越高。华文学院的班级也能体现出这一点，汉语国际教育硕士班的热词知晓度最高，其次为华教系本科、汉语系本科，非学历教育班级热词知晓度最低。

调查数据显示，性别和教育程度对留学生热词知晓度无明显影响；年龄对热词知晓度有一定影响，年轻人的热词知晓度更高。

第四节　留学生热词习得途径、学习态度调查和教学启示

在调查问卷的背景项中，除了留学生的国籍、汉语水平背景外，我们还对留学生平时的阅读习惯进行了调查，并就留学生对热词的学习态度及了解程度进行

了初步调查。参与调查人数总计 161 人，都是暨南大学华文学院的在读留学生，汉语水平初级、中级、高级都有人数分布。

一、留学生热词习得途径和学习态度调查

（一）习得途径调查

第二语言习得理论认为，语言习得的过程是"输入—中央处理—输出"的过程，其间"注意"和"记忆"起了十分重要的作用。语言材料的输入是语言学习的第一步，习得途径是影响语言材料输入的重要因素，也极大影响着语言习得的效果。

目前，学校普遍使用的汉语教材中，对热词并没有作特别的介绍，出现的词语数量也不多，而学生又是通过哪些渠道习得相关热词的呢？我们对汉语热词的习得途径进行了提问，由留学生对该问题进行多项选择，调查对象的回答统计结果如表 12－21 所示：

表 12－21　汉语热词的了解途径统计（本题为多选题）

选项	合计（次）	比例（%）
传统网络媒体（网站）	55	34.16
新媒体（手机、QQ、微信、微博等）	80	49.69
印刷版的报刊	9	5.59
电影、电视、视频	86	53.42
日常生活交际	68	42.24
上课	57	35.40
和中国人做生意时	29	18.01
其他	21	13.04

从表 12－21 中我们可以看出，有 53.42% 的留学生选择了电影、电视、视频；49.69% 的留学生选择了新媒体（手机、QQ、微信、微博等）；42.24% 的留学生选择了日常生活交际；35.40% 的留学生选择了上课；34.16% 的留学生选择了传统网络媒体（网站）；此外，还有 18.01% 的留学生选择了和中国人做生意时；13.04% 的留学生选择了其他；只有 5.59% 的留学生选择了印刷版的报刊。

除留学生对汉语热词习得途径的自我感知外，为了更好地了解留学生习得汉语热词的途径，我们还对留学生平时的汉语阅读习惯进行了调查。各项数据统计

分别如表 12 - 22、12 - 23、12 - 24 所示：

表 12 - 22　汉语电视电影或汉语视频观看情况统计

选项	合计（人）	比例（%）
每天	14	8.70
经常	42	26.09
偶尔	67	41.61
很少	36	22.36
从不	2	1.24

表 12 - 23　汉语网站使用状况统计

选项	合计（人）	比例（%）
每天	22	13.66
经常	40	24.84
偶尔	54	33.54
很少	41	25.47
从不	4	2.48

表 12 - 24　汉语报刊阅读情况统计

选项	合计（人）	比例（%）
每天	4	2.48
经常	12	7.45
偶尔	26	16.15
很少	85	52.80
从不	34	21.12

从表 12 - 22、12 - 23、12 - 24 中可以得知，在观看汉语电视电影或汉语视频和使用汉语网站上，大部分学生选择了"经常""偶尔""很少"；在汉语报刊阅读上，大部分学生的选择是"很少""从不"。这说明，大部分学生都倾向于通过观看汉语电视电影或汉语视频来进行汉语学习，而很少有学生平时看汉语报刊。比起纸质媒体，留学生更倾向于通过音视频等渠道获取信息。

表12 - 25　微信、QQ 及微博使用状况统计

选项	合计（人）	比例（%）
每天	112	69.57
经常	32	19.88
偶尔	5	3.11
很少	12	7.45
从不	0	0

社交软件已经成为现代人获取信息、与人沟通的重要工具，是人们语言生活中不可或缺的一部分。对留学生来说，使用汉语社交软件也是习得汉语的途径之一。从表12 - 25 中我们可以得知，每天使用微信、QQ、微博等汉语社交软件的学生有 69.57%，经常使用的有 19.88%。这说明绝大部分同学都有使用汉语社交软件的习惯。

因此，根据对留学生汉语热词的习得途径的调查，我们得知：看电影视频、网站、新媒体，以及上课和日常生活交际是留学生习得汉语热词的主要途径。但具体是哪一种途径对留学生汉语热词习得的影响比较大，有待更进一步的调查和研究。

（二）学习态度调查

学习态度是影响学生语言学习的重要情感要素，积极主动的学习态度对语言习得有促进作用。关于留学生对热词的学习态度和熟悉度，我们的调查结果如表12 - 26、12 - 27 所示：

表12 - 26　调查对象对汉语热词的熟悉度统计

选项	合计（人）	比例（%）
从没听说过	24	14.91
不熟悉	39	24.22
一般般	68	42.24
熟悉	19	11.80
非常熟悉	11	6.83

表 12 - 27　调查对象对不熟悉的热词的态度

选项	合计（人）	比例（%）
每次都会查资料或问他人，一定要搞得清清楚楚	32	19.88
会查资料或问他人，明白大概意思	44	27.33
如果方便，偶尔查查	51	31.68
一般不会查看	21	13.04
算了，从没查过	13	8.07

从表 12 - 26 我们可以看出，对汉语热词的熟悉度，有 42.24% 的学生选择了"一般般"，24.22% 的学生选择了"不熟悉"，14.91% 的学生选择了"从没听说过"，11.80% 的学生选择了"熟悉"，只有 6.83% 的学生选择了"非常熟悉"。从总体来看，大部分留学生对热词并不是很熟悉。

留学生在中国学习和生活，不可避免地会遇到热词。从表 12 - 27 我们可以看出，在面对不熟悉的汉语热词时，31.68% 的学生选择了"如果方便，偶尔查查"；27.33% 的学生选择"会查资料或问他人，明白大概意思"；19.88% 的学生选择"每次都会查资料或问他人，一定要搞得清清楚楚"；只有 21.11% 的学生选择"一般不会查看"和"算了，从没查过"。从中我们可以看出，大部分留学生对汉语热词的学习比较主动，会积极地查阅资料或询问他人。

另外，在调查问卷中，我们列举了六个词语作为汉语热词的特点，让留学生进行自主选择。其中，有 85.61% 的留学生选择了诸如"实用、生动、时尚、有趣"等带有褒义或中性色彩的词语；只有 14.38% 的学生选择了"无用""奇怪"等带有贬义色彩的词语，统计数据如表 12 - 28 所示。因此，我们可以推断，大部分留学生对汉语热词比较感兴趣，表现出积极的学习态度。

表 12 - 28　汉语热词特点统计（本题为多选题）

选项	合计（次）	比例（%）
无用	12	7.45
实用	47	29.19
生动	56	34.78
时尚	56	34.78
奇怪	30	18.63
有趣	91	56.52

语言学习的最终目的是能准确恰当地使用目标语言进行交流、沟通，汉语热词的学习也是如此。关于留学生汉语热词的使用状况，我们的调查结果如表12－29所示：

表 12 - 29　调查对象使用汉语热词情况统计

选项	合计（人）	比例（%）
每天	14	8.70
经常	43	26.71
偶尔	60	37.27
很少	34	21.12
从不	10	6.21

据表 12 - 29，有 37.27% 的留学生表示偶尔在生活中使用汉语热词；26.71% 的留学生在生活中经常使用汉语热词；21.12% 的留学生在生活中很少使用汉语热词；8.70% 的留学生在生活中每天都使用汉语热词；还有 6.21% 的留学生在生活中从不使用汉语热词。从数据我们可以看出，在数据两端的"每天"或"从不"的人数都比较少，而在数据的中间段的人数比较多。因此，我们可以推断，大部分留学生对汉语热词的使用态度和习惯比较"中立"，这也比较符合留学生目前的汉语水平和汉语使用习惯。

二、教学启示

（一）教学与生活的需要

热词在人们生活中的使用越来越广泛，连代表权威、严肃形象的《人民日报》也在其新闻报道中使用了"江苏'给力'文化强省"（2011 年 11 月 10 日头版头条）作为标题。还有诸如"软实力""正能量"等词语的见报率也很高。

热词作为现代汉语语汇中的一部分，其有独特的交际功能和意义。了解和学习汉语热词也有利于留学生打破"文化壁垒"，更好地适应在中国的学习和生活。通过调查得知，大部分的留学生对汉语热词是比较感兴趣的，也有意愿去主动了解和学习汉语热词。

从当前的汉语教学来看，汉语热词的教学仍然处于比较滞后的状态。由于教学大纲、教学计划等多方面的规定和限制，留学生在教材中见到汉语热词的机会并不多，并且有很多热词属于扩展词汇，并没有得到重视。为了有效地完成教学任务，教师在课堂上给予的补充也极其有限。尤其在中高级汉语教学中，很多学生已经有了一定的汉语基础，有能力也有必要接触和学习日常生活中鲜活的汉语用语。而目前有很多中高级的汉语教材，尤其是阅读类的教材，内容选材仍然比较落后。如《成功之路·冲刺篇（第一册）》（邱军主编，于昆编著，北京语言大学出版社，2008 年）中的"知青""下放""贫下中农"，《现代汉语高级教程·四年级》（马树德主编，北京语言文化大学出版社，2003 年）中的"走资派""下乡"等，不仅与现代中国的发展现状、人们的日常生活不相符，而且学生理解起来也比较费劲，不利于学生的汉语学习。也有的教材编写者或汉语教师认为，热词中的部分词语不符合汉语词汇标准，如部分英语词、字母词等，是不太规范的语言形式，因此，在教材的编写过程中或实际教学过程中，有意识地对相关部分进行回避、修改。这种行为事实上反而拉大了学习者与汉语、中国文化之间的距离，也背离了语言教学的实际。

从语言学习的角度来看，语言学习是为了能够使用该语言进行交流和沟通。看电影视频、浏览网站或使用新媒体等都是一种生活中的自发性行为，留学生在这种情境下习得汉语热词的过程往往是偶然性的，没有预先设定目标和结果。在正式的汉语课堂上，任课老师有时也会补充拓展一些课外热词，但随机性比较强，也不带有学习强制性。因而，留学生对热词的习得几乎是一种自然习得。在这种情况下，在华留学生缺乏准确可靠的渠道习得汉语热词，在交际中遇到不熟悉的热词时，难免会感到困惑、不知所云。

因此，教学者有必要转变教学观念，正确认识热词在汉语教学中的作用，加强指导。新的语言现象是社会生活的写照，也能最敏锐地捕捉到社会生活中的变化。更新现有的汉语教材，删减其中不符合当前社会现状的内容是十分有必要的。对留学生来说，在中国学习和生活，面对新的语言生活环境，他们有着强烈的好奇心与求知欲。汉语热词往往形式上简洁精炼，不会造成沉重的学习负担，活泼幽默的语言风格也有利于激发学生的汉语学习热情，提高学生的学习兴趣。

（二）教学原则和建议

目前在汉语国际教育中，由于多方面条件的限制，电影、视频、网站、新媒体等成为学生们了解和习得汉语热词最实际、最直接的工具，其作用不容忽视。教师在平时也要多注意积累相关的信息、话题，以备教学之需。

除此以外，上课是留学生习得汉语热词的重要途径之一，也是对外汉语教学中最可控、最系统的方式。目前普遍使用的教材中，汉语热词在教材中所占的比例很小，学生能够接触到的热词词汇很少。鉴于此种情形，教师需要依据学生的学习需要，采用可行的方法，补充一些教学材料。

1. 结合课文词汇进行补充教学

在实际教学中，教材、课本始终是我们课堂教学的重点，也是教学的基本。

但是，在具体的词语讲解过程中，我们可以将热词与书本知识结合起来，以课内知识带动课外知识的学习。

我们可以综合参考热词的来源、语义类别、词语构成等因素，寻找合适的切入点，将课外热词导入课堂教学中来。例如，在讲"可爱"这一词语的时候，可以向学生介绍"萌萌哒"；学习天气或环境保护的时候，可以适当讲解"雾霾"；在讲娱乐活动的时候，可以补充"广场舞""海选"等。适当增添汉语热词，既丰富了课堂内容，也容易引起学生的共鸣，引起他们的学习兴趣。

热词是紧随着社会热点和社会变迁而产生的，变化速度快、数量多。因此，在热词教学中，我们首先应该选择那些实用的、表达能力强的词语，尤其是那些已经被大众普遍接受并使用的词语，这样才能达到热词教学的目的。

在本次调查中我们得知，36 个目标词语的平均知晓度为 178.94 分，其中，有 18 个词语的知晓度高于平均值，它们分别为：微信红包、双十一、高铁、点赞、女汉子、广场舞、微博、幸福感、中国好声音、一带一路、高富帅、给力、穿越、萌萌哒、鸟巢、高大上、中国大妈、任性。

这 18 个词语中的大部分都与人们的日常生活有关，留学生在生活中也常常遇到。而且，这些词语及其汉字书写都比较基础，不会给留学生造成过大的学习负担。在实际教学中，我们可以优先考虑将这类热度高、知晓度高的词语作为教学内容。

此外，在词语的选择上，还应该尽量选择具有正面教学意义的词语，不可一味求新求异，特别是对某些网络词语的选择，一定要仔细筛选。在语义的讲解上，尤其是对感情色彩和文化内涵的把握，一定要力求精准。可以借助多种教学手段，引导学生进行情景对比和分析，以加深学生的理解。

在词语数量上遵循适当的原则。汉语热词教学是对原有教材的补充，因此，在教学过程中一定不能耽误和影响原有的教学进程，不可舍本逐末。另外，若教师对汉语热词的补充过多，也会增加学生的学习负担，容易使学生产生排斥心理，丧失学习兴趣和学习信心。

2. 利用报刊阅读课进行教学

正确理解汉语热词通常要求留学生对汉语知识和中国文化有一定的基础或了解，而初级阶段正是汉语学习打基础的关键时期，过早地学习这些内容容易对学生的学习造成干扰。因此，在教学对象上，一定要注意教学的阶段性，依据学生的汉语水平和跨文化适应程度进行合理的教学。

在中高级汉语学习阶段，学生对汉语知识有了一定的积累，有必要接触更多真实、新鲜的语言材料。开设报刊阅读课，是一种切实可行的办法。

但是，值得注意的是，目前市面上已有的报刊阅读类的教材数量不多，而且很多的内容也已经比较陈旧了，丧失了时效性，无法切实反映当下最鲜活的语言生活现状，因而也难以满足热词教学的需要。我们应当选择那些最新的（依据各媒体、机构的统计习惯，出版时间尽量不要超过一年）、最贴近生活的、最实用的部分作为阅读材料，如报刊或者网络、新媒体等媒介的语言材料，以扩大学生的语言知识面。

在阅读教学中，应该充分发挥学生的自主学习能力，以学生自主阅读、查询资料为主，教师讲解为辅。此外，教师在讲解过程中，要注意联系材料背景，将语言教学与文化教学相融合，以加深学生对中国社会、文化的理解。

此外，自主筛选、编写教学材料，对教师来说也是一个挑战。哪些词语必须教，哪些词语不必要教，教师应该有明确清醒的认识。汉语热词的数量众多，范围也十分广泛。教师在平时的工作和生活中一定要注意积累语料，多多留心。在工作中多与其他教师进行交流，面对问题或争议时，共同探讨，寻求比较妥善的解决方案。教师之间也可以分工合作，既减轻个人的工作负担，又能避免重复工作，提高工作效率。

教师自主编写的教学材料灵活性、针对性强，能够有效地适应汉语教学的需求以及解决目前教材缺乏的情况。但从长远来看，这并不能从根本上解决问题，无法最大效率地满足大多数留学生和汉语教师的需求。笔者认为，可以组织和利用人力、物力，编写一套真正具有时效性、实用性的阅读材料，供广大师生使用。从教学和出版进程来看，可以选择每个月一期或者每两个月一期，定期出版，即时更新。这样既能避免不同学校、不同区域之间的重复劳动，也让汉语热词的教学有"教材"可依，不断提高教学效率和教学质量。

第十三章　汉语热词热语海外华文媒体传播研究

第一节　选词方案与语料库介绍

一、选词方案

本章热词热语选词主要参考《中国语言生活状况报告》、《咬文嚼字》、互动百科年度新词语、流行语、热词等，并通过 Excel 筛选与人工筛选相结合的方法，筛选出较有代表性的热词热语。

从 2005 年至今，《中国语言生活状况报告》走过了十几年的历程，书中的字词语篇对热词热语以及流行语的收录，经历了从纸质媒体扩大到广播电视，再扩大到大众传媒的过程，语料范围越来越广，视野越来越开阔。各年的《中国语言生活状况报告》均设有若干小类，并依据该年热点设有若干专题。

其中，字词语篇每一年所设的类别及其数量也有变化。据统计，在 2008—2017 年十年间，《中国语言生活状况报告》流行语盘点所设的类别，随着该年的社会生活状况以及语言使用数据统计而有所变化。在诸多小类中，2008—2017 年每年均出现的小类有：综合类、国际时政（事）类（2011 年分为国际时事、国际政治两类）、国内时政类、经济类、科技类，还包括社会生活类（2006 年起每年均有）。

每一年《中国语言生活状况报告》均有涉及文化、娱乐、体育、教育的小类〔不同年份所设类别有所不同——文化体育类（2008）；文化教育类、体育娱乐类（2009、2016）；教育、文化、娱乐、体育（2010）；文化、教育、体育娱乐（2011）；文化类、体育娱乐类（2012）；教育类、文化体育类、娱乐类（2013）；文化教育类、体育娱乐类（2014）；教育类（2015）；文化教育类（2017）〕。《中国语言生活状况报告》还在不同年份设置专题，专题均围绕该年所发生的重大事件。这些都为后来的分类研究提供了参考。

除主要参考历年《中国语言生活状况报告》以外，我们还参考了《咬文嚼字》、互动百科、汉语盘点等，并对其进行了统计。统计结果见表 13 - 1。

表 13-1　各类盘点词量统计表

来源	词量	总计	重复词	选词
《中国语言生活状况报告》	1 100			
《咬文嚼字》	100	1 546	350	55
互动百科	90			
汉语盘点	256			

为了保证选词的科学性以及有效性，本章以重复率作为选词的依据，选择各年度在四类盘点中重复率较高的选词 55 个。选词情况如表 13-2 所示：

表 13-2　选词情况表（选词来源见附录）

分类	年度/选词	总计（个）
政经时事类	2009 年：秒杀、低碳 2010 年：给力、微博 2011 年：PM$_{2.5}$、地沟油 2012 年：正能量 2013 年：土豪、雾霾、中国梦 2014 年：一带一路 2017 年：共享	12
社会生活类	2008 年：山寨、人肉搜索 2009 年：蜗居、蚁族 2010 年：团购、纠结 2012 年：高富帅、屌丝 2013 年：双十一 2014 年：点赞、任性 2015 年：颜值、获得感、二维码 2016 年：套路、吃瓜群众	16
文体娱乐类	2008 年：宅×、雷×、裸× 2011 年：hold 住、坑爹、卖萌、吐槽	27

（续上表）

分类	年度/选词	总计（个）
文体娱乐类	2012 年：给跪了、接地气、中国式 2013 年：女汉子、高大上、躺枪、奇葩 2014 年：暖男、任性、萌萌哒 2015 年：脑洞 2016 年：厉害了、辣眼睛、网红、老司机 2017 年：打 call、怼、油腻、扎心、尬×	27

二、语料来源

海外华文语料主要来自东南亚，包括新加坡、马来西亚、泰国、印度尼西亚四个国家的部分华文报纸及中文网站。除了海外华文语料外，本章还选择了部分港澳台的报纸及网站的语料，以期与海外华文语料进行对比分析，探究不同华语社区对热词热语的使用情况。考虑到语料下载的可行性，具体统计情况如表13－3所示：

表 13 – 3　海外华文媒体语料库媒体选择情况统计表

国家	华文报纸及网站	总计（万字）
新加坡	《联合早报》、FT 中文网、《南洋商报》、《逗号》	2 232
马来西亚	《光明日报》、《国际时报》、《亚洲时报》、《中国报》、辣手网	2 784
印度尼西亚	《千岛日报》《国际日报》《商报》	1 066
泰国	泰华网、泰国中华网	737
总计	14	6 819

为使语料的选取更加科学，避免受到权威干预，除了主流媒体以外，我们还选取了部分更具开放性与灵活性的非主流媒体。所有报刊及网站数为 14，总文本数为 136 393。其中新加坡和马来西亚的文本数分别为 46 554 和 49 175，大致相当；泰国与印度尼西亚的文本数相对较少，分别为 23 280 和 17 384。这里选取的文本总字数约为 6 819 万字，具有一定的规模与数量。文本选取时间段集中在2015—2017 年，利于从共时层面探究 2008—2017 年各年度代表性热词热语的使用情况。

第二节　汉语热词热语在海外华文媒体中的使用情况统计分析

本文对所有选词在语料库中的使用频次进行了统计，并将频次从高到低进行排序，统计出其频序。除此之外，从内容与构词法上对选词进行分类，并统计出其分类使用频次。

一、汉语热词热语在海外华语中的总体使用情况

关于汉语热词热语在海外华语中总体使用情况的统计，我们不仅关注频次，还根据封闭语料库中的出现频次排出频序。共统计有代表性的热词热语 55 个，各类现代汉语中的热词热语基本都有涵盖。统计结果见表 13 - 4。

表 13 - 4　热词热语在海外华文媒体中总体使用情况统计表

频序	频次	选词	频序	频次	选词	频序	频次	选词	频序	频次	选词
1	11 932	一带一路	15	330	双十一	29	94	地沟油	43	46	厉害了
2	7 476	共享	16	302	雾霾	30	92	萌萌哒	44	46	老司机
3	3 096	微博	17	258	奇葩	31	88	高大上	45	40	屌丝
4	1 492	正能量	18	240	中国式	32	80	脑洞	46	32	油腻
5	898	中国梦	19	214	套路	33	80	辣眼睛	47	28	蜗居
6	832	PM$_{2.5}$	20	184	团购	34	76	秒杀	48	20	尬×
7	664	点赞	21	182	宅×	35	76	高富帅	49	10	怼
8	654	二维码	22	176	山寨	36	74	躺枪	50	10	扎心
9	654	网红	23	168	接地气	37	70	坑爹	51	8	打 call
10	580	纠结	24	148	暖男	38	66	吃瓜群众	52	6	雷×
11	470	颜值	25	126	土豪	39	60	女汉子	53	6	hold 住
12	410	低碳	26	116	给力	40	56	微信红包	54	6	给跪了
13	410	任性	27	116	卖萌	41	54	裸×	55	1	蚁族
14	388	吐槽	28	114	获得感	42	52	人肉搜索			

　　以上是近十年出现的汉语热词热语在东南亚华文媒体的总体使用情况，选词均为近十年出现的高频词，基本上在年度十大流行语、新词语之列，因此具有较高的代表性。从其出现的频次上看，存在严重的不均衡性，差距较大，频序第 1 的词与频序第 55 的词频次相差高达一万多。除此之外，选词的频次分化现象较为明显，频次在 1 000 以上的词语有 4 个；频次在 500～900 的词语有 6 个；频次在 100～500 的词语有 18 个；频次在 10～100 的有 22 个，所占比重最大；频次在 10 以下的有 5 个。用柱状图可以更直观地看出其频次层次性与差距性。

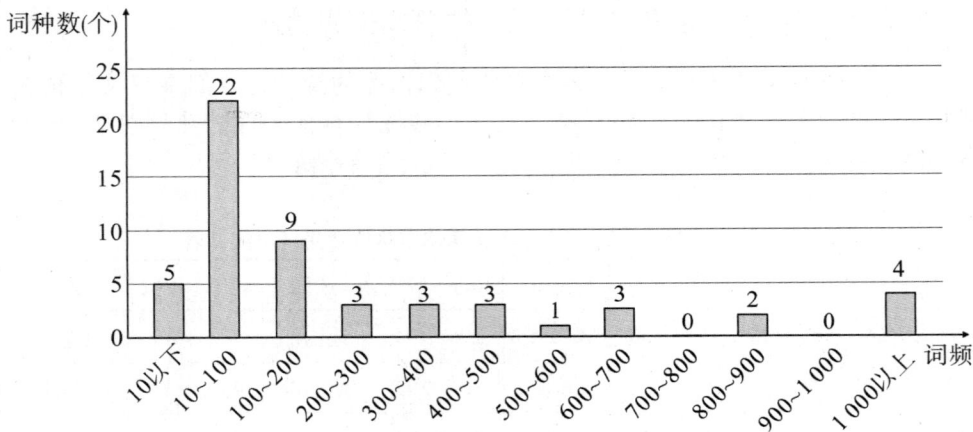

图 13－1　各词频段新词语词种数统计表

二、汉语热词热语在海外华语中的分类使用情况

　　除了研究热词热语的总体使用情况外，本章还从内容以及构词上对选词进行了分类，并统计出它们的分类使用频次。

（一）按内容分类的使用情况

　　对于 55 个选词，我们从不同角度进行了分类，在内容上，依照《中国语言生活状况报告》对年度网络流行语的分类标准，并根据选词的具体情况，将选词大体分为三大类：政经时事类（包括国际、国内时事）、社会生活类、文体娱乐类。其分类情况如表 13－5 所示：

表 13-5 热词热语按内容分类统计表

分类	选词	合计（个）
政经时事类	秒杀、给力、微博、低碳、PM$_{2.5}$、地沟油、正能量、土豪、雾霾、中国梦、一带一路、共享	12
社会生活类	山寨、人肉搜索、蜗居、蚁族、、团购、纠结、高富帅、屌丝双十一、二维码、点赞、微信红包、颜值、获得感、套路、吃瓜群众	16
文体娱乐类	宅×、雷×、裸×、hold 住、坑爹、卖萌、吐槽、给跪了、接地气、中国式、女汉子、高大上、躺枪、奇葩、暖男、任性、萌萌哒、脑洞、厉害了、辣眼睛、网红、老司机、打 call、怼、油腻、扎心、尬×	27

其中，政经时事类热词热语的使用情况柱状图如图 13-2 所示：

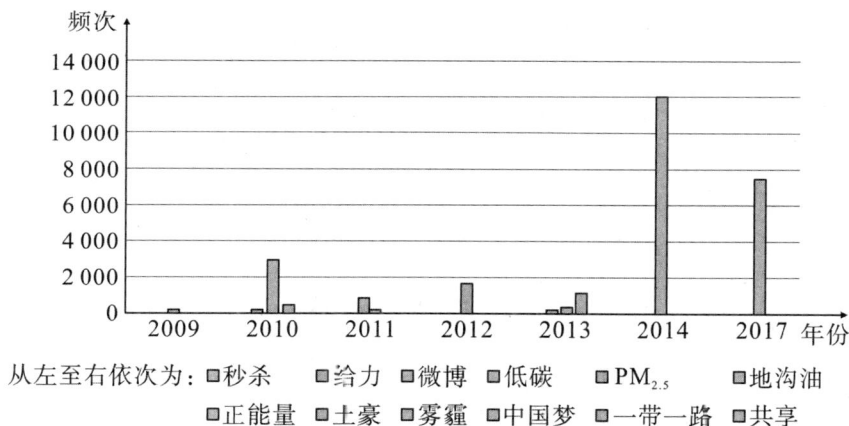

图 13-2 政经时事类热词热语使用情况柱状图

由图 13-2 可知，政经时事类热词热语使用量内部差距较大，呈现参差不齐的分布状态。其中，"秒杀""给力""地沟油""雾霾"使用量较低，在图表中几近无法显示，而"一带一路""共享""微博""中国梦"的使用量较大，高频词与低频词呈极端分布格局。

社会生活类热词热语的使用状况同样呈现出不规律性特征。个别词语使用较多，如"纠结""二维码""点赞""颜值"，而诸如"蜗居""蚁族""高富帅""屌丝""微信红包""获得感""吃瓜群众"，其使用量则相对较少。

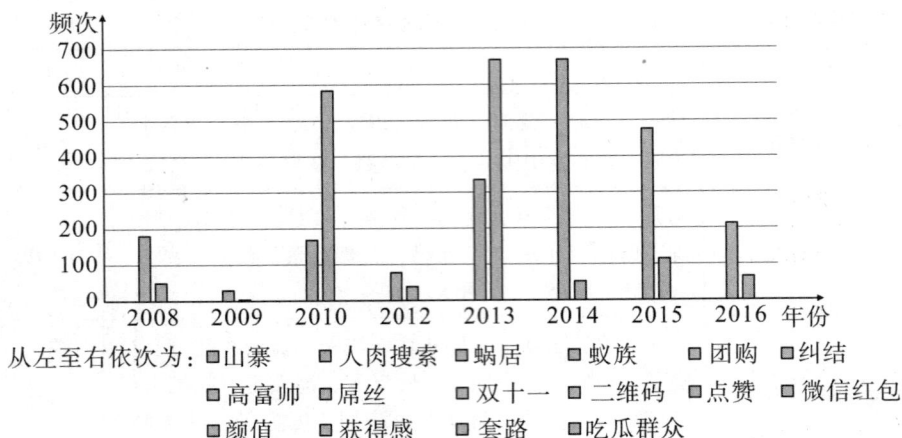

图 13 – 3　社会生活类热词热语使用情况柱状图

文体娱乐类热词热语在三类选词中所占比重较大，总体呈分布不均的状态，受《中国语言生活状况报告》及各权威网站年度选词的影响，各年度文体娱乐类新词语选词数量不均衡，我们无法从年度使用总量上进行比较。但从单个词的使用频次上看，差距性与层级性很明显。使用频次最高的"网红"达 654，而使用频次较低的"雷×""hold 住""给跪了"仅为 6。

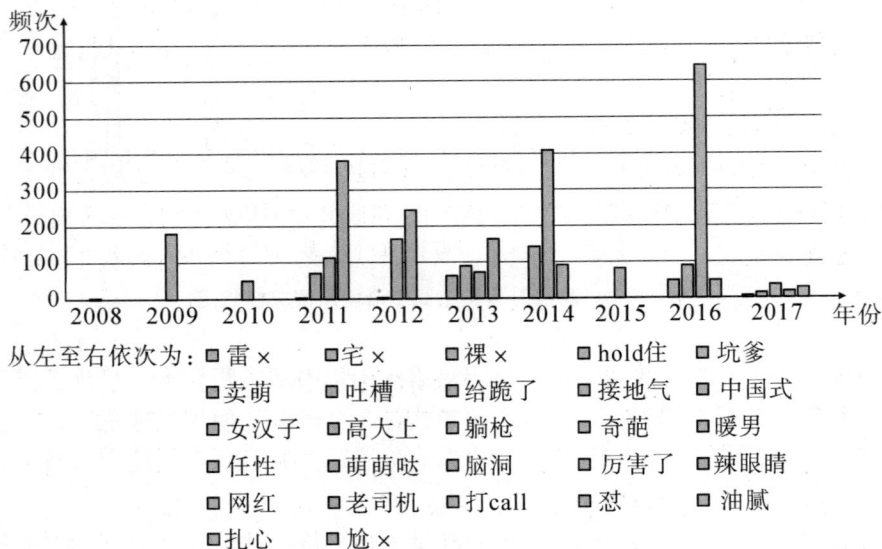

图 13 – 4　文体娱乐类热词热语使用情况柱状图

三类词的使用总频次对比情况如图 13-5 所示：

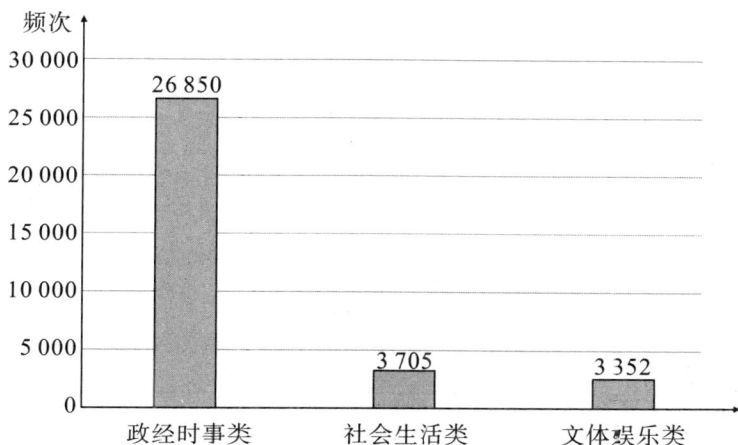

图 13-5　按内容分类的热词热语使用情况对比图

从三类词的使用频次对比情况看，政经时事类、社会生活类、文体娱乐类的比例为 79：11：10，即政经时事类选词使用频次 > 社会生活类选词使用频次 > 文体娱乐类选词使用频次。选词数量上，政经时事类、社会生活类、文体娱乐类的比例为 12：16：27，即政经时事类选词数量 < 社会生活类选词数量 < 文体娱乐类选词数量，这与其使用频次的比值恰恰相反，说明了在海外华文媒体中政经时事类选词较占优势。

（二）　按构词分类的使用情况

汤志翔（2001）按照构成方式将汉语热词热语中的新词分为名词性、动词性、形容词性、区别词性四种类别，本章参照其分类标准，并结合选词的基本情况，将选词分为名词性、动词性、形容词性以及兼类。具体情况如表 13-6 所示：

表 13-6　选词词类情况说明表

词类	选词			
	单音节	双音节	三音节	四音节
名词性		微博、土豪、雾霾、蚁族、屌丝、颜值、奇葩、暖男、脑洞、网红	$PM_{2.5}$、地沟油、正能量、中国梦、高富帅、双十一、二维码、获得感、女汉子、老司机	一带一路、吃瓜群众、微信红包、

（续上表）

词类	选词			
	单音节	双音节	三音节	四音节
动词性	怼、雷×	秒杀、共享、团购、纠结、点赞、坑爹、卖萌、吐槽、躺枪、打 call、扎心、hold 住	给跪了、接地气、辣眼睛	
形容词性	宅 ×、裸 ×、尬×	低碳、山寨、任性、油腻	高大上、萌萌哒、厉害了、中国式	
兼类		给力、套路、蜗居		

各类别选词音节与词性构成情况统计结果如表 13 - 7 所示：

表 13 - 7　各音节与词类选词所占比例统计表

语料	单音节		双音节		三音节		四音节		共计	
	数量（人）	比例（%）	数量（人）	比例（%）	数量（人）	比例（%）	数量（人）	比例（%）	数量（人）	比例（%）
名词性	—		10	18.5	10	18.5	3	5.6	23	42.6
动词性	2	3.7	12	22.2	3	5.6	—		17	31.5
形容词性	3	5.6	4	7.4	4	7.4			11	20.4
兼类	—		3	5.6	—				3	5.6
总计	5	9.3	29	53.7	17	31.5	3	5.6	54	100

对各类别选词数量进行统计发现，就音节而言，双音节新词所占比重较大，为 53.7%，三音节新词占 31.5%，单音节类词缀与四音节新词所占比重较少，分别为 9.3% 和 5.6%；就词性来说，名词性、动词性、形容词性、兼类各类词占选词总数的百分比分别为 42.6%、31.5%、20.4%、5.6%，名词性新词语所占比重较大，动词类与形容词类次之，兼类词最少；从音节与词性整体来看，双音节动词性新词语与双音节名词性新词语选词占选词总数的百分比最高，分别为 22%、20%，三音节名词性新词语次之，占 18%。

在海外华文媒体语料中，除去极端频次词"一带一路""共享""微博"，各类词的使用总频次如下：

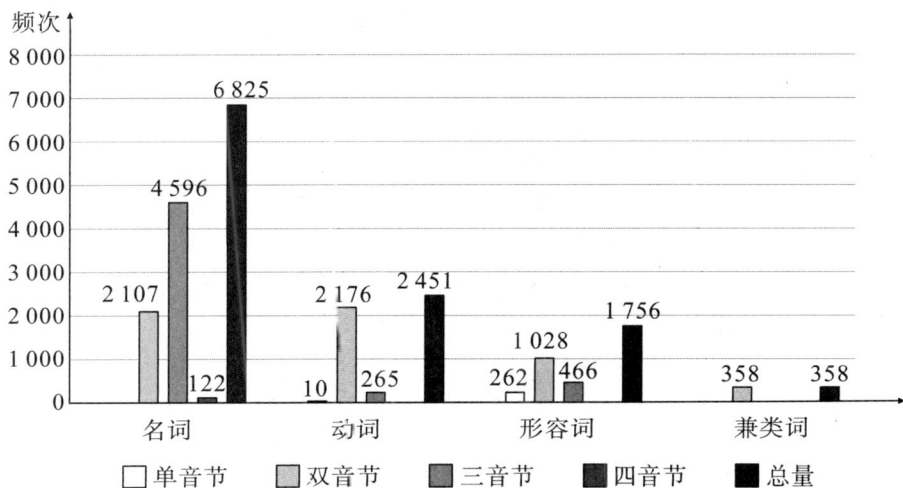

图 13 - 6　不同词类使用情况柱状图

从上图可以看出，以词性为区分来看，名词性新词语使用频次最高，达6 825，动词性新词语与形容词性新词语使用频次相差不大，分别为 2 451、1 756，兼类新词使用频次最低，只有358；以音节为区分来看，双音节新词语与三音节新词语使用频次相差无几，分别为5 669、5 327，单音节新词语与四音节新词语使用频次较低，分别为272、122；从音节与词性整体来看，三音节名词性新词语使用频次最高，达4 596，双音节动词性新词语与双音节名词性新词语的使用频次次之，分别为 2 176、2 107，双音节形容词性新词语使用频次紧随其后，为 1 028。单音节新词语与四音节新词语使用频次受选词数量等多种因素影响，在各类词语中的使用频次都不高。

从图 13 - 6 与表 13 - 7 的对照中，可以发现一些特殊现象：双音节名词性新词语与双音节动词性新词语选词数量所占比重最大，分别为18.5%、22.2%，但从最终的使用频次上看，却不是最高的；单音节形容词性新词语与双音节形容词性新词语、三音节形容词性新词语选词数量相当，但在使用频次上存在着明显的层级性与差距性，其使用频次分别为262、1 028、466。

三、各年度热词热语在海外华文媒体中的使用情况

本章还统计了现代汉语中各年度流行的热词热语在海外华文媒体中的使用情况。统计结果见表 13 - 8。

表 13 - 8　各年度热词热语使用情况统计表

年份	频次	年份	频次	年份	频次	年份	频次
2008		2011		2013		2015	
山寨	176	hold 住	6	土豪	126	获得感	114
人肉搜索	52	卖萌	116	雾霾	302	颜值	470
宅×	182	坑爹	70	女汉子	60	微信红包	56
雷×	6	吐槽	388	高大上	88	二维码	654
2009		PM$_{2.5}$	832	躺枪	74	脑洞	80
蜗居	28	地沟油	94	奇葩	258	2016	
蚁族	1	2012		双十一	330	吃瓜群众	66
裸×	54	正能量	1 492	中国梦	898	厉害了	46
低碳	410	高富帅	76	2014		套路	214
秒杀	76	屌丝	40	一带一路	11 932	辣眼睛	80
2010		给跪了	6	点赞	664	2017	
团购	184	接地气	168	暖男	148	共享	7 476
纠结	580	中国式	240	任性	410	打 call	8
微博	3 096			萌萌哒	92	怼	10
给力	116					油腻	32
						扎心	10
						尬×	20

　　表 13 - 8 展示了选词的年份以及使用频次，从统计结果看，各年度选词的使用频次存在严重的不均衡，个别词使用频次较高，相当一部分词使用频次较低。由于收集的语料为 2015—2017 年的，因此无法统计出各个新词语的年度历时使用情况。但由上表可以直观地看出，在十年的历程中，经历过大浪淘沙，那些相对较早出现的词，有一部分已很少使用了，如 2009 年出现的"蜗居""蚁族"，2011 年出现的"hold 住"，2012 年出现的"给跪了"；也有一部分使用频率很高，如 2008 年出现的"山寨""宅×"，2009 年出现的"低碳"，2010 年出现的"微博"，2011 年出现的"PM$_{2.5}$"，2012 年出现的"正能量"。而相对较晚出现的词，频次差距同样存在悬殊。2014 年出现的"一带一路"、2015 年出现的"二维码"、2017 年出现的"共享"，使用频次较高，而 2016 年出现的"吃瓜群

众""厉害了"以及2017年出现的绝大多数词语使用频次都较低。由此可见，各年度新词语在海外华文媒体中的使用频次是极其不稳定的。同一年度出现的新词，使用频率差距较大，而不同年度新词频次的对比同样具有较大差距。

第三节　汉语热词热语在海外华文媒体中的使用特点分析

上一节集中统计了热词热语在海外华文媒体中的使用情况，包括总体使用情况及分类使用情况，本节在此基础上总结了其总体使用特点与分类使用特点。具体内容如下：

一、汉语热词热语在海外华文媒体中的总体使用特点

从统计结果来看，汉语热词热语在海外华语中的使用频次差距较大，具有显著的不平衡性。频次在10以下以及频次在1 000以上的新词数量都较少，而频次在10~100、100~500的词语较多。

（一）新词语使用频次总体不高

各词频词种数分布情况如图13-7所示，通过折线图，更能看出其中的不平衡性。

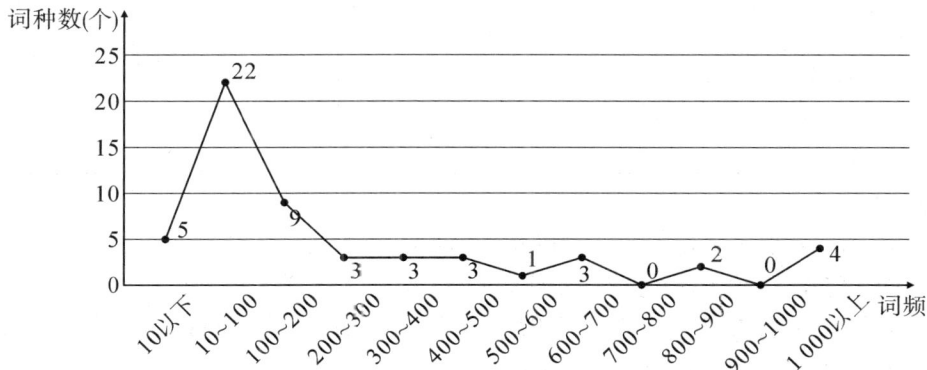

图13-7　各词频段新词语词种数折线图

由上图可以看出热词热语的使用频次总体不高。频次在10~100的选词最多，达22个，频次在100以上的选词于各词频段零星分布。使用频次较低或较高的新词语都不多，词频较低与较高的新词属于受多种因素（如政治、经济因素，时间因素）影响的词语，本章第四节将进行个案的集中考察。从新词总体出

现的频次来看，高频词段的选词较少，多集中在低频词段。由此可知，热词热语在海外华文媒体中的使用频次总体不高。

（二）频次差距较大，不平衡性明显

从热词热语的使用情况来看，年度新词语内部的频次差距较大，不同年度热词热语的使用频次差距同样较大，具有明显的不平衡性。比如同时在 2008 年出现的"雷×"和"宅×"，同属于单音节新词，在国内都具有一定的使用率，但在海外华语中的使用率差距很大，"宅×"的使用频次为 182，而"雷×"的使用频次仅为 6。再如 2009 年出现的"裸×"，同为前附加式词语群，其使用频次也存在一定差距，"裸×"仅为 54。

二、汉语新词语在海外华文媒体中的分类使用特点

在上一节已将热词热语按内容以及构词情况进行了分类。从内容分类来看，在政经时事类、社会生活类、文体娱乐类三大类中，政经时事类新词语使用频次较高，而在政经时事类新词中，政治、经济类新词语是使用频次最高的种类，政治类新词尤甚。从构词分类来看，名词性新词语使用频率最高，尤其是三音节名词。

（一）政治、经济类热词热语使用频次较高

从热词热语的分类使用情况统计可见，政经时事类新词语总使用频次最高，社会生活类新词语次之，而文体娱乐类新词语的总使用频次最低。使用频次最高的政经时事类新词语包含了时政、经济、科技等诸多领域。政治、经济类新词语在海外华语中的使用频次也是最高的。政治类新词语包括：一带一路、中国梦、获得感；经济类新词语包括：秒杀、共享、团购、二维码。其中，政治类选词只占词种数的 5%，但其总使用频次却占总使用频次的 57.58%；经济类选词占词种数的 7%，其使用频次占总使用频次的 24.74%；其他种类的选词约占词种数的 87%，但使用频次却只占总频次的 17.68%。

表 13－9　政治、经济类高频词使用情况统计表

频次	类别			
	词条	频次	合计	比例（％）
政治类	一带一路	11 932	12 944	47.50
	中国梦	898		
	获得感	114		

（续上表）

频次	类别			
	词条	频次	合计	比例（%）
经济类	共享	7 476	8 314	30.51%
	二维码	654		
	团购	184		
其他		5 995	5 995	22.00

（二）名词性热词热语使用较多，趋三音节化现象显著

前一节对热词热语的构词进行了分类与统计，统计结果显示，名词性新词使用频次较高，除去极端值后的使用频次为 6 825，动词性新词与形容词性新词次之，兼类词使用频次最低。其原因之一是名词性新词语产生速度较快。汤志祥（2001）提出名词性词语"强开放性"、动词性词语"弱开放性"的理论，他认为，表示新的事物与概念的名词性词语以及表示新的行为动态及状态变化的动词性词语在反映社会和时代变化时，始终是最活跃的。他对 1991—1994 年间出现的新词语的词性分布进行统计，发现名词性新词语数量最多，动词性新词语次之，而形容词性新词语最少。在本章的统计中，名词性新词语与动词性新词语、形容词性新词语的使用频次比例为 58∶22∶16。因此，符合"强开放性"与"弱开放性"这一规律。

而在所有音节新词的频次比较中，三音节名词性新词使用频次最高，达 4 596，远远多于比它选词更多的双音节名词与双音节动词。

表 13 – 10　各音节词类使用频次统计表

音节	单音节		双音节				三音节			四音节
词类	动词	形容词	名词	动词	形容词	兼类	名词	动词	形容词	名词
词种数	2	3	11	12	4	3	10	3	4	3
使用频次	10	262	2 107	2 176	1 028	358	4 596	265	466	122

米嘉媛（2005）调查发现，三音节词语从词性上可分为体词性与谓词性词语，体词性三音节词语多于谓词性三音节词语。因此在本章 17 个三音节选词中，名词性三音节新词占 10 个。夏中华、姜敬槐（2013）提出，三音节新词语借助其自身结构与功能的特征，特别是词语类推和"词媒体"发展的平台，也就会

越来越彰显出其存在的独特优势。因此，三音节词语依据自身的优势，在海外华语中借助媒体推动，也就更容易被传播和推广。

三、年度汉语热词热语在海外华文媒体中的使用特点

年度汉语热词热语反映了本年度的社会现象、社会心态等，是折射该语言生活的三棱镜。本章选词在现代汉语中均有较高的使用率，但在海外华文媒体的使用中，其使用频次差别很大。高频词主要集中在体现年度热点的新词，而低频词主要集中在较早年度与较晚年度出现的新词。

（一）体现年度热点的热词热语使用较多

表13－11统计了选词中2008—2017十年间现代汉语年度高频热词在海外华语中的使用情况：

表13－11　各年度热点词使用情况统计表

年份	2008	2009	2010	2011	2012	2013	2014	2015	2016	2017
高频词	山寨	低碳	微博	PM$_{2.5}$	正能量	中国梦	一带一路	二维码	网红	共享
频次	176	410	3 096	832	1 492	898	11 932	654	654	7 476

"山寨"一词作为"模仿、复制、抄袭"之义出现于2008年，并成为该年度最为流行的新词语，较为简洁生动地反映出社会中各个领域的假冒、抄袭、模仿现象。如"山寨手机""山寨相机""山寨电影""山寨明星"等，甚至出现"山寨春晚"，可见山寨一词影响力之大。在海外华语中，"山寨"的使用率与该年度所有选词的对比中，数量最多。

（1）我在怡保看到有些手机店放LED文字板，写到"不卖clone机，不卖山寨翻版机"。【来源：马来西亚人民邮政】

（2）在柔佛州贸消局执法人员揭发山寨奶粉事件后，曾在货架上摆售假品牌初生婴儿奶粉的店家，表示是在不知情下进货；是真的不知情吗？【来源：新加坡南洋视界】

"低碳"一词最初来源于2003年英国颁布的《能源白皮书》中的"Low Carbon Economy"（低碳经济）这一概念，被国内翻译为"低碳"，此后逐步在环保领域被提上议题。直至2009年，成为《中国语言生活状况报告》环保类专题高频词，并位列该年度《咬文嚼字》年度十大流行语。在海外华文媒体中，其使

用频率同样可观。

（3）他指出，万宜高等学府林立，该地区将打造为知识和**低碳**城。【来源：新加坡《南阳商报》】

微博自出现以来，作为网络时代的新兴事物，极大地方便了人们的信息获取和交往互动。2009年以后，微博以无可匹敌之势活跃于人们的社交、娱乐生活中，并于2010年成为《中国语言生活状况报告》高频词汇，《咬文嚼字》、互动百科年度十大流行语、热词。近几年来，微博用户数量不断增加，至2018年，微博用户数量已达4.31亿，其海外注册用户数量也蔚为可观。早在2011年，《华尔街日报》就已报道，美国旧金山市代理市长李孟贤（Ed Lee）也拥有自己的新浪微博账号。因此，微博作为一种新兴社交软件，在海外华人社区传播广泛，同时也成为海外华人了解国内时事、分享海外生活的重要渠道。

（4）11月4日下午，泰国人气男星Mike在**微博**晒出与范冰冰的合影并称其是女神，范冰冰也暖心转发写道："在中国要加油哦！"【来源：泰华网】

（5）佩雷斯还通过其个人**微博**说，超过2 000名士兵已经在地震灾区展开救援工作，空中救援、疏散通道也已准备完毕，准确的伤亡统计数字将在未来48小时内公布。【来源：马来西亚中文网】

"中国梦"一词是中国共产党召开第十八次全国代表大会以来，习近平总书记所提出的重要指导思想和重要执政理念，正式提出于2012年11月29日。此后，该词语作为国家层面的政治词汇，在官方主流媒体被广泛传播，成为展现国家形象与国家理想的词语。而在海外华文媒体中，其认知度与使用率也较高。

（6）中国官方媒体对**中国梦**的宣传铺天盖地，美国人一定感受得到。【来源：新加坡《联合早报》】

（7）妍峰控股主席施顺丰计划将**中国梦**生产成瓶装或罐装，像代表新加坡的鸡尾酒款Singapore Sling那样推而广之。【来源：新加坡《联合早报》】

受篇幅限制，各年份高频词不再一一列举。从统计结果看，体现各年度热点的词语受到自身热度、官方推动以及传播效度等的影响，在该年度选词使用频率的对比中，处于优势地位。

（二）较早与较晚年份出现的新词使用频次偏低

由于社会发展迅速，一般而言，较早年份出现的词所体现的概念和事物与当下生活联系相对较弱，因此使用频次相对较低，而较晚出现的词语在扩散中受传播时间较短的影响，其使用率也不高。以下为选词的年度平均使用率折线图（除去"一带一路""共享""微博"这三个极端的频次值）。

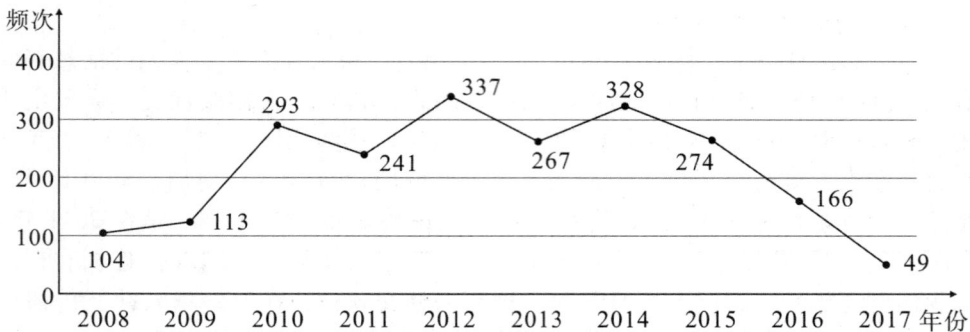

图 13 - 8　年度新词语平均使用频次折线图

由图 13 - 8 可以直观地看出，出现年度较早与较晚的 2008 年、2009 年、2016 年、2017 年的新词语平均使用频次较低。而 2010—2015 年间新词语的平均使用率相对较高，但也处于不稳定的波动状态，这可能在传播过程中受到多种因素的影响，内部因素包括相应年度的热词热语数量、自身热度以及与海外华人现实生活的贴近程度，外部因素包括外交关系、华人所在国家的语言政策等，具体原因将在本章第六节作详细论述。

四、小结

汉语热词热语在海外华语中的使用有其自身的特点。从总体使用特点来看，其使用率仍需提升，而语言传播任重而道远，还需从各方面拓展传播渠道、增强传播效力；从内容分类使用特点来看，政治类新词语使用频次总体偏高，这与国内研究结果——"经济类新词使用频率更高"相背离，这从某种方面上显示出政治外交对语言传播的极大影响；从构词分类特点来看，三音节名词性新词语在海外华文媒体中的使用率较高，这与近年来国内语言生活实际相契合。

第四节　汉语热词热语在海外华语传播中的典型个案考察

汉语热词热语在海外华语中已经有了一定程度的传播。但从数据统计情况来看，热词热语出现频次相差较大，最高达 11 932，最低则只有个位数。基于此，本节将根据统计结果，对频次较高的典型个体、频次较低的典型个体进行个别描述，并探讨其原因。

一、个案考察与分析

（一）"低频词"考察

1. "蚁族"与"蜗居"

"蚁族"与"蜗居"出现的年份都比较早，出现于 2009 年，从 2009—2017年，历经 9 年，出现次数仅为个位数。

表 13 - 12　"蚁族"与"蜗居"使用情况统计表

选词	年份	频次	频序
蚁族	2009	1	55
蜗居	2008	6	52

2. 部分称谓词

近些年来，网络社会催生出一批新词，用来称呼不同阶层或特殊性格的群体，如"高富帅""屌丝""女汉子"等。这类新词在国内媒体及生活中被广泛应用。但在华文媒体语料中，我们发现，其使用量均不到一百，在所有选词频数对比中，频次较为靠后。

表 13 - 13　部分称谓词使用情况统计表

人称词	年份	频次	频序
女汉子	2013	60	40
高富帅	2012	56	41
屌丝	2012	40	46

3. 较早与较晚出现的词

频率较低的词除了以上两类，还有较早与较晚出现的词。如 2008 年及 2009年出现的新词"雷×""蚁族"等在海外华语的使用频次同样处于弱势。再如，2017 年出现的"打 call""怼""油腻""扎心""尬×"。这几个词都出现于2017 年，在国内具有很高的使用率，荣获《咬文嚼字》、互动百科"年度十大热词"，《中国语言生活状况报告》年度"十大网络用语"。但在华文媒体中，其使用频率却相对较低。

表 13 – 14　较早与较晚出现的热词热语使用情况统计表

选词	年份	频次	频序
油腻	2017	32	46
蜗居	2009	28	47
尬×	2017	20	48
怼	2017	10	49
扎心	2017	10	50
打 call	2017	8	51
雷×	2008	6	52
hold 住	2011	6	53
给跪了	2012	6	54
蚁族	2009	1	55

（二）"高频词"考察

"高频词"即在所有选词中频序排名靠前的词语。语料统计结果显示，"一带一路""共享""微博""正能量""中国梦""PM$_{2.5}$""点赞""二维码""网红"和"纠结"的使用率较高，位列选词频序排名前十。特别是"一带一路"与"共享"，"一带一路"频次超过 10 000，而"共享"的使用频次也超过 7 000。结合统计结果可以发现，高频词集中在与人民生活紧密的经济类和时政类的个别词上。"一带一路""中国梦"为时政类的代表词，"共享""微博"则为经济类的代表词。

表 13 – 15　高频词统计表

选词	年份	频次	频序
一带一路	2014	11 932	1
共享	2017	7 476	2
微博	2010	3 096	3
正能量	2012	1 492	4

二、原因分析

（一）低频词原因分析

1. 与海外华人生活实际相疏离

有些热词热语虽然与国内实际情况相符，传播广泛，但是与海外华人社会生活脱节，故而在海外华语社区的使用频率较低。以"蚁族"与"蜗居"为例，"蚁族"与"蜗居"出现于2009年，其中"蚁族"最早出自北京大学博士后廉思主编的《蚁族》一书，用来指代刚毕业，租住在狭小的城中村，过群居生活的大学生群体。而"蜗居"一词，既可以作名词，比喻狭小的住所（《现代汉语大词典》），也可以作动词，指在狭小的房子里居住。它的流行源于2009年电视剧《蜗居》的播出，一时间"蜗居""蚁族"成为城市之中辛劳打拼却流离在城市边缘的社会群体的真实写照。在中国，这个群体的数量庞大，他们反映了这一时期社会经济的变动所带来的不稳定，也暗示了某种社会心理特征。因此，"蚁族"和"蜗居"在国内具有一定的流行度与接受度。语言与社会共变，二者相互影响、相互制约。陈原（2000）提到既要从社会生活的变化来观察语言的变化，也要从语言的变化去探讨社会生活的变动和图景。在东南亚地区，华人社区人口与国内相比较少，华人经济水平与国内相比较高，"蜗居"或"蚁族"的现象也相对较少，因此，这两个词与他们的社会生活关联不大，使用频率也就相应较少。

2. 海外华人社区对中国伦理文化的恪守

海外华人社区对中华文化的认同感和自豪感，使得他们在传播国内现在的语言时，也在追求文化上的高雅。"屌丝"是与"高富帅"相互对应的新词，近年来流行于国内网络及日常生活中，是2012年《中国语言生活状况报告》中国媒体"十大网络用语"之一。但在海外华文媒体语料中，其使用频次仅为40，频序排名靠后。这与根植于中华民族甚至世界语言文化中的伦理文化不无关系。

"屌丝"一词最早来源于百度李毅吧，为贬义词，是对拥有穷、胖、矮、丑、呆等属性特征的各种雷人行径及想法的男人或者女人表示轻蔑、讥讽的称谓。所以从它的来源及意义上看都不属于委婉语，甚至违背委婉语的特点。对于人类的一些生理器官或者生理活动，比如生殖器官、排泄、性爱等，若直言称之会显得粗俗不堪、缺乏教养，所以生理委婉语在各种语言中都大量存在，这是语言的共性特征。这种避讳语形式更是根植于中华民族几千年来的传统文化中。但近几年来，"屌丝"一词却在国内大肆盛行，田香凝（2012）对2012年热点舆情事件信息源分布（抽样：100件）进行了调查统计："屌丝"一词39%来自微博，24%来自传统媒体，22%来自新闻网，15%来自论坛。这与国内"网络狂欢化"现象有密切关系。但在海外华人社区，华侨华人文化的民族性是其存在的根本。王焕芝（2008）认为中国传统文化具有比较强烈的伦理主义或伦理中心主义的特征，这些都将作为文化的民族性规范着华侨华人文化的发展。因此，从坚守中国传统伦理价值上看，海外华人或将"屌丝"之类词语视作非委婉语加以避讳，类似的词语还有"傻逼""二逼"等粗俗詈骂类的新词语。

3. 语言接触与竞争

随着社会的发展，人们的生活越来越丰富多彩，情感与情绪的表达需要也越来越强烈，一些反映人的某些特征与性质的词语应运而生。如反映社会阶层的"高富帅"与"屌丝"，反映个体特殊性格的"女汉子""伪娘"等。正如李长起（2012）所提到的，这些词语在迎合网络语言趣味性的同时，也反映出人们的某种心理，成为自我解嘲与减压的"避难所"。因此，此类词活跃于网络社会以及人们的日常口语中。但在海外华文媒体中，此类词使用量却不多。

"女汉子"一词出现于 2013 年，在此之前的很长一段时期里，用来表现"性格言行与男性相似的女性"之义的词语为"男人婆"或"假小子"，尤以"男人婆"为多。因此，在语言传播过程中，"男人婆"较早传入海外华人社区，并在长期的使用中站稳脚跟。新词"女汉子"出现较晚，虽然在国内使用较多，且一度成为热词，但作为新词进入海外华人社区时，还要经历一轮新旧词汇的竞争与角逐。游汝杰（2003）提出了"新词多元化"概念，一是指不同的地区使用不同的词汇，二是指同一地区也可能用不同的词汇表达同一个新概念。各种新的形式产生以后，就进入互相竞争的阶段。在海外华文媒体语料中，"女汉子"使用频次为 60，"男人婆"使用频次为 51。可以看出，二者在使用中各占一定比重，处于各有优劣、相互对立的状态。因此，"女汉子"在海外华语中的传播与使用并不稳定，在缺乏国内语言生活背景及传播效力的情况下，还需要一定的传播动力才可以与原有旧词相抗衡。

4. 语言扩散

统计发现，2017 年出现的新词使用量要比 2017 年之前的少，与此同时，2008 年、2009 年等年度一些出现较早的新词的使用频次也较低。"怼""油腻中年""打 call""扎心"均为 2017 年《中国语言生活状况报告》"十大网络流行语"，但我们在统计中发现，其使用频率较低。一方面可能是因为年度热词热语自身的局限性，年度新词语研制时间短，收录的时间跨度较小，流通时间也较短，尤其是较晚出现的新词语，换句话说，新词的传播与扩散需要一定的时间长度与空间广度。由于地理位置的影响，新词传入海外华人社区并被当地华人接受和使用需要一定的时间。

语言的传播是指传播主体跨越时间和空间，借助载体进行的传播，随着科技的发展，不再是单纯的面对面传播。热词热语在国内的传播容易借助媒体突破时间局限，实时的热词热语甚至在短时间内风靡一时，但在海外，由于受到地理位置、网络限制等多方面因素的影响，产生于国内的汉语热词热语的传播与扩散具有一定的滞后性。除了时间因素外，热词热语的扩散也受到空间因素的影响。从"语言的地理扩散"因素来说，J. Schmidt 提出的"波浪模型说"认为语言变异体从一特定语言地域向四周扩散，对临近的语言影响最大，对较远的语言影响逐渐减小——就像水波从中心向四周扩散一样，波纹越往外，影响就越小。对于海外华语社区来讲，热词热语的传播受到地理位置的影响，这也是其传播滞后性的原因之一。

（二）高频词原因分析

1. 政治话语权

2013 年 9 月至 10 月间，中国国家主席习近平在访问哈萨克斯坦和印度尼西亚时，先后提出共建"丝绸之路经济带"和 21 世纪"海上丝绸之路"的倡议构想。此后不久，中国政府正式将"一带一路"纳入国家发展议程当中，并有条不紊地施以顶层设计。可以说，"一带一路"是今后相当长的一段时期里，中国开展内政与外交的大战略。"中国梦"是中国共产党召开第十八次全国代表大会以来，习近平总书记所提出的重要指导思想和重要执政理念，它正式提出于 2012 年 11 月 29 日。2013 年 3 月习近平主席在接受金砖国家媒体联合采访时谈到，中国人民发自内心地拥护实现中国梦，因为中国梦首先是 13 亿中国人民的共同梦想。

"一带一路""中国梦"与国家战略目标、发展方向密切相关，因此得到各界学者的广泛关注、传播与研究。统计中国知网文献可发现，关于"一带一路"的研究从 2013 年至 2018 年呈先上升后下降的趋势，而对"中国梦"的研究虽一直呈下滑之势，但文献总量依旧可观。

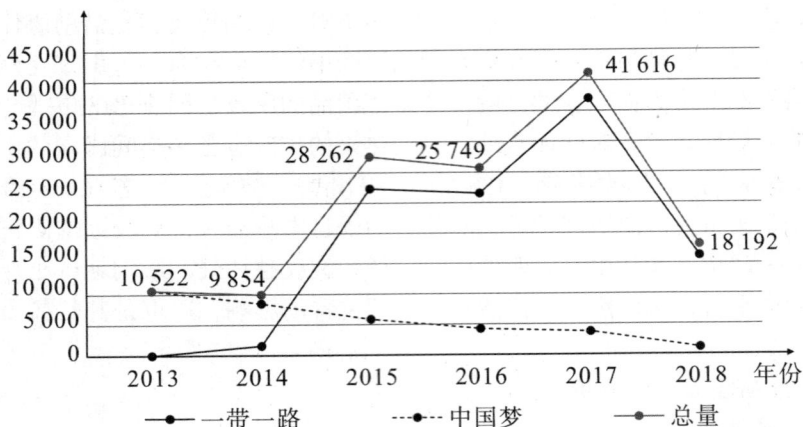

图 13 - 9　"一带一路"与"中国梦"知网文献统计表

海外华文媒体语料统计结果显示，高频词集中在时政类与经济类词语上。这两类词语与国计民生联系紧密，因此受到社会各界的广泛关注，具有较高的使用率，"一带一路"与"中国梦"是此类词的代表。这是因为这类词能够建构大国形象，彰显国家实力。

约翰·德赖泽克（2008）认为，国家形象建构与媒介话语生产之间的基本联系表现在：国家形象必须依附特定的媒介进行形塑，并在受众的认知和评价中传播。在此基础上，"一带一路""中国梦"在国家层面的传播行为中，作为政治话语处于最高的位置。作为新闻话语的"一带一路"必须遵守这种话语秩序，维护预先制定的意识形态，助力于国家形象的建构与传播。由此可见，"一带一路"与"中国梦"在海外华语社区中使用甚广，很大程度上是源于国家层面政治话语权支配下，媒体有意识的广泛传播。

2. 与社会生活的紧密互动

部分热词热语与海外华人社区生活较为贴切，且代表世界的新科技、新生活、新潮流，这类热词热语易于传播，使用频次相对较高。以微博为例，2009年8月中国门户网站新浪推出新浪微博内测版，成为门户网站中第一家提供微博服务的门户网站，微博正式进入中文上网主流人群视野；2010年被称为"微博元年"，两会期间，"微博问政"成为时尚，代表委员通过微博晒提案、议案，与网友进行沟通；至2018年6月，微博发布2018年第二季度财报，微博月活跃用户数增至4.31亿。微博日益活跃于人们的日常生活，无论是商界大亨、娱乐明星抑或是普罗大众，都可以在微博中了解时事、发布讯息、进行评论。微博已然成为人们生活的一部分，与生活密切联系。

"共享"是《中国语言生活状况报告》2017 年度十大综合类流行语之一。2018 年 5 月 30 日，人民网发文"中国新词一年诞生 242 条，'共享'一词最受青睐"。共享是共享经济的核心理念，强调物品的使用权而非所有权。2016 年，共享单车兴起，将共享的概念带入人们视野；2017 年，共享单车、共享汽车、共享充电宝、共享雨伞……各式各样的创新形式真正实现了资源利用最大化，共享真正进入了人们的生活，服务和方便了大众。因此，共享作为一种新型的值得提倡的理念，被国家、媒体、大众广泛宣传。在这样的传播效力下，其自然而然地传播到海外，进入海外华人的视野。

语言是社会生活的一面镜子。陈原（2000）提出，从语言现象的发展变化中，能够看到社会生活的某些奥秘。张永言（1992）提到，并不是每个词都有它的社会意义，但确实有一些词能反映出社会的演变、社会生活的变化。"微博""共享"作为与大众生活联系紧密的新型事物与理念，是社会生活最突出的一部分映像，并且是较为具体的事物，而非抽象的概念，因此，其使用概率更大，更有可能传到海外。

第五节　汉语热词热语在海外华语中的传播动因及特点

热词热语在海外华语中已有一定的使用率及传播效力，而热词热语的海外传播动因是什么，其海外传播特点与国内的是否相同则需要我们作进一步探讨。

一、汉语热词热语在海外华语中的传播动因

李宇明（2011）指出，语言传播动因是复杂的，少数情况下是单一动因起作用，多数情况下是多种动因复合起作用；多种动因复合起作用时，又有主导有辅助，错综复杂，相辅相成。因此，热词热语的海外传播也必然受到多方因素的影响。我们将其分为内部原因与外部原因，内部原因即汉语热词热语作为语言所具有的自身因素，包括语言与文化的互动，热词热语自身的新颖性、简洁性等；外部原因与内部原因相对应，包括国家语言政策、政治经济等方面的因素。

（一）内部原因

1. 海内外华人共同的语言符号

中国语言生活在海外传播的影响力，建立在共同的语言符号——华语的基础之上。对海外华人来说，华语是他们的"认同祖语"和"功能母语"。汉语热词热语作为中国语言生活的三棱镜得以在海外华语中广泛传播的一个先决条件在于其是海内外华人共同的语言符号。

　　一方面，作为一种功能母语，海外华人对华语有一种与生俱来的亲近感。罗马尼亚《欧洲侨报》社长高进讲，当身处异国他乡的炎黄子孙听到自己的母语、看到熟悉的方块汉字的时候，会油然生出一种亲切、兴奋、激动之情。这就使得热词热语的传播与使用具有一定的情感基础。另一方面，海外不同华人社区华语使用的相对一致性（可能存在繁简字的不同）使得中国的语言生活能够更加便利地传播。世界各地的华侨华人用一致的语言符号传递信息、交流情感，将更有利于海外华人对新的语言现象的理解。

　　2. 语言与文化的互动

　　Gladstone（1972）认为"语言与文化紧密地交织在一起，语言既是整个文化的产物或结果，又是形成并沟通文化其他成分的媒介"。与此同时，"所有的文化积累可以说都是保存在语言信息系统之中的"，因此，可以说"语言是文化的凝聚体"。由此看来，语言与文化相辅相成，互相促进。中华文化的影响力有利于汉语的国际传播，也有利于促进热词热语的海外传播。近年来，中国致力于文化的发展与传播，在党的十九大报告中，习近平总书记再次强调要"推进国际传播能力建设，讲好中国故事，展现真实、立体、全面的中国，提高国家文化软实力"。在当前文化大发展大繁荣的背景下，汉语将以更鲜明的姿态走向世界语言文化之林，而作为新的语言现象，汉语热词热语也将随着中国文化一起传向海外，海外华语社区将会是最易传播的地带。与此同时，热词热语本身具有中华文化的特质，以新的语言形式阐释出某种文化特征。

　　戴昭铭（1996）指出："语言中的文化心理指的是在一定的文化背景下群体或个人从事语言价值判断和语言选择的心理机制。"汉民族向来追求和谐、注重统一，如"一带一路"是"丝绸之路经济带"和"21世纪海上丝绸之路"的简称。该词用缩略的手法，将这两大倡议合二为一，"一"作为普通的数词，将沿线各国连为一体，深刻体现出合作共赢的理念。再如"接地气""扎心""辣眼睛"等词，符合汉民族具象性、直观性的文化心理。社会的发展会催生一些新的事物与概念，新词语在体现民族固有文化的同时还反映出当代中国的流行文化。在新旧文化的交汇和传播中，新词语亦被带入新的语言社区。

　　3. 热词热语的传播优势

　　（1）灵活多产。

　　热词热语与基本词汇相比，具有灵活多变的特征。与基本词汇不同，热词热语所要表达的是当今社会新的事物、概念、现象。因此，其处于不断的更新变化中，灵活性更甚。而为什么每天都有新词产生呢？方清明、彭小川（2013）提出，新事物的出现一定会带来相关的新词语。由新事物、新现象到表达需要，于是浮现出新概念，而新概念需要新的语言表达形式予以表征，其中的一个选择就是创造新词语或赋予旧词以新义。这正是语言系统的不自足性造成了词汇系统中的"空位"现象，并由此引起"补位"的需求。从《中国语言生活状况报告》近十年的热词热语统计情况来看，新词语数量逐年递增，显示出极强的能产性。除此之外，热词热语中的"词族"现象显著，这些词族的组合能力极强，在词语内部同样具有很强的能产性，且更容易被认知、理解和使用。如新词"裸"，"裸+动词语素"的新形式在近年来较为流行，出现一大批"裸"族词，如裸婚、裸捐、裸跑、裸奔、裸辞等。而这种新词族还可能与更多的语素结合，形成新的形式与意义。这使得热词热语愈加灵活，不断适应人们的交际、表达需求。

（2）形式简洁。

长久以来，语言的经济性原则被人们所提倡。法国语言学家马丁内对语言经济原则的解释是较有代表性的。他认为，经济原则必须以保证完成语言交际功能为前提，同时人们有意无意地对言语活动中力量的消耗作出合乎经济要求的安排，从这一原则出发能够对言语结构演变的特点和原因做出合理解释。而热词热语适应了经济性这一原则。首先，从音节上看，热词热语大多为双音节、三音节词，四音节词较少，四音节以上的更是寥寥可数，这就奠定了其经济性的基础。除此之外，热词热语中有诸多的缩略词，使音节数大大减少，如常见的"高富帅"与"白富美"，以及活跃于人们语言生活的"高大上""躺枪"等。其次，热词热语的意义丰富，言简义丰可以概括其语义特征。热词热语多用辞格的方式较为生动简洁地表达出某种意义。如比较有代表性的"吃×"类新词。"吃土"一词运用夸张手法简洁诙谐地表达出生活境况，极大地缓和了直接说出没钱的窘境；"吃瓜群众"用直观的具象的方式，生动地描绘出"不明真相或无所作为"的"看客"形象。

（3）新颖生动。

热词热语的首要特征即"新"，所谓的"新"不仅指其是新出现的，某种程度上还代表着其新颖性。首先，新颖性在于形式的创新。新词语的构造方式有很多，谐音词如"驴友""杯具"等，以新颖的形式表达与形式完全不同的意义。除此之外，还有中西结合的形式，如"hold 住""打 call"，将汉字与英语相结合，既新颖又有趣。其次，新颖性还在于它的意义之新。随着人们的生活越来越丰富，交际与表达的需要也越来越多，需要一些新的词语来填补交际空缺，相应的新词语应运而生。如"颜值""卖萌"，关于相貌，之前我们常用的是好看或不好看这一类的评价标准，而"颜值"一词用度量的评分方式将相貌量化，在生动诙谐的同时，使评价更加具体，适应了人们的表达需要。再如"卖萌"，"卖萌"一词从网络语境中衍生出来，指"刻意表现自己的可爱"，不同于"撒娇"之义，用来指代某种行为，随着词义的延伸，又可引申为无知、秀智商下限等含义，在表达某种新现象的同时，使语言既生动而又富有趣味性。

（4）适应网络时代。

热词热语的生成与传播很大程度上依附于网络的发展。多数热词热语来源于网络，周荐等人编写的 2006—2010 年新词词典收录了大量网络新词。2008 年以来的热词热语很大程度上是在网络背景中产生的。2008 年以来，互联网飞速发展。据 CNNIC 统计，截至 2018 年 6 月，我国网民规模达 8.02 亿人，互联网普及率为 57.7％，手机网民规模达 7.88 亿人，2018 年上半年新增手机网民 3 509 万人，较 2017 年末增加 4.7％。由此可见，互联网已成为人们重要的精神生活领域。许多新词在网络的背景下产生，并依托互联网得以迅速传播、推广，进入千千万万人的视野中。网络发展到现在，人们早已能够利用各种手机终端设备实现"时空脱域"。在信息的传播变得快捷的同时，人们在语言表达上也追求简洁、多变，交际交往趋于经济化。新词适应了网络时代的交际特点，其新颖性、灵活性、生动性无不适应网络时代人们的生活方式以及交往方式。

（二）外部原因

热词热语在海外华语中得以传播，除了内部原因的影响外，外部原因也具有相当重要的作用。

1. 综合国力提升下持续不断的"汉语热"

中国的汉语国际推广战略持续多年，旨在世界范围内传播汉语及中国文化，这既是中国综合国力不断提升的结果，更是中国增强软实力的重要途径。海外华文教育抓住机遇，蓬勃发展，海外华人对中华民族的文化认同感不断加强，文化认同因祖籍国文化的博大精深及外在适宜的客观环境而延绵不断。中国综合国力不断发展，世界各地持续不断的"汉语热"已经成为事实。在这样的国际背景下，中国的语言文化能更加便捷地传到海外，而海外华人成为最容易认知、理解与接受的群体。汉语热词热语作为新的语言现象，与中国新的语言生活相关照，具有不可忽视的影响力。

除此之外，"汉语热"推动下的海外华文教育以及汉语国际教育成为不可小觑的传播力量。在华文教学中，热词热语进入华裔学生的视野，在专门的学习下，他们对热词热语的理解与把握将更准确，华文教育成为热词热语传播的重要途径。

2. 良好的外交关系与宽松的语言政策

外交关系影响语言政策。国家政策包括国家大政方针和部门制定的行业管理政策，如"外交政策""教育政策""语言政策""外语政策"等。曹云华（2015）提到研究语言政策对语言传播的影响，应该从研究国家政策开始。1978年以前，中国还未对外开放，中国与其他国家的外交关系还处于早期发展中，汉语的传播在困境缓慢前行。1978 年以后，随着对外开放的逐步扩大，中国的综合国力不断发展，国际关系也进入良好的发展时期，以东南亚地区为代表的各国纷纷采取务实的外交政策，对汉语传播的政策作出相应的调整，陆续推出有利于汉语传播的语言政策。在这一有利环境下，汉语传播得以平稳发展。

吴应辉、何洪霞（2016）提到了东南亚各国对待汉语传播的政策，其中泰国教育部 1992 年制定了外语教学新政策，汉语作为选修课列入中小学课程目录，为汉语教学进入国民教育系统扫清了政策障碍，从此汉语教学课程逐步进入中小学；马来西亚政府于 1996 年撤销了 1961 年颁布的《教育法令》中限制华校生存发展的部分条款，将华语列为国民小学课程，并给予一定的财政补贴。

进入 21 世纪以后，随着对外贸易的发展，汉语的经济功用增强。语言是人类最重要的交际工具和信息载体，是一切经济活动的必要元素，在经济发展中扮演重要角色。经济学鼻祖亚当·斯密较早关注到语言在人类交易活动中的不可或缺性。学习汉语成为一种社会需求，其功利性大大增强。在东南亚地区，不仅华人学汉语，外国人也开始学习汉语，这种宽松的环境为中国语言生活的传播提供了便捷的条件。华语媒体在报道国内热点事件或国内生活的同时不断地将热词热语传播到海外华语社区。

3. 语言传播渠道的开拓

随着网络时代的发展，传播媒介越来越发达。截至 2016 年 7 月 16 日，通过对华文网站、华文客户端（App）、微信、微博、脸书（Facebook）和推特（Twitter）的统计，除了中国内地之外，全球华文新媒体总量有 4 292 个。其中，华文网站占多数，比例达 49.3%（彭步伟，2016）。传播渠道的拓展使得国内的语言生活与海外华人的语言生活沟通变得更加密切，促进了双方语言的互通。中国国内的电视综艺节目与电视剧在华文网站很受欢迎。如 2018 年 7 月中国国内古装网剧《延禧宫略》在越南等国家上映。Zing TV 的用户流量在越南市场排在龙头位置。打开 Zing TV，首页主推的华语电视剧长期占据半壁江山。除了《延禧攻略》之外，《一千零一夜》《芸汐传》《流星花园》《萌妃驾到》等曾在国内热播的电视剧也曾同步在 Zing TV 播出，更重要的是，这些电视剧的播放量和评分都很高。这些华语电视剧在涌入其他国家的同时，中国的语言与文化也得到了传播。而作为新的语言现象的热词热语，在近几年的电视节目中出现率较高，必将被带入海外华人的视野中。

除此之外，新移民的涌入也成为热词热语传播的重要途径。新一代移民是伴随新媒体成长起来的，一般而言，他们受教育程度相对较高，思想开阔，对新事物具有新鲜感，无论求学或经商，都习惯从新媒体获取国内外信息。与此同时，他们既与国内保持密切联系，又与国外生活联系紧密，从某方面讲，已成为语言传播的重要桥梁。

4. 民族语言文化认同

语言是身份认同的媒介和载体，在扩大身份认同辐射圈以及增强社会和谐方面发挥着重要作用。正如 Modernity 等（1991）所言，社会规约要求人们使用有序交往的语言编码背景知识进行交际。热词热语能否在海外华语中传播，能否被海外华人所接受，很大程度上取决于他们对民族语言的认同。海外华人对民族语言的认同表现为对华语的认同。他们在语言社区中广泛使用华语。盛炎（1990）认为人类在习得一种语言的过程中，必然形成一种与之相应的可以称之为"语言自我"（language ego）的自我认同。华语是中华文化在海外的载体，对于与中国血脉相连的海外华人来讲，对华语的认同，一定程度上也意味着对中华文化的认同。汉语热词热语作为新的语言现象，折射出中国新的社会面貌及生活方式，且其本质仍然带有中华文化的烙印。因此，从某种意义上说，正是对于中华文化和华语的认同，使得热词热语能够迅速被海外华人认可与接受。

二、汉语热词热语在海外华语中的传播特点

热词热语在海外华语中的传播是多种因素合力的结果，在这种合力的作用下，它的传播体现出一些特点。

（一）传播渠道广

海外华人数量众多，有海水的地方就有华人，有华人的地方就有华文媒体。热词热语能够在海外传播主要得益于传播媒体的拓展。作为反映中国语言生活活力的热词热语在海外的传播渠道较多。以往的华文传媒依靠报纸、广播、电视新闻等传统传播媒介支撑，随着互联网的快速发展，华文传媒发展态势出现了新情况。新媒体如雨后春笋蓬勃发展，华文网站、华文客户端、微信、微博等成为华文传播的中坚力量。传统的华文纸质媒介在新媒体的冲击下，积极主动地寻求新出路，如建立华文网站、推出电子版内容等。如新加坡《联合早报》，借助互联网的力量，从一家新闻报纸，发展成为一个有国际影响力的大报；再如网络电视的发展，使得国内的电视节目实时进入海外，热词热语进入海外华人社区的渠道不断拓宽。

除了新媒体传播的带动，热词热语的传播也依赖于新移民、在海外留学的中国留学生以及在中国留学的海外留学生、往返海内外的商人群体的间接传播。与此同时，在网络全球化的今天，媒体渐渐融合，海外华文媒体同样呈现出网络全球化的趋势，许多华文媒体寻求与中国或其他国家媒体的合作，2016 年 11 月 7日，来自匈牙利《新导报》、南非《华侨新闻报》、韩国《世界侨报》、埃及《中国周报》、西班牙《欧侨讯播报》、俄罗斯《龙报》、尼日利亚《西非华声报》、

美国《亚省时报》、加拿大七天文化传媒和美国《芝加哥华语论坛》等10家海外华文媒体的负责人出席与中新社合作的签约仪式。

（二）传播效度高

所谓传播效度，是指传播结果的有效性和准确性。衡量热词热语海外传播效度的重要指标应是热词热语在海外华语中的使用情况。从统计结果看，各年度热词热语的所有选词均在海外华文媒体中有所体现，除选词之外的其他热词热语，也在语料中出现，这将在书末以附录的形式展现。因此，从使用频次上看，汉语热词热语在海外华语中具有一定的使用效度。再就是准确性，我们从热词热语对国内语言生活的"映射度"来考察。

田莺（2017）借鉴数学中的"映射"，提出"映射度"这一概念。所谓"映射度"是指海外华文媒体的报道文本中汉语年度新词、热词、流行语的对应使用情况。换句话说，即海外华文媒体年度热词热语的使用与国内语言生活景观的映照程度。从语料统计结果来看（见表13-16），各年度热词热语中，反映年度热点的新词语使用频数较高。由此可以看出，海外华文媒体新词使用情况与中国国内语言景观映射度较高，这就从准确性上肯定了热词热语的传播效度。因此，热词热语在海外华语中具有较高的传播效度。

（三）方向性明显

从海外华文媒体热词热语使用倾向上看，具有显著的方向性，即舆情的方向。以东南亚华文媒体为例。东南亚华人是有高度"文化自觉性"的群体，除了新加坡，多数国家的华人在其所在国是少数族群，与此同时，文化差异使得他们与所在国当地人有着不同的经商态度以及处事风格，这也造成他们在所在国面临诸多压力，甚至遭遇一些"排华政策"，使得他们受到不公平的待遇。

近几年来，由于中国综合国力不断增强，华人对祖籍国的认同感增强，东南亚华文传媒出现一些新特点。一直以来的"文化的自觉性"使他们更加关心中国的社会发展，如中国的环境保护与食品安全问题等。因此我们统计语料发现，综合类新词语使用频次最高。我们将综合类选词再作细致分类，大体分为环保类、食品安全类、政治类、经济类和其他类，可以发现，这些词多与国计民生密切相关。这深刻表现出海外华人对与其血脉相连的祖籍国的深切关心。

表13-16　高频词类别归属表

类别	高频词
环保类	低碳、$PM_{2.5}$、雾霾
食品安全类	地沟油

（续上表）

类别	高频词
政治类	一带一路、中国梦
经济类	秒杀、共享
其他	给力、微博、正能量、土豪

三、小结

在网络迅速发展的今天，热词热语借助网络的东风不断涌现，同时又依靠网络的力量实现跨区域的全球化传播。融媒体时代已经到来，热词热语凭借自身的优势特点以及新媒体等多种合力的推动迅速传播，进入海外华人甚至外国友人的视野。它们向海外华人展现出中国语言生活的活力。热词热语的海外使用情况，也反映出了海外华人对祖籍国的深切关心及对中国社会发展寄予的美好愿望。

第六节　启示

汉语热词热语代表中国语言生活的快速发展与活泼面貌，是现代汉语中新颖有活力的重要组成部分。汉语热词热语反映了中国社会发展的侧面。将汉语热词热语传播到海外华语社区去，是当前华语传播的重要内涵。汉语热词热语在海外华语中的使用，促进了海外华人社会对祖籍国的认识和了解，有利于海外华侨华人建立起对中华语言文化更深层次的认同感，有利于海外华语的代际保持。热词热语在海外华语中的传播主要依赖于海外华文媒体，海外华文媒体是海外华人语言生活的重要组成部分。鉴于此，根据海外华文媒体的特点，本书为现代汉语热词热语能更好地在海外华语中传播，提出几点建议。

一、宏观建议

（一）海内外华文媒体应开展多元合作

融媒体时代，信息的传播更加强调互动性、互通性。在这一背景下，海外华文媒体传播的空间、理念与格局都发生了变化。空间上，"全球化"使得海外新移民不断增多，华文媒体自然也会越来越多，海外华文媒体的地理空间不断扩大；传播理念上，海外华文媒体注重"泛中华文化圈"以及"全球传播"的视野；传播格局上，不断进行内容的提档与平台的拓展（戴楠，2018）。海外华文媒体在新的背景下，已作出积极的改观与发展。但要使海外华文媒体真正成为中华语言文化对外传播的桥梁，还需要密切国内媒体与海外华文媒体的联系，实现信息互通，加快语言的输出，建立跨区域、跨国家的联合。

以《人民日报（海外版）》为例，它是中国共产党中央委员会的机关报，创刊于 1985 年 7 月 1 日，是中国对外开放的综合性中文日报，官方网站为海外网。它自从建立以来，不断与海外华文网站进行合作。2007 年以来，《人民日报（海外版）》陆续与海外华文媒体合作创办了《英国周刊》《巴拿马周刊》《意大利周刊》《韩国周刊》《日本周刊》《匈牙利周刊》《奥地利周刊》《加拿大周刊》等海外周刊。2018 年 7 月，以"新媒体环境下，北京媒体与海外华文媒体的交流与合作"为主题的座谈会在北京举行，会上，45 家华文媒体与北京市人民政府侨务办公室签约，成为继首批 50 家之后，第二批"助力北京创新发展特约海外媒体"。

上述事件对于中国语言文化的传播具有十分重要的意义。目前，与海外华文媒体合作的网站数量不多，且多为主流媒体，受各方面因素的影响，无法很好地传递出国内语言生活的丰富性。鉴于此，海内外华文媒体要增进合作关系，对于国内来讲，主流媒体应继续与其保持良好的合作关系，一些非主流媒体，也应积极寻求与海外华文媒体的合作，发挥自身传播功用；对于海外来讲，海外华文媒体除了与国内媒体增进沟通之外，相互之间也要加强合作，以实现华语全球化的传播，增强中国语言生活的影响力。

（二）建立海内外华文网站的共享机制

当今时代，是资源共享的时代，更是信息共享的时代，网络科技的进步使信息的"共享"愈加便捷。扩大中国语言生活对海外华语社区的影响，提高汉语影响力，最重要的是抓住当前网络化机遇，最大限度地实现信息共享，增强国内中文网站与海外华文网站的开放性、互通性。

笔者在下载语料时发现，海外华文网站多数处于不开放的状态，即使如《联合早报》《千岛日报》这样的主流媒体，对外也只开放短时间内的新闻。而其他非主流媒体只有个别可以浏览，多数限制访问。中国国内中文网站在国外的开放程度也不高，究其原因，除了国家间网络防火墙的设置、国际网络公约的限制，还在于海内外华文网站的互通性不够、开放性不强。因此，应加强海内外华文网站的开放性，使双方社会热点信息与语言生活实际实现及时有效的交流、共享。

提高国内语言生活的影响力，促进热词热语的传播，尤为需要国内新闻报道的及时共享。以新华社、中新社为代表的国内媒体，满足了海外中文网站正面宣传中国的新闻需要，但中国语言生活的丰富性与多元化还需要更多的国内网站增强开放性与共享性，这将是一个不断发展的道路。

（三）海外华文媒体应继续拓宽传播渠道

新媒体使全球媒体传播进入飞速发展的阶段，对社会发展与人们的生活产生了深刻影响。我们现在不断认识到，涉及经济、政治、文化、生活等诸多领域的新媒体，已成为经济全球化、信息网络化浪潮中与国家前途、民族命运息息相关的重要部分。

对海外华语社区来讲，新媒体时代的到来，为海外华文媒体的发展带来新的机遇与挑战。一方面，海外华文新媒体的出现促进了热词热语传播，有助于传播传承中华文化。另一方面，海外华文新媒体身处他国，受到所在国政策的制约，而且海外华文新媒体竞争较激烈，分化严重。海外华文新媒体作为某所在国代表少数族裔的媒体，其运作与国内新媒体差别很大，不仅要获得财政收入，还要承担传播中华文化的使命。在这样的形势下，海外华文新媒体的发展任重而道远，需要不断适应新媒体的发展，在困境中寻求出路。因此，海外华文媒体应不断更新技术与手段，寻求经济支持，以拓宽传播渠道，从而有利于汉语热词热语更好更快地进入海外华人语言生活。

二、具体措施

（一）开展海外华文媒体年度新词、热词、流行语评选并与国内对比

年度汉语新词、热词、流行语评选由来已久，深刻反映了相应年度中国新的社会面貌、语言现象。而海外华文媒体年度新词、热词、流行语又是哪些，是否与国内语言生活相照应，这值得我们去调查与研究。从语言规划的角度看，这也不啻为一项值得开展的举措。语言规划涉及的方面很广泛，语言生活的年度盘点是对语言现象在各功能层次的价值与作用的规划研究。海外华语社区年度新词、热词、流行语的评选是华语视野下的语言规划研究的拓展。

赵守辉和张东波（2012）提到海外华语是一种跨境语言，跨境语言的研究重点是标准的确定和取舍，采用外生（exonormativity）还是内生（endonormativity）标准一直是语言跨境管理的核心问题。海外华文媒体年度新词、热词、流行语的评选，可以了解到跨境语言——华语在海外华语区的生存状况，包括其语言生活以及新的语言现象。与此同时，评选出的年度海外华文媒体字词可以与国内情况作对比，从而发现海外华语区语言现象与语言生活是以"内生"的所在国影响为主还是以"外生"的国内影响为主。这一举措可以更好地对海外华语作出合理规划，促进华语区语言生活的健康发展。同时，可以增进海内外华语的互通，双方互相影响，增强语言的丰富性。

（二）中国政府设立相关海外华文传媒基金

海外华文媒体以华人群体为主要受众，只能在"华人圈"活动。这一方面划定了不同群体文化的界限，能够得到作为少数族裔的华人的支持，另一方面，也存在着一些问题，最为显著的是财政支持不足。当前海外华文媒体盈利依然十

分困难，运营面临严重的财政压力。尤其是新近起步的华文新媒体，没有传统的媒体作背景支撑，也不能得到所在国的经济资助，只能靠少数华人的支持，其发展尤为艰难。另外，国外从事传媒工作的人员较少，自身财力不足，更加不易吸引相关人才从事这一行业。由资金短缺造成的专业技术的缺乏也是限制海外华文媒体发展的一个重要因素。因此，从发挥海外华文媒体应有的责任，鼓励海外华文媒体对中国作正面宣传这一理念出发，中国政府可以设立相应的海外华文传媒发展基金，以帮助其健康有序地发展，使其更好地发挥传播中华文化、服务当地华人的作用。

除了中国政府给予财政支持外，海外华文媒体也应更新自身的经营理念，寻求新的盈利模式，同时，要致力于更新技术，带动自身经济发展。一些新媒体通过资源整合和资本运作，已经取得了较好的成效。例如，欧华传媒的多媒体平台有欧华网、Elmandarin 欧华西班牙语网、欧华报官方微博、欧华报微信手机报、欧华报 Facebook 专页。

只有抓住经济的"命门"，海外华文媒体才能健康有序地发展，海外华文媒体在寻求帮助的同时也应积极开展自救的模式，更新经营理念与模式，抓好新媒体时代的契机，以获得更长远的发展。只有这样，在海外华文媒体做好中华文化传声筒、维护中国国家利益的同时，才能更好地实现海内外华语的互通，促进双方语言生活的联系，增强华语的影响力与竞争力。

（三）充分利用多种资源开展多种形式的语言文化交流活动

除了利用官方渠道促进海内外华语互通，提高中国语言生活的影响力外，还应该积极开发利用民间资源，开展多种形式的语言文化活动。

首先，可以充分利用国内高校这一平台。例如暨南大学华文学院寻根之旅夏（春、秋、冬）令营活动至今已有十几年的历史，成为海外青少年了解中华文化、增强民族认同感的重要活动，受到了海内外各界的广泛肯定和赞誉。对于国内诸多高校来说，具有一定的资金条件与环境条件，能够接待海外青少年华人学生甚至成年华人，开展短期的语言文化"寻根"之行，不仅能满足海外华人对中华文化的情怀，还能较为直接地传播中国的语言文化。海外新一代华人多为非母语者，对中国的语言与文化较为陌生，利用高校这一平台帮助他们"寻根""探访"，其文化意义将是非凡的。与此同时，海外青少年学生在短期活动中直接接触到中国的语言生活，再加上该年龄段孩子对新事物的好奇心态，作为中国语言生活新现象的热词热语将更有可能被他们接受与使用。

其次，还可以利用民间资源创办面向海外华人群体的语言文化类综艺平台。近十年来，国内外各类综艺节目层出不穷，针对非华人以及海外华人群体的语言文化类的综艺节目却为数不多，较为有名的如 2008 年由孔子学院举办的中文比赛《汉语桥》，作为媒体传播平台，《汉语桥》吸引了世界各地非华人和海外华人学习中国语言与文化，真正成为沟通世界各国青年与中国的一座桥梁。针对此类语言文化节目相对不多的情况，海内外华人应积极开拓创新，合作共赢，打造更多的媒体平台，做好促进中国语言文化传播的"传声筒"。

　　新西兰华人群体在这方面做得较好，他们积极地学习中国的电视网络综艺节目，不局限于单纯的模仿或照搬照抄，而是把新西兰华人的热点话题与国内的娱乐节目相组合，以朋友聚餐的创新形式，开创一种与以往截然不同的脱口秀娱乐的方式，从而打造了一座跨越中新两国同胞的语言文化桥梁。这档节目叫作《今晚搞事情》，开播于 2017 年 12 月，现在正在新西兰当地电视台以及互联网上热播。无论是国内创办的面向海外华人的综艺平台还是海外华人自创的综艺平台，都可以成为传播中国语言文化的有利资源，而热词热语在娱乐化的综艺节目中更容易被传播和推广。

附　录

附录1　海外华语使用及华文教育情况调查表

尊敬的先生/女士：

您好！我们正在进行一项贵国华语使用与教育情况的学术调查，以更好地为贵国华文教育服务。请您在所选项上画√；如选其他，请填写答案；如多选，请按顺序填写选项。我们保证所有信息只用于学术目的，不会泄露您的隐私。谢谢。

1. 您的性别是（　　　）。
A. 男　B. 女
2. 您现在主要生活在（　　　）。
A. 市区　B. 郊区（市区边缘与乡村结合的地方）　　C. 乡村
3. 您的职业是（　　　）。
A. 教师　B. 学生　C. 政府工作人员　D. 商业、企业从业人员　E. 服务业从业人员　F. 媒体从业人员　G. 家庭主妇　H. 其他（请填写）＿＿＿＿＿
4. 您的年龄是：＿＿＿＿＿岁。
5. 您的学历是（　　　）。
A. 没有上过学　B. 小学　C. 初中　D. 高中　E. 专/本科　F. 研究生
6. 您是第几代华人？（　　　）
A. 第一代　B. 第二代　C. 第三代　D. 第四代　E. 第四代以上
（例如，您爷爷从中国来到印尼定居，爸爸在印尼当地出生，则您爷爷是第一代，爸爸是第二代，您是第三代。）
7. 您的祖籍方言是（　　　）。
A. 粤语（广东话、广州话、白话）　　B. 闽南语（福建话、福州话）
C. 客家话　D. 潮汕话　E. 其他（请填写）＿＿＿＿＿
（即第一代华人说的方言。例如，您爷爷从福建来到印尼定居，爷爷定居印尼之前说的是闽南语，那么您的祖籍方言就是闽南语。）
8. 您现在最常用的方言（现用方言）是（　　　）。
A. 粤语（广东话、广州话、白话）　　B. 闽南语（福建话、福州话）
C. 客家话　D. 潮汕话　E. 其他（请填写）＿＿＿＿＿

9. 您读小学时，学校除了教本国语，主要还教（　　　）。

A. 华语普通话　B. 英语　C. 汉语方言　D. 其他（请填写，如没有请填写无）_____

10. 您读小学时主要的同学是（　　　）。

A. 华人子女　B. 当地人子女　C. 其他国家人的子女

11. 您学习华语（汉语普通话或方言）的时间大约有_____年。

12. 您学习华语的主要途径是（　　　　　　　）。（可多选，如多选，请按学习时间由长到短排序）

A. 当地华校　B. 当地补习班　C. 当地国民学校　D. 国外学校　E. 自学
F. 其他（请填写）_____。

13.（如果您已经结婚，请回答本题）您跟您的妻子/丈夫主要说什么话？
（　　　）

A. 本国语　B. 华语普通话　C. 英语　D. 汉语方言（请填写）_____

14. 您跟您的兄弟姐妹主要说什么话？（　　　）

A. 本国语　B. 华语普通话　C. 英语　D. 汉语方言（请填写）_____

15. 您跟您的父母主要说什么话？（　　　）

A. 本国语　B. 华语普通话　C. 英语　D. 汉语方言（请填写）_____

16.（如果您有子女，请回答本题）您跟您的子女主要说什么话？（　　　）

A. 本国语　B. 华语普通话　C. 英语　D. 汉语方言（请填写）_____

17. 您跟您的朋友主要说什么话？（　　　）

A. 本国语　B. 华语普通话　C. 英语　D. 汉语方言（请填写）_____

18. 您跟您的同事主要说什么话？（　　　）

A. 本国语　B. 华语普通话　C. 英语　D. 汉语方言（请填写）_____

19. 您觉得用华语和别人交流有困难吗？（　　　）

A. 很困难　B. 比较困难　C. 有一点困难　D. 基本没有困难　E. 完全没有困难

20. 您认为说华语有什么好处？（　　　　　　）（可多选，如多选，请按重要性由高到低排序）

A. 保留中华文化的根　B. 和中国人做生意　C. 方便日常交流　D. 更好地找工作　E. 其他（请填写）_____

21. 您觉得说华语（　　　　　　）。（可多选，如多选，请按重要性高到低排序）

A. 好听　B. 亲切　C. 有用　D. 时髦　E. 其他

22. 您希望您的子女（或未来的子女）会说什么话？（　　　　　）（可多选，如多选，请按希望的程度由高到低排序）

　　A. 本国语　B. 华语普通话　C. 英语　D. 汉语方言（请填写）＿＿＿＿＿

23. 您收听华语广播节目吗？（　　　）

　　A. 总是　B. 经常　C. 有时　D. 很少　E. 从不

24. 您看华语的电影电视节目吗？（　　　）

　　A. 总是　B. 经常　C. 有时　D. 很少　E. 从不

25. 您阅读华语的报刊、书籍吗？（　　　）

　　A. 总是　B. 经常　C. 有时　D. 很少　E. 从不

26. 您浏览华语的网站吗？（　　　）

　　A. 总是　B. 经常　C. 有时　D. 很少　E. 从不

27. 对于下面的华语媒体，您更喜欢来自哪里的？（　　　）

　　A. 中国内地的　B. 中国台湾的　C. 中国香港的　D. 本国的　E. 其他国家的（请填写）＿＿＿＿＿

28. 你觉得华文哪方面难学？（　　　　　　　）（可多选，如多选，请按难度由高到低排序）

　　A. 汉字　B. 词汇　C. 语法　D. 发音　E. 其他（请填写）＿＿＿＿＿

29. 你觉得自己还需要提高哪方面的华语能力？（　　　　　）（可多选，如多选，请按优先程度由高到低排序）

　　A. 听力　B. 口语　C. 阅读　D. 写作

30. 对于华文教材内容，您更喜欢哪一类？（　　　　　　）（可多选，如多选，请按重要性由高到低排序）

　　A. 介绍中国相关情况的　B. 和本国有关的　C. 介绍日常交际生活的

D. 介绍中国传统文化的　E. 其他（请填写）＿＿＿＿＿

附录2 海外华语语言生活状况调查
简易指导手册

一、调查点概况

表1 调查点概况（通过询问，估计即可）

调查时间	调查地点	华人数量（万人）	在总人口中的比例（%）	主要来自中国哪里	以第几代移民为主	主要方言1	主要方言2
2014.05	印尼棉兰	50	20	福建福清	第三代	闽南话	客家话

注：第几代移民：例如，您爷爷从中国来到印尼定居，爸爸在印尼当地出生，则爷爷是第一代，爸爸是第二代，您是第三代。

二、个人华语口语调查

（一）选择调查对象

1. 发音人（即调查对象）条件

（1）必须会说华语（本调查中的华语指的是华语普通话，如有困难，也可将条件放松至方言）；各发音人之间的华语水平应该有一定的差距，例如，有的发音人华语非常流利，有的一般，有的比较差，但是最低水平者应能达到用华语进行基本交流的条件。

（2）老年、中年和青年发音人之间，每两代人的年龄间隔最好不小于20岁（如有困难，可放宽条件至不少于15岁）。

（3）如果难以找齐说普通话的发音人，也可以找部分说方言的发音人。

2. 发音人概况

调查6名华语发音人，老年、中年和青年发音人各2人。

表 2 发音人概况

编号	姓名	性别	年龄	第几代移民	祖籍方言	现用方言	学历	职业	居住地
f1	刘××	男	23	3	C	A	B	C	A
f2									
f3									
f4									
f5									
f6									

注：姓名：如果发音人不愿意使用真实姓名，可以"f+序号"代替。

祖籍方言：以第一代华人说的方言为准。例如，您爷爷从福建来到印尼定居，爷爷定居印尼之前说的是福建话，那么您的祖籍地方言就是福建话。

现用方言：A. 粤语（广东话、广州话、白话）；B. 闽南语（福建话、福州话）；C. 客家话；D. 潮汕话；E. 其他（请填写）。

学历：A. 未上学；B. 小学；C 初中；D. 高中；E. 专/本科；F. 研究生。

职业：A. 教师；B. 学生；C. 政府工作人员；D. 商业、企业从业人员；E. 服务业从业人员；F. 媒体从业人员；G. 家庭主妇；H. 其他（请填写）。

居住地：A. 市区；B. 郊区（市区边缘与乡村结合的地方）；C. 乡村。①

（二）调查内容

1. 个人讲述

任选一个话题，或自拟话题，6 人分别用华语独自讲述，每人不少于 3 分钟。（可选话题：个人经历、当地情况、景点介绍、风俗习惯、传统节日、故事传说、工作情况、兴趣爱好、家庭情况、时事热点，等等。）

2. 多人对话

任选一个或多个话题（参照个人讲述中的可选话题），或自拟话题，多人对话（调查人②也可以参与其中，每次四人或四人以上，不少于两次，每个发音人起码参加一次）。如四人对话有困难，可改为三人对话（调查人也可以参与其中，不少于三次，每个发音人起码参加一次）。注意每个人都要讲，尽量让每个人讲的时间差不多。

如果发音人很难聚在一起对话，也可选择让非发音人加入对话。例如，让发

① 本章表格中的选项与此表所注相同，故后文不再列出。

② 调查人都是当地华人，由暨南大学华文学院华裔留学生、当地华人培训而成。

音人的朋友把发音人与别人（不是该朋友的家人）在日常生活中的对话录下来（三人或三人以上），作为补充。

多人对话的总时间不少于 60 分钟。

（三）调查方法

1. 调查要求

调查过程中，尽量让发音人自己很自然地说话，不要刻意追求标准发音；发音人说话中断或无话可说时，调查人可以适当引导其继续进行。

录音：用录音笔、手机或者笔记本电脑进行录音，确保录音质量。

录像：如有可能，将多人对话情景全程录像（高清模式，越清楚越好）。

转写汉字：在发音人的辅助下，把所有发音材料转写为汉字。如没有对应的汉字，可以以记音（汉语拼音）的方式标记。

2. 调查工作程序

（1）物色发音人。

（2）给发音人讲解"调查规范"和"调查内容"，让发音人熟悉有关要求和材料，做好准备。

（3）选择录音录像时间、场所（保证安静，中间不会突然有人闯入打扰），进行录音、摄像、转写准备工作。

（四）资料整理

1. 整理材料

（1）检查资料的记录、撰写、校验、保存。

（2）将所有录音材料转写为文字材料。

（3）检查、校对、补查所有调查材料。

（4）严格对每一个调查点的所有调查资料和电子文件进行命名、分类、归档。

（5）所有工作必须在调查后 48 小时内于当地完成。

2. 文件命名规则

文件名组成：发音人编号 + 内容 + 文件格式后缀名。如 f1js. mp3、f1f2f3dh. mp3、f0fxfyfz. mp3"（f1、f2、f3 指的是三个发音人，f0 指的是调查人，fx、fy、fz 指的是发音人和调查人之外的三个人，js 指的是讲述，dh 指的是对话，f1f2f3dh 指的是编号为 f1、f2、f3 发音人之间的对话）。

将个人讲述和多人对话的所有文件汇总保存到一个文件夹中，文件夹命名为"个人语言生活"。

三、家庭语言生活场景调查

（一）调查地点

当地华人家庭。

（二）调查对象

选取两个及两个以上具有代表性的华人家庭（家庭成员不少于 3 人，最好是老中青三代都有，尽量不要和个人口语调查中的发音人重复，可以是调查人本人的家庭），其主要家庭成员的日常会话以华语（本调查中的华语指的是华语普通话，如有困难，也可将条件放松至方言）为主。

主要发音人：指的是说话最多的人。

其他发音人：和主要发音人进行会话的人。

表 3　华人家庭 1 主要发音人概况

编号	姓名	性别	年龄	第几代移民	祖籍方言	现用方言	学历	职业	居住地
f11	刘××	男	41	3	B	A	C	A	B

表 4　华人家庭 1 其他发音人概况（可加行）

编号	姓名	性别	年龄	与主要发音人关系	现用方言	学历	职业
f12	刘××	男	21	父子	A	C	A
f13							
f14							

注：与发音人关系：如主要发音人为父亲，其他发音人 1 为儿子，则填"父子"（主要发音人在前）。

（三）调查内容

为每个家庭选择一天中具有代表性的生活场景进行录音录像，如吃饭、聊天、家人聚会、购物、看电视等日常生活中的说话场景（尽量用普通话，如有困难，也可以使用方言），不少于 5 个场景，每个场景不少于 10 分钟。

如果对一个家庭一天中的生活场景录音录像少于 5 个，也可以在不同的日子补录；或者再选择第三个，甚至是第四个、第五个家庭，进行生活场景的录音录像，作为补充。

录音：用录音笔、手机或者笔记本电脑进行录音，确保录音质量。

录像：将家庭多人对话情景全程录像（高清模式，越清楚越好）。

（四）调查要求

（1）调查摄录时，尽量让家庭发音人自然地活动和说话。

（2）只对说话时的场景进行录音录像。

（3）可以让朋友、亲戚对其自身家庭生活场景录音录像（预先教给他们方法和要求），再复制过来。

（4）在完成录音录像后，要求将录音录像中的语言转写为文字材料。

（五）资料整理

（1）检查资料的记录、撰写、校验、保存。

（2）检查、校对、补查所有调查材料和转写材料。

（3）所有工作必须在调查后 48 小时内于当地完成。

（4）资料命名方式：华人家庭编号＋地点＋场景＋语言＋．＋格式，如 f11 家里吃饭粤语．mp4（f11 表示华人家庭 1，粤语表示该活动主要用粤语交谈）。

（5）将所有文件汇总保存到一个文件夹中，文件夹命名为"家庭语言生活"。

四、重大节假日、大型聚会语言生活调查

（一）调查地点

华人社会公共场合。

（二）调查对象

当地重大华人节日或大型华人聚会。活动以华语普通话为主要交流语言（尽量使用华语普通话，如有困难，也可将条件放松至方言）。

（三）调查内容

选择华人社区典型的具有地方特色的重大节假日、大型聚会的语言生活场景，如春节、元旦、端午节、中秋节、中元节、教堂活动、朋友聚会、娱乐活动、结婚、丧事、公司会议讨论、汉语课堂教学等，进行录音录像。选择不少于两个活动（或者更多，越多越好），其中至少包含一个节假日之外的大型聚会活动。

如果有现成的录像带或光盘，例如婚庆、丧事、文学节、开业庆典、运动会、汉语课堂教学等光盘，当地电台、电视台华语节目的音视频资料，建议直接复制到光盘或电脑上带回来。

（四）调查要求

预先了解活动本身的信息，如发起者、主持者、主要参与者、主要交流语言、活动主题、活动流程等。可以预先选好摄录的主要几个对话人（该活动的活

跃分子或主要发言人）。

　　录音：用录音笔、手机或者笔记本电脑进行录音，确保录音质量。

　　录像：先进行全景式、扫描式摄录，将整个活动场景录入进来；再集中镜头摄录主要发言人，或者主要对话人的对话场景；也包括对活动流程的摄录，如节假日的主要仪式。（高清模式，越清楚越好）。

　　每个活动总的摄录时间不少于 1 小时（如果每个活动的摄录时间不够 1 小时，可以录三个或三个以上活动），可分段节选式摄录，不必从头到尾连续摄录。

　　录像完成后，将录像中的语音材料转写为文字材料。转写的每个节选片段需要标记其发音人和起止时间，例如：

　　主持人（00：23：45—00：24：02）：下面，我宣布讨论开始。

　　发音人 1（00：24：05—00：24：12）：好的，我先开始说吧。

　　发音人 1（00：24：14—00：24：22）：我觉得我们教堂还需要投入资金进行修整。

　　发音人 2（00：24：24—00：24：29）：还需要投入多少资金？

　　以表格形式，记录节假日或聚会的背景，如时间、地点、主要参与人、主题、过程；如有可能，以文字形式，记录该活动的仪式流程、特色（与中国对应节假日相比）等信息。

表 5　社区语言活动背景信息（可加行）

活动编号	时间	地点	人数	主题	语言	主要发音人	文件夹名
h1	2014.08.06	棉兰大教堂	13	教堂修整	广东话	张三	h1
h2	2014.08.25	铜城酒店	9	中秋节	普通话	李四	h2
h3							

表 6　活动 1 节选式片段（可加行）

片段	起止时间	音频文件名	视频文件名	文本文件名	内容概要	语言
h11	00：23：45—00：28：56	h111.mp3	h112.mp4	h113.txt	资金筹措	广东话
h12						
h13						

表 7　活动 2 节选式片段（可加行）

片段	起止时间	音频文件名	视频文件名	文本文件名	内容概要	语言
h21	00：33：45—00：38：56	h211. mp3	h212. mp4	h213. txt	捐款号召	普通话
h22						
h23						

（五）资料整理

（1）检查资料的记录、撰写、校验、保存。

（2）检查、校对、补查所有调查材料和转写材料。

（3）所有工作必须在调查后 48 小时内于当地完成。

（4）各个活动的文件夹命名为：活动编号，如"h1"，将该活动对应的所有音视频文件和文本文件汇总保存到该文件夹中。再将各个活动的文件夹汇总保存到一个文件夹中，该文件夹命名为"社区语言生活"。

五、华文载体风貌调查

（一）调查内容

对当地含有华文（汉字，包括繁简体，或含汉字的双语）的路牌、招牌、楹联、广告、标语、门牌、牌匾、墓碑、店名等日常语言生活风貌书面载体进行照相。同时记录其对应文字（转写为文字）。记录该书面载体所处环境的语言背景（如，该地主要说福建话；载体主人：店主，说广东话）。

表 8　华文载体风貌（可加行）

编号	图片文件名	类型	图片中的汉字	汉字格式	当地方言背景
1	1. jpg	路牌	中华街	繁体	福建话
2					
3					

注：类型包括路牌、招牌、楹联、广告、标语、门牌、牌匾、墓碑、店名等。

（二）资料整理

（1）将所有材料转写成文本文字。

（2）检查资料的记录、撰写、校验、保存。

（3）检查、校对、补查所有调查材料和转写材料。

（4）所有工作必须在调查后 48 小时内于当地完成。

（5）文件夹命名为"华文载体风貌"，将所有图片文件汇总保存到该文件夹中。

六、海外华语使用及华文教育调查

（一）语言使用及华文教育问卷调查

一个调查点内应有不少于 300 人的调查样本。选取调查对象时，建议最好能按年龄（老中青各三分之一）、性别（男女各二分之一）、文化程度（小学、中学、大学各三分之一）、职业（学生、老师、公务员、商务人士、家庭主妇、其他等）、方言背景（如某地有三种主要方言，则各个方言的人各取三分之一）、分布地域（如各主要华人居住区）等分别取样。

调查问卷参见附录 1。

（二）华文媒体使用状况调查

通过口头询问，调查人完成以下内容（填写下表即可）：

表 9　华文媒体基本情况

	广播/电视台/报纸/网站名称	主要华语节目/栏目名称	网址
当地播出华语节目的主要广播电台			
当地播出华语节目的主要电视台			
当地人办的主要华文报纸、杂志 1			
当地人办的主要华文报纸、杂志 2			
当地人办的主要华文网站			

表 10　开设华文课程的学校的基本情况（可加行）

学校名称	学校性质	华文老师数量及比例	华人学生数量及比例	周课时数	主要教材名

注：学校性质：A. 华校；B. 英语学校；C. 国民学校；D. 双语学校；E. 其他（请填写）。

附录3 来华留学生对汉语流行语的
了解情况调查表

您好：

非常感谢您在百忙之中抽出时间参与本次调查。我们希望通过本问卷了解您对汉语流行语的了解情况。本问卷不记名、不评论、无标准回答，并且绝对保密！调查问卷共分为两个部分：个人信息和词语调查。

一、请填写您的基本信息：

1. 您的国籍是：_____。

2. 您的性别是（   ）。

A. 男   B. 女

3. 您的年龄是：_____岁。

4. 您是不是华裔?

A. 不是   B. 是，您是第几代华裔_____

5. 您的教育程度为（   ）。

A. 高中   B. 专/本科   C. 硕士生   D. 博士生   E. 其他（请填写）_____

6. 您在华文学院的班级是（   ）。

A. 非学历教育：a. 汉语进修班   b. 短期汉语班

B. 学历教育：a. 本科   b. 硕士生   c. 博士生

请填写您在的班级：_____（如2017A1或初级A1）。

7. 您的家庭语言为（   ）（可多选，按重要性从高到低排序）

A. 汉语普通话   B. 粤语（广东话、广州话、白话）   C. 闽南语（福建话、福州话）   D. 客家话   E. 潮汕话   F. 其他（请填写）_____

8. 您学习汉语多久了？（   ）

A. 1年以下   B. 1~2年   C. 3~5年   D. 5年以上

9. 您来中国多久了？（   ）

A. 1年以下   B. 1~2年   C. 3~5年   D. 5年以上

10. 您有没有考过HSK?

A. 没有考过   B. 考过；您通过了HSK几级?_____

11. 您平时看汉语电视电影或者汉语视频吗？（　　）

　　A. 每天　B. 经常　C. 偶尔　D. 很少　E. 从不

12. 您平时看汉语网站吗？（　　）

　　A. 每天　B. 经常　C. 偶尔　D. 很少　E. 从不

13. 您平时看汉语报刊吗？（　　）

　　A. 每天　B. 经常　C. 偶尔　D. 很少　E. 从不

14. 您平时用微信、QQ 或微博吗？（　　）

　　A. 每天　B. 经常　C. 偶尔　D. 很少　E. 从不

15. 您熟悉或听说过汉语流行语（如山寨、土豪、大妈、高大上等）吗？

（　　）

　　A. 从没听说过　B. 不熟悉　C. 一般般　D. 熟悉　E. 非常熟悉

（上题选了 A 的，答题结束，谢谢！选了 B 或 C 或 D 或 E 的请继续答题）

16. 您觉得您对汉语流行语的了解主要是通过下面哪些途径？（　　　　　）
（可多选，按重要性从高到低排序）

　　A. 传统网络媒体（网站）　　　　B. 新媒体（手机、QQ、微信/微博等）

　　C. 印刷版的报刊　　　　　　　　D. 电影、电视、视频

　　E. 日常生活交际　　　　　　　　F. 上课

　　G. 和中国人做生意时　　　　　　H. 其他

17. 如果遇到不熟悉的流行语，您会（　　　）。

　　A. 每次都会查资料或问他人，一定要搞得清清楚楚

　　B. 会查资料或问他人，明白大概意思

　　C. 如果方便，偶尔查查

　　D. 一般不会查看

　　E. 算了，从没查过

18. 您认为以下哪些是汉语流行语的特点？（　　　　　　）（可多选，按重
要性从高到低排序）

　　A. 无用　B. 实用　C. 生动　D. 时尚　E. 奇怪　F. 有趣

19. 在生活中您会用汉语流行语吗？（　　）

　　A. 每天　B. 经常　C. 偶尔　D. 很少　E. 从不

**二、请您根据对列表中词语的理解，将适当的了解程度的序号填写在表格
里。（单选）**

我们把词语的了解程度分为 5 级：

A. 非常清楚该词语的意思，经常使用。

B. 知道该词语的意思，有时使用。

C. 不确定该词语的意思，偶尔使用。

D. 见过或听过，但不太懂意思。

E. 没有见过或听过。

流行语	知晓度	流行语	知晓度
高铁		微信红包	
给力		"和谐号"	
正能量		中国大妈	
土豪		超级女声	
雾霾		潜规则	
一带一路		恶搞	
留守儿童		草根文化	
海选		微博	
山寨		穿越	
被××（被就业等）		hold 住	
蜗居		中国好声音	
团购		莫言	
纠结		女汉子	
高富帅		高大上	
屌丝		任性	
双十一		萌萌哒	
广场舞		鸟巢	
点赞		幸福感	

非常感谢您的填写和帮助！

参考文献

1. 亚当·斯密. 国民财富的性质和原因的研究 [M]. 孙羽, 译. 北京: 中国社会出版社, 1999.

2. 约翰·德赖泽克. 地球政治学: 环境话语 [M]. 蔺雪春, 郭晨星译. 济南: 山东大学出版社, 2008.

3. 中国社会科学院语言研究所词典编辑室. 现代汉语词典: 第7版 [M]. 北京: 商务印书馆, 2016.

4. REID A. Early Chinese migration into North Sumatra [M] // CHEN J, et al. Studies in the social history of China and Southeast Asia: essays in memory of Victor Pucell. Cambridge: Cambridge University Press, 1970.

5. 中国语言生活状况报告课题组. 中国语言生活状况报告: 2004 [M]. 北京: 商务印书馆, 2005.

6. 中国语言生活状况报告课题组. 中国语言生活状况报告: 2005 [M]. 北京: 商务印书馆, 2006.

7. 中国语言生活状况报告课题组. 中国语言生活状况报告: 2006 [M]. 北京: 商务印书馆, 2007.

8. 中国语言生活状况报告课题组. 中国语言生活状况报告: 2007 [M]. 北京: 商务印书馆, 2008.

9. 中国语言生活状况报告课题组. 中国语言生活状况报告: 2008 [M]. 北京: 商务印书馆, 2009.

10. 中国语言生活状况报告课题组. 中国语言生活状况报告: 2009 [M]. 北京: 商务印书馆, 2010.

11. 教育部语言文字信息管理司. 中国语言生活状况报告: 2011 [M]. 北京: 商务印书馆, 2011.

12. 教育部语言文字信息管理司. 中国语言生活状况报告: 2012 [M]. 北京: 商务印书馆, 2012.

13. 教育部语言文字信息管理司. 中国语言生活状况报告: 2013 [M]. 北京: 商务印书馆, 2013.

14. 教育部语言文字信息管理司. 中国语言生活状况报告: 2014 [M]. 北京: 商务印书馆, 2014.

15. 教育部语言文字信息管理司. 中国语言生活状况报告：2015 ［M］. 北京：商务印书馆，2015.

16. 教育部语言文字信息管理司. 中国语言生活状况报告：2016 ［M］. 北京：商务印书馆，2016.

17. 国家语言文字工作委员会. 中国语言生活状况报告：2017 ［M］. 北京：商务印书馆，2017.

18. 国家语言文字工作委员会. 中国语言生活状况报告：2018 ［M］. 北京：商务印书馆，2018.

19. 田晓琳. 香港语言生活研究论集 ［M］. 北京：人民教育出版社，2012.

20. 汤志祥. 当代汉语词语的共时状况及其嬗变：90 年代中国内地、香港、台湾汉语词语现状研究 ［M］. 上海：复旦大学出版社，2001.

21. 陈原. 社会语言学 ［M］. 北京：商务印书馆，2000.

22. 夏春平. 世界华文传媒年鉴：2005 ［M］. 北京：中国新闻社，世界华文传媒年鉴社，2006.

23. 夏春平. 世界华文传媒年鉴：2006 ［M］. 北京：中国新闻社，世界华文传媒年鉴社，2007.

24. 夏春平. 世界华文传媒年鉴：2007 ［M］. 北京：中国新闻社，世界华文传媒年鉴社，2008.

25. 夏春平. 世界华文传媒年鉴：2009 ［M］. 北京：中国新闻社，世界华文传媒年鉴社，2009.

26. 夏春平. 世界华文传媒年鉴：2011 ［M］. 北京：中国新闻社，世界华文传媒年鉴社，2011.

27. 夏春平. 世界华文传媒年鉴：2015 ［M］. 北京：中国新闻社，世界华文传媒年鉴社，2015.

28. 夏春平. 世界华文传媒年鉴：2017 ［M］. 北京：中国新闻社，世界华文传媒年鉴社，2017.

29. 刘叔新. 汉语描写词汇学 ［M］. 北京：商务印书馆，1990.

30. 张永言. 词汇学简论 ［M］. 武汉：华中工学院出版社，1982.

31. 徐杰，王惠. 现代华语概论 ［M］. 新加坡：八方文化创作室，2004.

32. 郭熙. 中国社会语言学 ［M］. 杭州：浙江大学出版社，2004.

33. 郭熙. 华文教学概论 ［M］. 北京：商务印书馆，2007.

34. 曹炜. 现代汉语词汇研究 ［M］. 北京：北京大学出版社，2004.

35. 盛炎. 语言教学原理 ［M］. 重庆：重庆出版社，1990.

36. 符淮青. 现代汉语词汇 ［M］. 北京：北京大学出版社，1985.

37. 葛本仪. 汉语词汇研究 [M]. 北京：外语教学与研究出版社，2006.

38. 董琨，周荐. 海峡两岸语言与语言生活研究 [M]. 香港：商务印书馆（香港）有限公司，2008.

39. 程曼丽. 改革开放30年海外华文传媒发展与变迁 [M] //郑保卫. 新闻学论集：第21辑. 北京：经济日报出版社，2008.

40. 鲜丽霞. 缅甸华人语言研究 [M]. 成都：四川大学出版社，2014.

41. 戴昭铭. 文化语言学导论 [M]. 北京：语文出版社，1996.

42. 丁加勇. 论流行语语义的不确定性及其发展前景 [J]. 华中科技大学学报（社会科学版），2004（4）.

43. 于丽霞. 网络热词传播原因及效应探析 [D]. 太原：山西大学，2013.

44. 于根元，王铁琨，孙述学. 新词新语规范基本原则 [J]. 语言文字应用，2003（1）.

45. 于露. 汉语流行语教学融入对泰汉语课堂之思考 [D]. 南宁：广西大学，2014.

46. 马平. 2006—2011年度网络热词知晓度调查与分析 [D]. 广州：广州大学，2012.

47. 王小春. 从新词语的产生方式看修辞手段对新词语的影响 [J]. 现代语文，2006（3）.

48. 王本新. "×+姐"类词语语义演变新探 [J]. 文教资料，2014（18）.

49. 王昊. 基于百度指数的网络热词关注度分析：以互动百科2010—2012年年度十大热词为例 [J]. 新闻传播，2014（5）.

50. 王周. 类词缀"族""党""谜""控"研究 [D]. 扬州：扬州大学，2013.

51. 王建娥. 多元文化主义观念和实践的再审视 [J]. 世界民族，2013（4）.

52. 王铁昆. 从某些新词语的"隐退"想到的 [J]. 语文建设，1999（5）.

53. 王铁昆. 新词新语的规范问题 [J]. 天津师范大学学报（社会科学版），1989（2）.

54. 王铁琨. 语言使用实态考察研究与语言规划：发布年度语言生活状况报告的思考 [J]. 语言文字应用，2008（1）.

55. 王铁琨. 基于语言资源理念的语言规划：以"语言资源监测研究"和"中国语言资源有声数据库建设"为例 [J]. 陕西师范大学学报（哲学社会科学版），2010（6）.

56. 王海娜. 当代汉语流行语研究与对外汉语教学 [D]. 武汉：华中师范大学，2011.

57. 王焕芝. 世界"汉语热"背景下马来西亚华文教育发展的困境与出路 [J]. 华文教学与研究，2017（2）.

58. 王焕芝. 新时期华侨华人文化的特征及其发展趋势 [J]. 海外华文教育，2008（2）.

59. 王淏. 刍论新词新语的产生方式和传播特色：以《咬文嚼字》发布的"2013 年度十大流行语"为例 [J]. 牡丹江教育学院学报，2014（9）.

60. 王婧. 网络热词的发展现状及引导策略分析：以《咬文嚼字》公布的 2016 年十大流行语为例 [J]. 传播与版权，2017（6）.

61. 王维敏. 年度新词语隐退的个案分析：以 2006 年和 2007 年年度新词语为研究对象 [D]. 上海：华东师范大学，2014.

62. 王淼. 社会心理对"晒×"类新词新语变化的影响 [J]. 现代语文（语言研究版），2010（10）.

63. 方清明，彭小川. 从认知—心理视角研究新词语 [J]. 语言文字应用，2013（3）.

64. 孔建源. 现代汉语新词的主要产生方式及特点试析 [J]. 现代语文（学术综合版），2012（12）.

65. 石琳. 对"年度汉语盘点"的文化语言学解读 [J]. 中华文化论坛，2016（3）.

66. 田香凝. "屌丝"媒介形象建构研究 [J]. 东南传播，2012（10）.

67. 田莺. 海外华语传播的影响因素研究：基于 2014—2016 年联合早报网的文本分析 [J]. 淮阴师范学院学报（哲学社会科学版），2017，39（6）.

68. 邢福义. 新加坡华语使用中源方言的潜性影响 [J]. 方言，2005（2）.

69. 邢福义. 新词语的监测与搜获：一个汉语本体研究者的思考 [J]. 语文研究，2007（2）.

70. 吕兆格. 新词—热词—流行语 [J]. 语言学研究，2010（3）.

71. 朱永锴，林伦伦. 二十年来现代汉语新词语的特点及其产生渠道 [J]. 语言文字应用，1999（2）.

72. 朱羽颖. 2010 年汉英十大热词比较分析 [D]. 杭州：浙江大学，2011.

73. 朱佳，徐静雯. 模因论视角下的德国年度热词分析 [J]. 佳木斯职业学院学报，2017（11）.

74. 朱秋珍. 网络热词（句）的创新传播研究 [D]. 杭州：浙江工业大学，2013.

75. 任文娅. 浅析 2010 年汉语新词：以中国语言文字网公布的 497 个汉语新词为个案研究对象 [J]. 北方文学（下半月），2011（7）.

76. 任晓娟. 网络热词汉译英研究 [J]. 内蒙古财经大学学报, 2017, 15 (2).

77. 庄国土. 东南亚华侨华人数量的新估算 [J]. 厦门大学学报（哲学社会科学版）, 2009 (3).

78. 刘大为. 组合流行语考察 [J]. 汉语学习, 1995 (2).

79. 刘文辉, 宗世海. 印尼华语区域词语初探 [J]. 暨南大学华文学院学报, 2006 (1).

80. 刘华, 郭熙. 海外华语语言生活状况调查及华语多媒体语言资源库建设 [J]. 语言文字应用, 2012 (4).

81. 刘华. 东南亚主要华文媒体用字情况调查 [J]. 华文教学与研究, 2010 (1).

82. 刘华. 东南亚主要华文媒体非通用汉字使用情况调查 [J]. 华文教学与研究, 2011 (1).

83. 刘全惟. 马来西亚华语词语使用情况考察：兼论《全球华语词典》的微观结构 [D]. 北京：北京大学, 2013.

84. 刘宇松. 从模因论视角解读网络热词英译的归化和异化 [J]. 湖南工业大学学报（社会科学版）, 2015, 20 (2).

85. 刘娅莉. 十年来流行的汉语新词新语 [J]. 四川大学学报（哲学社会科学版）, 2004 (S1).

86. 刘晓丽, 郭智军. 全媒语境下热词成因考察 [J]. 湘潭大学学报（哲学社会科学版）, 2011, 35 (4).

87. 刘晨洁. 生态翻译学视角下传媒新词热词 [D]. 南宁：广西大学, 2017.

88. 刘焕然. 荷属东印度概览 [M]. 新加坡：南洋报社, 1939.

89. 刘瑜. 泰北华裔中学生语言使用情况调查报告：以清莱府的两所中学为例 [J]. 语言教学与研究, 2013 (6).

90. 刘楚群, 肖丹青. 大学生对流行语的知晓度、理解度调查与分析：以江西师范大学为例 [J]. 河池学院学报, 2011, 31 (4).

91. 刘瑾. 浅论网络热词的发展变化 [J]. 中国广播电视学刊, 2017 (8).

92. 齐童巍. 对外汉语教学中的热词热语 [J]. 当代教育理论与实践, 2015, 7 (7).

93. 闫月钰, 叶愚, 范晖. 透过热词看当代城市语言的生态状况 [J]. 吉林工商学院学报, 2012, 28 (2).

94. 米嘉瑗. 三音节词语的特点 [J]. 衡阳师范学院学报, 2005 (4).

95. 江海燕. "咯""哒"正流行 [J]. 语文建设, 2016 (1).

96. 汤志祥. 论华语区域特有词语 [J]. 语言文字应用, 2005 (2).

97. 孙文峥. 基于"用户—媒体—学术"视角的网络热词传播特征分析 [J]. 出版科学, 2007, 25 (5).

98. 孙玉新. 新词新语浅论 [J]. 内蒙古师范大学学报 (哲学社会科学版), 2006 (S1).

99. 孙发友, 陈旭光. "一带一路"话语的媒介生产与国家形象建构 [J]. 西南民族大学学报 (人文社科版), 2016, 37 (11).

100. 杜道明. 语言与文化关系新论 [J]. 中国文化研究, 2008 (4).

101. 李长起. 新词"屌丝"蹿红 [J]. 语文建设, 2012 (19).

102. 李平. 新词新语中旧词新义探究 [D]. 郑州: 郑州大学, 2017.

103. 李宇明. "一带一路"需要语言铺路 [N]. 人民日报, 2015–09–22 (7).

104. 李宇明. 论语言生活的层级 [J]. 语言教学与研究, 2012 (5).

105. 李宇明. 什么力量在推动语言传播? [J]. 汉语国际传播研究, 2011 (2).

106. 李宇明. 论中国语言资源有声数据库的建设 [J]. 中国语文, 2010 (4).

107. 李宇明. 语言生活与语言生活研究 [J]. 语言战略研究, 2016, 1 (3).

108. 李明洁. 年度词语排行榜述评与流行语的概念辨析 [J]. 当代修辞学, 2014 (1).

109. 李桦. "×男""×女""×哥""×姐"式新词语造词研究 [D]. 扬州: 扬州大学, 2015.

110. 李铁锤. 网络热词: 一种亚文化传播的民意表达 [J]. 当代传播, 2015 (3).

111. 李铁锤. 网络热词与网络流行语概念差异辨析 [J]. 专家论坛, 2012 (4).

112. 李海英. 中国当代语言本体规划研究: 从语言规划形成机制的角度 [D]. 南京: 南京大学, 2015.

113. 李傲妮. 对外汉语新词语教学研究: 以广西师范大学文学院为例 [D]. 南宁: 广西师范大学, 2012.

114. 李渝勤, 孙丽华. 面向互联网舆情的热词分析技术 [J]. 中文信息学报, 2011, 25 (1).

115. 李蓉. 对外汉语中流行语教学的调查与构想 [D]. 长沙: 湖南师范大学, 2012.

116. 杨宏云. 印尼棉兰的华人: 历史与特征 [J]. 华侨华人历史研究, 2011 (1).

117. 杨勇, 刘月娅. 委婉语研究的热点和趋势: 兼论"屌丝"等非委婉语的逆袭 [J]. 学术界, 2013 (9).

118. 杨振兰. 从大众传媒看新时期新词语的传播与发展 [J]. 现代传播（中国传媒大学学报），2008（1）.

119. 杨绪明，杨文全. 当代汉语新词新语探析 [J]. 汉语学习，2009（1）.

120. 杨琦. 新词"虐心"解读 [J]. 语文学习，2012（12）.

121. 吴应辉，何洪霞. 东南亚各国政策对汉语传播影响的历时国别比较研究 [J]. 语言文字应用，2016（4）.

122. 吴波. 中国社会文化热词英译的立场和方法 [J]. 外语教学理论与实践，2017（1）.

123. 吴保珍. 媒体流行语获取研究 [D]. 武汉：华中师范大学，2009.

124. 吴亮. 改革开放以来（1979 年—2005 年）的现代汉语旧词新义研究 [D]. 西安：陕西师范大学，2006.

125. 邱凌. 辩证解析海外华文媒体在我国对外传播中的作用 [J]. 对外传播，2015（10）.

126. 何婷婷，朱薏，张勇，等. 基于词语属性的计算机辅助获取流行词语研究 [J]. 中文信息学报，2006（6）.

127. 佚名. 2010 年流行"网络热词"解读 [J]. 秘书之友，2011（1）.

128. 宋平锋，邓志勇. 西方修辞学视角下的中国时事热词外宣翻译探究：以 2015 年中国年度热词为例 [J]. 牡丹江大学学报，2017，26（6）.

129. 宋伟奇. 2014 年度英语热词的知晓度研究 [J]. 大学英语（学术版），2015，12（2）.

130. 张从兴. 华人、华语的定义问题 [J]. 语文建设通讯，2003（2）.

131. 张东波，李柳. 社会心理因素与美国华人社团的语言维护和变迁 [J]. 语言文字应用，2010（1）.

132. 向超. 关于新词和新义 [J]. 语文学习，1952（1）.

133. 张志毅，张庆云. 新时期新词语的趋势与选择 [J]. 语文建设，1997（3）.

134. 张弦. 海外华语媒体对我国对外传播的作用 [J]. 东南传播，2007（1）.

135. 张思武. 论心理语言学的第二语言习得心理机理假设的意义 [J]. 外国语文，2009，25（3）.

136. 张娟. 语言态度述评 [J]. 语文学刊，2010（12）.

137. 张普，石定果. 论历时中包含有共时与共时中包含有历时 [J]. 语言教学与研究，2003（3）.

138. 陆俭明，张楚浩，钱萍. 新加坡华语语法的特点 [J]. 南大语言文化学报，1996（1）.

139. 陆俭明．"一带一路"建设需要语言铺路搭桥［J］．文化软实力研究，2016，1（2）．

140. 陆俭明．关于建立"大华语"概念的建议［J］．汉语教学学刊，2005（1）．

141. 陈丽莉，黄凤秋．热词英译探讨：以"碰瓷"为例［J］．安徽文学，2014（7）．

142. 陈佳璇．作为修辞行为的"新词语"发布：基于"2006年汉语新词语"知晓度测试的分析［J］．福建师范大学学报（哲学社会科学版），2008（2）．

143. 陈燕侠．网络热词的语言学分析［J］．南阳理工学院学报，2016，8（3）．

144. 陈燕侠．试论网络热词的传播特征［J］．郑州轻工业学院学报（社会科学版），2016，17（1）．

145. 范慧琴．留学生汉语新词语知晓状况的调查与分析［J］．华文教学与研究，2013（1）．

146. 林万菁．新加坡华文词汇的规范趋势：与过去相比［J］．语文建设通讯，2001（4）．

147. 林俐．两岸新"愿景"［J］．语文建设，2005（9）．

148. 国家语委"新词新语规范基本原则"课题组．新词新语的规范问题述评［J］．语言文字应用，2002（2）．

149. 周文德．网络热词的特征及其翻译［J］．鄂州大学学报，2014，21（9）．

150. 周刚．日本新华人社会语言生活［J］．中国社会语言学，2005（1）．

151. 周荐．汉语词汇类型近现代以来发展演变特点谈片［J］．励耘学刊（语言卷），2008（2）．

152. 周荐．2006汉语新词语［M］．北京：商务印书馆，2007.

153. 周荐．新词语研究和新词语词典编纂六十年［J］．辞书研究，2015（2）．

154. 周烈婷．从几个例子看新加坡华语和普通话的词义差别［J］．语言文字应用，1999（1）．

155. 周清海．新加坡华语变异概说［J］．中国语文，2002（6）．

156. 赵守辉，张东波．语言规划的国际化趋势：一个语言传播与竞争的新领域［J］．外国语（上海外国语大学学报），2012，35（4）．

157. 胡伟．新词新语的来源、特点及产生原因［J］．广东行政学院学报，2010，22（1）．

158. 胡远珍，尹佳．2014—2016年度网络热词传播特征分析［J］．武汉交通职业学院学报，2017，19（2）．

159. 侯敏，杨尔弘．中国语言监测研究十年［J］．语言文字应用，2015（3）．

160. 侯敏，邹煜，滕永林，等. 现代汉语普通话数字化样本库的设计与建设 [M]. // 戴庆厦，赵小兵. 中国少数民族语言文字信息处理研究与发展. 北京：民族出版社，2010.

161. 施春宏. 网络语言旳语言价值和语言学价值 [J]. 语言文字应用，2010 (3).

162. 姜文超. 热词热语的发展状况及其规范化问题的探究：基于"四字仿成语格式词"引发的思考 [C] // 北京大学对外汉语教育学院研究生会. 第八届北京地区对外汉语教学研究生论坛文集. 北京：北京大学对外汉语教育学院研究生会，2015.

163. 洪丽芬. 马来西亚华人家庭语言的转变 [J]. 东南亚研究，2010 (3).

164. 祝晓宏. 华语视角下"插"类词的语义变异、变化及传播 [J]. 语言文字应用，2011 (2).

165. 姚娣. 语用视角下流行热词词义演变：以热词"土豪"为例 [J]. 广东第二师范学院学报，2014，34 (4).

166. 贾益民，刘慧. "后×"结构新词语的多维度考察 [J]. 广西社会科学，2005 (9).

167. 贾益民，许迎春. 新加坡华语特有词语补例及其与普通话词语差异分析 [J]. 暨南大学华文学院学报，2005 (4).

168. 夏中华，姜敬槐. 现阶段三音节新词语大量产生原因的探讨 [J]. 渤海大学学报（哲学社会科学版），2013，35 (3).

169. 夏中华. 中国当代流行语全览 [G] // 辽宁省哲学社会科学获奖成果汇编：2007—2008 年度，2010.

170. 原新梅，梁盟. 留学生字母词语的知晓度 [J]. 语言文字应用，2007 (1).

171. 晏昌容. "裸辞""裸×族"及其他 [J]. 语文建设，2014 (9).

172. 殷辉. 浅析中国网络热词的英译 [J]. 外语研究，2013 (9).

173. 高艳宁. 大众媒体对新词语传播和流行的影响 [J]. 湖北经济学院学报（人文社会科学版），2011，8 (1).

174. 郭丽君，于根元. 新词语的产生与发展研究 [J]. 语言文字应用，2006 (3).

175. 郭熙，祝晓宏. 海外华语传播与《中国语言生活状况报告》[J]. 语言文字应用，2007 (1).

176. 郭熙. 论"华语"[J]. 暨南大学华文学院学报，2004 (2).

177. 郭熙. 论华语视角下的中国语言规划 [J]. 语文研究，2006 (1).

178. 郭熙. 论华语研究 [J]. 语言文字应用，2006 (2).

179. 郭熙. 海外华语教学研究的现状与展望 [J]. 世界汉语教学, 2006 (1).

180. 郭熙. 域内外汉语协调问题刍议 [J]. 语言文字应用, 2002 (3).

181. 郭熙. 新加坡中学生华语词语使用情况调查 [J]. 华文教学与研究, 2010 (4).

182. 郭熙.《中国语言生活状况报告》十年 [J]. 中国语言生活状况报告, 2015 (3).

183. 郭熙. 华语规划论略 [J]. 语言文字应用, 2009 (3).

184. 涂海强, 杨文全. 媒体语言 "×＋哥" 类词语的衍生机制与语义关联框架 [J]. 语言教学与研究, 2011 (6).

185. 谈宏慧. 变异网络年度热词的英译路径研究: 以 "土豪" 为例 [J]. 长江大学学报 (社科版), 2014, 37 (12).

186. 黄玉荣, 吴楠. 中外网络流行语的对比研究 [J]. 四川教育学院学报, 2011 (7).

187. 黄明. 英语运动及华语运动与新加坡华人的语言转移 [J]. 西南民族大学学报 (人文社会科学版), 2013 (3).

188. 黄明, 朱宾忠. 新加坡双语教育模式与华族家庭语言转移趋势调查分析 [J]. 外语教学与研究, 2010 (5).

189. 黄贺铂. 海外华文传媒的网络热词实践与议题再现 [J]. 新闻界, 2017 (9).

190. 曹云华. 东南亚华文教育的过去、现在与未来: 国家间关系的视角 [J]. 东南亚研究, 2015 (1).

191. 曹向华. 三音节新词语的结构及造词法分析 [J]. 语文建设, 2017 (14).

192. 曹岷. 霍尔文化研究理论视阈下网络热词与主流媒体话语互动研究 [D]. 广州: 暨南大学, 2016.

193. 曹嘉玲. 三音节新词语的韵律特点及其概念整合效应 [D]. 上海: 上海外国语大学, 2013.

194. 崔山佳. 说 "跳槽" [J]. 辞书研究, 1994 (1).

195. 崔蓬克. 当代汉语流行语概念的再界定 [J]. 当代修辞学, 2012 (2).

196. 彭伟步. 少数族群媒体视域下海外华文新媒体的发展态势 [J]. 新闻爱好者, 2017 (2).

197. 彭伟步. 华文新媒体推动中华文化在海外华人社区的传播 [J]. 对外传播, 2018 (6).

198. 彭学修. 新时期新词传播机制与伯克修辞学同一理论探析 [J]. 太原城市职业技术学院学报, 2014 (1).

199. 韩志湘. 网上流行"～客"[J]. 现代语文, 2006 (12).

200. 惠天罡. 近十年汉语新词语的构词、语义、语用特点分析 [J]. 语言文字应用, 2014 (4).

201. 喻国明. 基于语料库方法的舆论热词数据库的构建：以 2011—2013 年全国两会舆情中心词和关联词的发现与分析为例 [J]. 新闻与写作, 2014 (1).

202. 程绍驹. 第二语言习得认知途径研究 [J]. 湖南第一师范学院学报, 2009, 9 (6).

203. 鲁科颖, 杨文全. 当代汉语流行语再探 [J]. 西南民族大学学报 (人文社科版), 2006 (3).

204. 曾晓舸. 论泰华语书面语的变异 [J]. 云南师范大学学报, 2004 (4).

205. 游瑞亭. 21 世纪以来新词新语规律研究 [D]. 呼和浩特：内蒙古师范大学, 2012.

206. 谢世涯. 新加坡汉字规范的回顾与前瞻 [M]. //陈照明. 二十一世纪的挑战：新加坡华语文的现状与未来. 新加坡：联邦出版社, 2000.

207. 谢红桂. 现代汉语三项并列名词性成分的顺序 [D]. 长沙：湖南师范大学, 2007.

208. 谢俊英. 新词语与时尚词语社会知晓度调查与分析 [J]. 语言文字应用, 2004 (1).

209. 谢蓓蓓. 对 2006—2008 教育部年度新词语的语言学考察 [D]. 保定：河北大学, 2010.

210. 詹伯慧. 汉语方言研究 30 年 [J]. 云南师范大学学报 (哲学社会科学版), 2009 (3).

211. 鲜丽霞. 曼德勒华人的语言生活 [J]. 东南亚研究, 2008 (1).

212. 聪孙. "发兴骚"与"做秀"[J]. 咬文嚼字, 1995 (5).

213. 樊福菊. 近十年新词新语的构词方法研究 [J]. 鸡西大学学报, 2014, 14 (11).

214. 潘玥. 后苏哈托时期印尼地方性华文报纸的困境与出路：以印尼《千岛日报》为例 [J]. 东南亚研究, 2016 (3).

215. 潘巍巍. 语言传播的本质规律探究 [J]. 云南民族大学学报 (哲学社会科学版), 2015, 32 (2).

216. 戴楠. 21 世纪海外华文传媒的新传播：基于新媒体背景的欧洲华文传媒个案考察 [J]. 青年记者, 2018 (2).

217. 魏岩军, 王建勤, 魏惠琳. 美国华裔母语保持与转用调查研究 [J]. 华文教学与研究, 2013 (1).

后 记

本书起源于刘华主持的 2013 年度国家社会科学基金一般项目"海外华语语言生活状况调查及多媒体语言资源库建设",该项目主要进行了华语生活状况的问卷调查。

在此课题的基础上,后再获 2019 年度国家语委后期资助项目"东南亚华人社区华语生活状况报告"资助。基于前期调查数据,项目组重新补充和细化了部分国家和城市的华语生活状况调查,对数据进行了分类整理和详细分析;同时,补充了热点篇的汉语热词热语海外华语传播研究、案例篇的印度尼西亚华文媒体用词用语研究,并参照《中国语言生活状况报告》的方法和模式,撰写成文。

该项目的总体架构、理论构建、研究方法、问卷设计、调查手册研制、调查总协调与调查实施,全书的章节结构设置、总论主要章节撰写、全书审阅完善,以及全书其他章节(主要由本人指导的学生完成)的研究、撰写指导,皆由刘华完成。

总论的数据整理和分析,全貌篇中菲律宾、老挝、印度尼西亚、马来西亚的国别报告,第二章的数据校对和部分数据分析,第三章、第四章、第五章、第六章的资料整理与分析,热点篇的校改均由王慧负责。第一章主要由黎景光负责。

全貌篇的新加坡国别报告主要由刘华、曹春玲(新加坡)负责。

第七章第一节雅加达的华语生活情况报告,雅加达华人社区华语口语生活状况、雅加达华人社区华语活动、雅加达华人社区华语载体风貌的资料搜集由刘华、杨慧冰(印度尼西亚)负责。

第七章第二节泗水的华语生活情况报告,泗水华人社区华语口语生活状况、泗水华人社区华语活动、泗水华人社区华语载体风貌的资料采集由刘华、蒋慧明、蒋慧丽(印度尼西亚)负责。

第七章第三节棉兰的华语生活情况报告,棉兰华人社区华语口语生活状况、棉兰华人社区华语活动、棉兰华人社区华语载体风貌的资料搜集主要由刘华、李文利(印度尼西亚)负责。

第七章第四节坤甸的华语生活情况报告,坤甸华人社区华语口语生活状况、坤甸华人社区华语活动、坤甸华人社区华语载体风貌的资料搜集由刘华、陈财财(印度尼西亚)负责。

第七章第五节巴淡的华语生活情况报告由李宝贝(印度尼西亚)负责,巴淡华人社区华语口语生活状况、巴淡华人社区华语活动、巴淡华人社区华语载体风貌的资料搜集主要由陈善潾（印度尼西亚）负责。

第十一章主要由刘华、田益玲（印度尼西亚）负责。

第十二章主要由刘华、刘芳负责。热点篇的第二章三要由刘华、张名扬负责。

另外，为本书提供资料的丕有：

蔡霜梅（印度尼西亚）、邓振伟（印度尼西亚）、胡氏金英（越南）、李约瑟（菲律宾）、刘欣慰（泰国）、王玉婷（泰国）、吴青金（菲律宾）、伍嘉松（马来西亚）、杨菁菁（菲律宾）、叶保明（老挝）、余浩荣（老挝）。

特此致谢。